KB236069

혼 코칭

새로운 시대의 '코칭 리더'가 되는 비결

|유동수 · 김현수 · 한상진 공저|

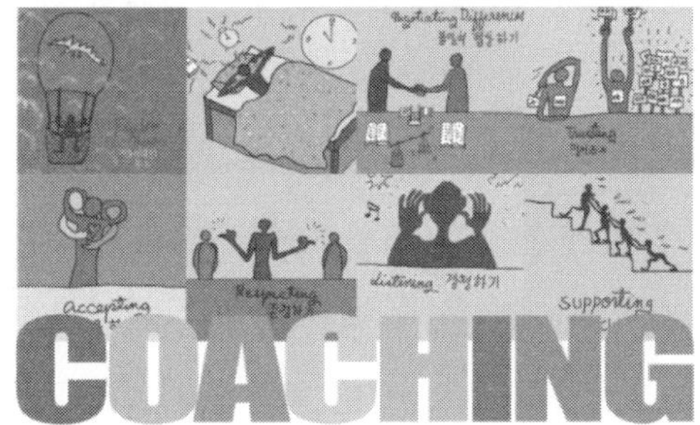

학지사

정보화, 글로벌화, 디지털화가 급속히 진전되면서 기업의 경영환경 역시 그 어느 때보다 빠르게 변화하고 있다. 이에 토지, 기계, 자본 등의 유형 자산보다는 브랜드, 지적 자본, 휴먼 네트워크 등 무형 자산의 중요성이 더욱 커지고 있다. 그중에서도 특히, 훌륭한 인재를 영입하고 지속적으로 유지, 개발할 수 있는 능력은 기업의 미래 경쟁력을 가늠할 수 있는 잣대가 되고 있으며, 오늘날 기업의 모든 리더들에게 부하 육성은 가장 기본적이고도 중요한 책임이자 의무가 되고 있다. 이러한 부하 육성의 활동으로서 리더들이 보편적으로 가장 많이 활용하는 방법 중의 하나가 바로 코칭이다.

또한 사랑하는 자식들을 올바르게 키우고, 미래의 인재들인 학생들을 가르치는 이 땅의 부모와 교사들을 포함한 모든 사회의 지도층들은 코치로서의 소양과 능력을 개발할 필요가 있다고 믿는다. 여전히 획일적인 주입식 교육 방법, 취업과 대학입시만을 목표로 하는 맹목적인 점수 따기 그리고 잦은 입시 제도의 변경 및 사교육과 공교육의 불균형

속에서, 자아를 상실한 채 미래의 목적과 비전도 없이 아까운 시간 속에 방황하고 있는 많은 아이들을 보면 참으로 안타깝기 그지없다.

이제는 우리의 기업체 구성원들, 학생 및 아이들에게 더욱 귀 기울여 그들의 이야기와 가슴속 소리들을 들어 주고, 더 많은 관심을 가지고 지켜보면서 저마다의 잠재 능력을 찾을 수 있도록 도와주어야 할 때이다. 아울러 그들만의 장점을 더욱 강화하여 자신감을 갖고 그것을 최대한 발휘할 수 있도록 지원해 줌과 동시에, 부족한 면에 대해서는 애정을 담아 분명히 지적하여 줌으로써 적극 보완하도록 해 줘야 한다. 이러한 행동들을 일상화하고, 사람과 사람 사이를 믿음의 관계로 연결시켜 주며, 소중한 인생과 일터에 새로운 활기와 생명을 불어넣어 주는 활동을 코칭이라 한다.

우리나라에 코칭이 소개된 지도 어느덧 5~6년이 흘렀다. 그동안 수많은 코칭 전문서적들이 출판되었고, 각 서적들은 나름대로의 의미를 담고, 여러 관점을 제시하기도 하였으며, 다양한 모델도 소개하였다. 그러나 거의 대부분의 코칭 서적들을 접하고 활용해 보면서 어딘가 허전하면서도 아쉬운 감을 떨쳐 버릴 수가 없었다. 그것은 대략 다음의 3가지 이유에서 비롯된 것으로 생각된다.

첫째, 사실 위주의 문제해결을 중심으로 하는 서구식 접근 방식은 상호 간의 이해와 교감을 우선시하는 인간관계 중심의 우리네 정서와 문화에 그대로 적용하기에 다소 무리가 따랐기 때문이다.

둘째, 대개 본문의 내용들이 '칭찬을 많이 해야 한다' 라는 식의 일반적인 방향을 제시하는 형태로 기술되어 있다. 그러다 보니, 무엇을 어떻게 하라는 것인지 정확히 파악하기가 힘들고, 우리의 특성을 반영한 구체적인 지침 및 예시들이 부족하여 머리로는 이해가 되지만 막상 실행하기에는 어려움이 있었기 때문이다.

셋째, 각 서적마다 코칭의 모델/프로세스는 정리되어 있지만 코칭의 각 단계 및 전체 과정에 따라 다양한 주제와 상황을 다룬 현장 사례들이 제한적이어서 독자들이 코칭의 전 과정을 충분히 이해하고, 공감하며, 실제 업무 또는 실생활에서 그대로 적용하기가 힘들었기 때문이다.

그러다 보니 주변에서 이제 막 코칭에 관심과 흥미를 가지게 된 분들, 기업에서 관리자 및 리더의 위치에 올라 코칭의 필요성을 절감하게 되신 분들, 심지어 이미 코칭 분야에서 코치로서 전문적으로 활동하고 계신 분들에게서조차도 여전히 '좋은 코칭 책'을 소개해 달라는 요청을 수없이 받아 왔다.

또한 아직 우리나라에는 코칭 또는 코칭에 반드시 수반되는 커뮤니케이션을 체험 위주의 정규 과목으로서 가르치는 대학이 거의 없는 실정이다. 바로 이러한 점이 한국인의 특성에 맞는 코칭 교재의 필요성을 절실히 느끼게 하였고 이 책을 집필하게 된 계기가 된 것이다.

이 책의 구성을 간단히 살펴보면, 전체 4부 11개의 장으로 이루어져 있다. Part 1은 〈코칭의 이해〉로서 2개의 장으로 구성되어 있는데, 제1장 코칭의 개념과 제2장 코칭의 필요성을 다루었다. Part 2는 〈코칭의 핵심 기술〉에 관련된 부분으로 6개의 장으로 구성되어 있다. 여기에서는 제3장 코칭 커뮤니케이션과 우리말의 특성, 제4장 적극적 경청, 제5장 칭찬, 인정, 제6장 피드백 및 자기주장, 제7장 질문, 제8장 개인 특성 이해가 포함되어 있다. Part 3은 〈코칭의 프로세스〉로서 제9장 'COACH' 모델로 구성하였다. 마지막으로 Part 4는 〈코칭 사례〉로서 제10장 교수의 학생 코칭 사례, 제11장 S사 영업 본부의 특판팀 이야기가 포함되어 있다. 각 장마다 실제로 활용할 수 있는 스킬들로 채워져 있어 흥미를 더할 뿐만 아니라, 보다 현실감이 있어 현재 코칭을 하고 있는 전문코치를 비롯하여 직장인, 학생 등 모든 사람들에게 좋은 지침서가 되리라 믿는다.

본서는 흔상담 시리즈로 출판되는 두 번째 책으로 준비시점에서부터 출판되기까지 2년이란 세월이 흘렀다. 그동안 많은 자료를 수집하고 정리하여 완성된 책으로 선보이게 되었지만 아직도 부족한 점이 많다. 그럼에도 출판을 흔쾌히 허락하신 학지사 김진환 사장님께 진심으로 감사드리며, 최임배 편집부장을 비롯한 모든 편집부원들께도 감사드린다. 보다 알차고 충실한 내용이 담긴 코칭 서적이 되도록 하기 위해 지속적으로 개정판을 낼 계획이며, 이 책을 접하신 모든 분들께 아낌없는 조언과 충고를 부탁드린다.

2008년 8월
저자 일동

11 S사 영업 본부의 특판팀 이야기　181

　1. 코칭 사례의 배경　181
　2. 본부장의 코칭 사례　190
　　1) 박 팀장에 대한 코칭 사례　190
　　2) 박팀장의 A 과장 코칭을 위한 본부장의 코칭 사례　207
　　3) 박팀장의 B 과장 코칭을 위한 본부장의 코칭 사례　216
　　4) 박팀장의 C 과장 코칭을 위한 본부장의 코칭 사례　228
　　5) 박팀장의 D 과장 코칭을 위한 본부장의 코칭 사례　237
　　6) 박팀장의 E 과장 코칭을 위한 본부장의 코칭 사례　243
　3. 박 팀장의 코칭 사례　252
　　1) A 과장에 대한 '대인관계' 코칭 사례　252
　　2) B 과장에 대한 '리더십' 코칭 사례　265
　　3) C 과장에 대한 '목표관리/업무자세' 코칭 사례　279
　　4) D 과장에 대한 '인사고과 불만' 코칭 사례　290
　　5) E 과장에 대한 '전배 요청' 코칭 사례　301

참고문헌　311

Part **1**

코칭의 이해

코칭의 개념

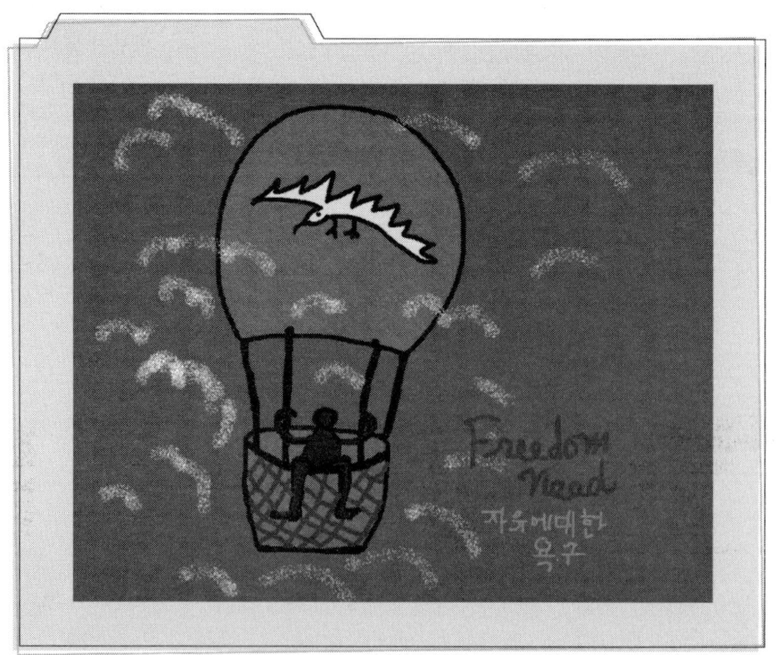

1. 코칭의 정의

현대적 의미에서의 코칭은 1980년대 초반 미국의 토마스 래너드라는 재무 플래너로부터 시작되었다. 그는 부유층 고객들의 재무 관리를 오랫동안 해 오면서, 단지 재무 문제뿐 아니라 자녀에 대한 교육과 진로, 비즈니스에서의 고민 사항 및 은퇴 후의 노후 대책에 이르기까지 폭넓은 대화를 나누게 되었다. 그러면서 그들이 무엇을 선택할지 망설이고 있을 때 올바른 결정을 하도록 도와주고, 마음이 심하게 괴롭고 힘들 땐 친구가 되어 주기도 하였으며, 더욱 즐겁고 행복한 삶을 가꾸어 나갈 수 있도록 조언해 주기도 하였다.

어느 날 한 고객이 래너드와 자신의 관계를 운동선수와 코치의 관계에 비유하기 시작하면서 고객에 대한 래너드의 활동들을 '코칭'

이라 부르기 시작하였다. 1992년에 래너드는 최초의 코칭 전문 교육 기관인 '코치 유(Coach U)'를 설립하였고, 이어 1994년에는 '국제코치연맹(ICF : International Coach Federation)'을 설립하였다.

1980년대 후반 미국은 불황에서 탈출하기 위하여 안간힘을 쓰고 있었는데, 미국 기업들이 살아남기 위한 방법을 적극 모색하는 가운데 코칭을 도입하기 시작하면서 코칭은 점차 확산되고, 발전하기 시작하였다. 뒤이어 일본도 1990년대에 코칭을 기업 경영관리 및 인재 육성의 도구/기술로 받아들이면서 급속히 발전시켜 왔다. 국내에 코칭이 본격 도입된 것은 2000년대 초반으로 미국이나 일본 등에 비하면 훨씬 역사가 짧지만, 2003년에는 한국코치협회가 설립되었고, 전문 코칭 회사 및 프로 코치로 활동하는 사람들이 해마다 급속히 늘어나면서 코칭 시장이 빠르게 확대되어 가고 있다.

과거의 기업에서는 '상사'라고 불리는 사람들이 부하 직원들에게 '이건 이렇게 하고, 저건 저렇게 하면 된다'는 식으로 지시하거나 명령을 해 왔으며, 부하 직원들은 지시받은 그대로 충실히 이행하기만 해도 조직의 성과를 유지하고 조직 구성원으로서 직장 생활을 해나가는 데에 큰 무리가 없었다. 그러나 오늘날처럼 기업의 경영환경이 그 어느 때보다 빠르게 변화하고 있는 시점에는 한 치 앞도 내다보기가 어려운 실정이다. 아울러 인터넷 등을 통한 정보의 홍수 속에서 살고 있는 현 시대에서는 어제의 답이 더 이상 오늘의 답이 아닐 수 있으며, 하나의 유일한 답이 있다기보다는 여러 가지 다양한 답들이 존재할 수 있다. 이로 인해 과거에 유능하다고 인정받았던 관리자 및 경영자들의 경험이 이제는 오히려 올바른 방향으로 변화하는 데 장애나 걸림돌이 되기도 한다.

오늘날, 그 누구라도 모든 문제에 대해 명쾌한 해답을 제시해 줄 수 있는 사람이 없으므로 개인 스스로 문제에 대한 해답을 찾아가야만 한다. 그러므로 이 시대의 기업 경쟁력은 각 기업이 보유하고 육성한 인재들의 양과 질로써 결정된다고 해도 지나치지 않으며, 기업이 원하는 인재상은 스스로 사고하고 올바르게 판단하여 행동하는 사람이고, 나아가 잠재된 자신의 강점과 능력을 분명히 이해하고 최대한 발휘할 줄 아는 사람인 것이다.

2007년 4월 온라인 취업사이트 사람인(www.saramin.co.kr)이 직장인 816명을 대상으로 "직장생활을 하면서 전문코치의 필요성을 느끼십니까?"라고 설문 조사한 결과, 무려 93.4%가 '느낀다'라고 응답했다. 하지만, 실제 전문코치로부터 코칭을 받아 본 직장인은, 11.3%에 불과해, 생각보다 행동으로 옮기는 직장인은 매우 적었다. "전문코치가 필요할 때는 언제인가?"라는 질문에 대해 '업무 효율성이 떨어질 때'(35.3%)라고 응답한 비율이 가장 높았으며, 그 다음으로는 '이직이나 전직을 고민할 때'(21.9%), '판단력을 잃었을 때'(13.4%), '상사와 마찰이 있을 때'(10.6%), '회사에서 능력을 인정받지 못했을 때'(8.3%), '거래처 등 외부와 마찰이 있을 때'(4.3%) 등으로 조사되었다.

또한, 필요한 코치유형을 묻는 질문에는 54.3%가 '업무의 전문성을 향상시켜 줄 코치'를 선택했다. 그 외에 '경력 관리를 조언해 줄 코치'(16.4%), '인간관계를 회복시켜 줄 코치'(13%), '인생 상담을 해 줄 코치'(8.8%), '인맥 관리를 조언해 줄 코치'(5.1%), '기타'(2.4%) 순이었다.

직장생활의 고충은 함께 생활하는 '회사 동료'(26.1%)에게 가장 많이 상담하고 있었고, 그 다음으로는 '친구'(25%), '혼자서 해결한다'(20%), '애인 및 배우자'(13%) 등의 순이었다. '부모', '형제자매'는 각각 3.2%, 2.9%에 그쳤다. 그러나 회사에 직원들을 위한 코치, 카운슬러 프로그램, 연수 등의 프로그램이 있는지를 묻는 질문에는 11.2%만이 '있다'라고 응답해 실질적인 코칭 기회는 턱없이 부족한 것으로 조사되었다.

코칭에 대한 정의는 전문가와 전문 기관들마다 조금씩 다르게 표현하고 있다. 하지만 결국 모든 사람은 무엇이든 할 수 있는 무한한 능력과 가능성이 있다는 공통된 철학을 가지고 있으며, 코칭을 통하여 피코치(이 책에서는 코칭 대상자와 코칭을 받는 사람을 통칭하여 피코치라 칭한다.)가 비즈니스나 인생 전반에 있어서 자신의 능력을 극대화하고, 지속적으로 성장하며, 목표를 성취할 수 있도록 돕는 것이라는 데에 의견을 함께하고 있다.

여기, 이해를 돕기 위하여 코칭의 정의 몇 가지를 간략히 예로 들어 보자.

인생, 경력, 비즈니스와 조직에서 뛰어난 결과를 달성할 수 있도록 도와주는 지속적이며 전문적인 관계를 말한다.   - 국제코치연맹(ICF) -

코칭은 코치와 발전하려는 의지가 있는 개인이 잠재능력을 최대한 개발하고, 발견 프로세스를 통해 목표설정, 전략적인 행동 그리고 매우 뛰어난 결과의 성취를 가능하게 해 주는 강력하면서도 협력적인 관계이다.   - 세계 최대 코치양성기관(CCU) -

팀 멤버의 과제와 목표 설정을 도와주고, 적극적인 자세로 업무 수행에 필요한 주의사항을 전달하면서 격려하고, 도전의지를 촉구하고, 현재의 업무 성과를 개선하여 회사에 대한 공헌도를 높이는 동시에 장래의 가능성을 이끌어 내는 방법이다.　　　　　 – 미국경영협회(AMA) –

임무를 스스로 완수하고 문제를 해결할 수 있도록 직원의 학습 능력을 키워 주는 리더십이다.　　　　　 – 엘리자베스 하버라이트너 외 –

부하의 자아실현을 서포트하는 시스템이다.

　　　　　　　　　　　　　　　　　 – 에노모토 히데다케 –

또한, 16세기에 이미 갈릴레오는 다음과 같이 말하였다.

"You can't teach a man anything. You can only help him discover within himself."

코칭은 그 대상과 분야에 따라 크게 비즈니스 코칭과 퍼스널 코칭으로 나눌 수 있다.

1) 비즈니스 코칭(Business Coaching)

기업 임직원들을 대상으로 직장 내에서 발생하는 크고 작은 다양한 비즈니스 이슈를 다룬다. 대인관계, 목표 관리, 경력 관리, 동기 부여, 문제 해결, 조직 문화, 리더십 등에 이르기까지 수없이 많은 이슈가 존재한다. 현재까지는 외부의 전문 코치들이 기업에 와서 코칭 교육 및 서비스를 제공하는 경우가 대부분이라고 볼 수 있다. CEO나 임원급의 경우에는 1 : 1 코칭을 약 3개월에 걸쳐 12회 정도 진행하는 것을 자주 볼 수 있으며, 관리자급의 경우에는 단체 교육 또는 소규모의 그룹 단위로 묶어 전문 코치와 정기적인 코칭을 실시하기도 한다.

반면, 미국의 IBM 등 일류기업들을 포함하여 국내의 대기업 및 규모가 큰 보험회사 등의 경우처럼 조직 내에 별도의 코칭 부서를 두고 내부의 코치들(외부 전문 코치의 영입 또는 조직 내부에서 집중 훈련을 통하여 양성)이 서비스를 제공하면서, 코칭을 하나의 문화 및 시스템으로 구축하려고 시도하는 기업들도 조금씩 늘어나고 있다.

비즈니스 코칭은 상사가 부하 직원들에게 동기를 부여하고, 능력을 개발하여, 생산성을 높임으로써 조직성과를 향상시킬 수 있도록 하는 것을 주목적으로 한다. 이는 코치와 피코치가 상호 종속적인 관계가 아닌 협동적인 인간관계를 구축하고, 지속적으로 커뮤니케이션을 하는 과정이라고 말할 수 있다. 코칭을 통하여 피코치의 바람직하지 못한 행동은 개선시켜야 하고, 바람직한 행동은 지속적으로 더욱 발전시켜 나갈 수 있도록 유지 및 강화시켜야 한다.

효과적인 코칭이 이루어지기 위해서는, 코치와 피코치 사이의 관계가 친밀하고, 신뢰감 있고, 상호 존중하고 존경하는 마음이 바탕이 되어야 하며, 피코치는 조직과 개인의 성공 및 성장 지향적 의지가 있어야 한다. 만약 성취동기가 부족한 피코치가 있다면 코치가 아무리 최선을 다하여 그를 도와주고자 하더라도 그 과정에서 서로 힘들어지고, 기대만큼의 결과를 이끌어 내기 어려우며, 상호 간의 관계가 코칭 전보다 더욱 소원해질 우려가 있다. 그러므로 먼저 상담을 통하여 사기 진작을 시킨 다음 실질적인 코칭 단계로 들어가는 것이 좋다.

2) 퍼스널 코칭(Personal Coaching)

퍼스널 코칭은 개인의 다양한 관심사에 따른 서비스를 제공하는 것이라고 할 수 있는데, 다음과 같이 다양한 분야가 있다.

- 은퇴, 이혼, 노후 설계 등 인생 전반의 이슈를 다루는 라이프 코칭
- 진학을 고민하는 청소년부터 대학생, 구직자 및 전직 희망자 등을 대상으로 하여 서비스를 제공하는 커리어 코칭
- 올바른 자녀 교육 및 좋은 부모가 될 수 있도록 지원하는 부모 코칭

코칭은 피코치뿐만 아니라 코치에게도 많은 이익을 가져다주는데, 피코치가 얻을 수 있는 효과를 먼저 살펴보면 다음과 같다.

- 사고의 깊이와 폭을 넓혀 준다.
- 사회인으로서 바람직한 행동을 한다.
- 자신도 몰랐던 새로운 가능성을 발견한다.
- 자기만의 역량과 강점을 더욱 개발함으로써 자신감을 확보한다.
- 자신에 대한 주위의 평판 및 이미지를 향상시킬 수 있다
- 일하는 가치와 재미를 발견한다.
- 행복한 인생의 즐거움을 느낄 수 있다.

또한 코치 자신이 얻을 수 있는 효과와 이익도 대단히 많은데, 간략히 살펴보면 다음과 같다.

- 다양한 사람들을 만나면서 새로운 지식, 정보, 경험을 습득한다.

- 나만의 사고의 틀 안에서 판단/결정하지 않으며, 관점과 시야의 폭을 넓힌다.
- 인내심이 강해지고 상대방 입장에서 생각한다.
- 타인에 대한 관대함, 배려, 존중하는 마음이 향상된다.
- 세상사/인생에 대한 긍정적, 주도적 시각을 갖고 생활한다.
- 어떤 문제라도 해결할 수 있다는 자신감을 갖는다.
- 주변으로부터 올바른 사람, 믿을 수 있는 사람이라는 평을 들으며, 조직에서는 훌륭한 리더, 가정에서는 좋은 가장이라는 말을 듣는다.

2. 코치의 자세와 태도

훌륭한 코치가 되기 위해서는 자기 자신에 대한 깊은 성찰을 통하여 진정한 '나'를 만나고, '나'의 성격, 기질, 능력, 장단점, 특성 및 성향 등에 대한 깊은 이해가 있어야 하며, 자신의 강점은 더욱 강화하면서 부족한 면은 적극 보완할 수 있도록 지속적인 노력이 뒤따라야 한다. 아울러 자신이 현재 몸담고 있는 분야에 대해 깊은 전문성을 확보하는 것은 물론, 회사 내외에서 대인관계가 원만한 사람이라는 평을 듣고 어제보다 나은 내가 되기 위하여 열심히 노력하여야 한다.

코칭과 같은 대인관계 기술은 숙달되기까지는 오랜 시간이 걸린다. 그러므로 처음부터 코칭의 모든 기술들을 마스터하기 위하여 너무 조급하게 서둘러서는 안 된다. 만일 실제 현장에서 적용해 보니 기대만큼 잘 되지 않더라도 절대 포기하거나 좌절하지 말아야 한다. 작은 것부터 하나씩 실천하여 얻게 되는 작은 성공들을 긴 계단을 밟아 올라가듯 차곡차곡 쌓아 가려는 마음자세와 꾸준한 노력이 필요함을 명심하도록 하자.

코칭에 처음 입문하는 분들의 경우 첫 번째 코칭 상대를 잘 고르는 것도 중요하다. 처음부터 너무 어려운 사람을 상대로 시작하다 보면 원했던 결과를 얻지 못하고, 스스로 실망감과 패배감만 느껴 지레 겁을 먹고 코칭 활동이 위축되거나 자신감을 잃을 수도 있다. 그럴 경우 상대방 역시 코칭에 대한 부정적인 선입견을 갖게 되거나, 최악의 경우 코치와의 관계가 오히려 코칭 전보다 더욱 멀어지게 될 수도 있다. 그러므로 첫 상대는 가급적 코치 자신과의 사이에 어느 정도 믿음을 가지고 있으면서, 성격이 무난하고, 평소 긍정적인 태도를 갖고 있으며, 업무 능력 또한 중급 수준은 되는 사람을 선택하여 뒤에 소개되는 코칭의 스킬들을 하나씩 실천해 보길 권한다.

예를 들어, 상대방의 이야기를 잘 들어 주면서 상대의 심정을 느끼고 이해하기 위하여 노력하고, 내가 공감한 그의 심정에 대하여 적극적이면서 하나하나 빠짐없이 표현해 주고, 그것을 통하여 정말 상대의 마음과 심정이 보다 나은 심리적 상태로 호전되는지 여부를 세심하게 관찰한다거나 하는 활동들부터 시작할 수도 있겠다. 그러다 보면 나도 모르게 어느덧 훌쩍 실력이 향상되어 누구에게나 인정받는 코치가 될 수 있을 것이다.

사람은 간절히 바라는 것이 있으면 실행하게 되고, 매일 반복되는 실천은 습관으로 이어진다. 그러한 습관들이 쌓여서 훌륭한 인격체를 가진 인간으로 성장하게 되며, 자신이 바라는 성숙한 모습에 더욱 가까이 다가갈 수 있다.

가장 훌륭한 코치의 모습은 피코치들이 늘 소신껏 일할 수 있도록 만들어 주는 것인데 바람직한 코치가 되기 위해서는 다음과 같은 마음가짐을 갖추어야 한다.

첫째, 사람을 볼 때, 장점에 집중하여 보라.
- 무엇이 부족한지보다는 무엇이 탁월한지에 초점을 둔다.

둘째, 진심으로 대하고 칭찬하라.
- 내가 먼저 마음을 열고 인간적으로 다가서라.
- 사람을 한 인간으로서 존중하고 항상 관심을 가져라.
- 솔직하고 진지한 칭찬만이 사람을 움직이게 할 수 있다.

셋째, 강한 동기를 불러일으켜라.
- 소신껏 일할 수 있는 환경을 조성해 주어라.
- 자신의 가능성을 개발하게 하는 최상의 방법은 자발적인 동기이다.

넷째, 듣고 또 들어라.
- 말하기보다 듣기를 즐겨라.
- 피코치로 하여금 자기 자신이 중요하다는 느낌이 들게 하라.
- 어떠한 이야기도 피코치의 입장에서 따뜻하게 받아 주고 들어 주며, 피코치 스스로 자신을 되비추어 볼 수 있도록 도와주라.

다섯째, 논쟁(옳고 그름을 가리는)을 피하라.
- 코치가 논쟁에서는 이긴다 하더라도 피코치의 마음은 잃어버릴 수 있다.

- 상대의 견해를 존중하라. '그게 아니고' 라고 말하지 마라.
- 성공의 비결은 다른 사람의 생각을 이해하고 피코치의 입장에서 사물을 볼 줄 아는 능력이다(헨리 포드).

여섯째, 자신의 잘못을 솔직히 시인하라.
- 당신이 방어적이라면 대인관계에서 절대 승리할 수 없다.

일곱째, 인내심을 가져라.
- 어떠한 상황에서도 코치가 감정적으로 흔들리거나 조급해하지 않도록 마음을 수양하라.

여덟째, 항상 긍정적이며, 낙관적으로 생각하고, 능동적으로 행동하라.

3. 코칭의 포지셔닝

코칭과 유사한 영역에는 컨설팅, 카운슬링, 멘토링 등이 있는데, 이들과 코칭의 차이점에 대하여 비교해 본다면 코칭의 개념을 보다 명확히 이해할 수 있을 것이다.

1) 컨설팅

컨설팅은 전문가인 컨설턴트가 현상을 분석하고 문제를 진단하여 해결책을 제시해 주는 것이다. 이때 컨설팅 회사와 컨설턴트 개인의 능력에 따라 성과는 큰 차이가 난다. 즉, 컨설턴트가 '답'을 주고 비전문가인 클라이언트는 그 답을 받아서 이행하기만 한다. 하지만 클라이언트는 이와 다른 종류의 문제가 발생할 때 또다시 컨설턴트에게 의존할 수밖에 없다.

반면, 코칭에서는 '질문'을 통하여 피코치가 자신의 환경을 분석하고, 새로운 각도에서 문제를 조명하고, 최선의 해결책을 찾아내어 실천할 수 있도록 지원하며, 나아가서는 '스스로' 어떤 어려운 상황에서도 올바른 결정과 행동을 할 수 있는 '능력을 키워 주는 것'을 기본으로 한다. 다만, 피코치의 상황이나 능력 수준에 따라 컨설팅 방식의 지원이 필요한 경우, 코치는 피코치와 공동으로 문제를 해결하는 노력을 경주할 수도 있다.

2) 카운슬링

카운슬링이란, 특히 심리적으로 어려움을 겪고 있는 사람들이 상담/심리 치료 전문가인 카운슬러를 찾아오고, 카운슬러는 내담자가 과거로부터 현재까지의 자신의 역사 및 내면을 심층 탐구할 수 있도록 인도하며, 문제 해결 및 심리적 안정을 위한 해답을 찾도록 도와주는 것을 말한다. 그러나 직장 내에서 리더가 하는 산업 카운슬링은 이런 전문적인 상담은 아니다. 리더는 부하를 만나 오해나 갈등을 해소하도록 돕고, 자신감을 불러일으키며, 동기를 육성하고, 일하고자 하는 의욕을 강화해서 사기를 불러일으켜야 한다. 이렇듯 자연히 '심리' 측면을 더 중요시하게 되는데, 이런 일들이 산업 카운슬링의 중요 관심사이다.

한편 산업 카운슬링과 달리, 코칭은 심리적 측면보다 피코치의

'능력 개발' 을 더욱 중요시하며, '행동' 의 변화를 지원하는 미래 지향적인 활동이다. 그러나 최근에는 이 두 가지 영역의 구분이 명확하지 않고, 카운슬링에 코칭 영역이 들어오고, 코칭에 카운슬링 영역이 들어오는 경향이 많아졌다.

3) 멘토링

멘토링은 인생 전반 및 특정 분야의 전문가로서 타의 모범이 되는 뛰어난 사람이 멘토의 역할을 맡아서 멘티의 모델이 되어 주고, 멘티로 하여금 멘토 자신의 지식, 기술 등을 포함하는 모든 능력을 똑같이 습득할 수 있도록 철저하게 훈련시키는 것을 말한다. 그래서 멘토와 멘티의 관계는 스승과 제자처럼 '수직적이며 일방적' 이라 할 수 있다.

하지만 코칭의 경우 코치는 피코치보다 모든 면에서 반드시 앞선 사람이어야만 하는 것은 아닐 수 있으며, 피코치에게 모델이 되어 주는 대신에 피코치가 자기 자신을 비추어 볼 수 있는 거울이 되어 줌으로써 피코치만의 특별한 능력과 개성을 개발하여 이 세상의 유일한 존재로서의 '나' 를 만들어 갈 수 있도록 지원해 준다. 그러므로 코치와 피코치의 관계는 '수평적이며 쌍방향적' 이라 할 수 있다.

코칭의 필요성

이 장에서는 이 시대와 미래에 코칭이 왜 필요한지에 대해, 특히 우리사회에 맞는 한국형 코칭이 강력히 요구되는 세 가지 관점, 즉 시대적 관점, 조직적 관점, 문화적 관점에서 살펴볼 것이다.

1. 시대적 관점

불과 10여 년 전만 하더라도 한국의 전자산업이 일본을 앞질러 세계를 리드할 것이라고는 아무도 생각하지 못했었다. 한국은 1950년대에 6.25 동란을 겪은 뒤에 산업화하기 시작했고, 그 물결은 5.16 군사혁명 이후에 더욱 빨라져, 기아선상에서 헤매던 나라가 이제는 세계 11위의 경제대국으로 성장하는 기적을 이루고 있다. 국민 소득

100불에서 20,000불까지 성장하는 데 서유럽의 나라들이 300년 이상 걸렸고, 가장 고도성장을 이룩했다는 일본도 100년 이상이 걸렸다. 그런데 한국은 불과 30년 만에 그 어려운 목표를 달성해 냈다. 이런 고도성장의 과정에서 한국의 기업들은 너무나 많은 변신을 해야 했다. 오죽하면 변신하지 못하면 병신이 된다는 이야기까지 나왔겠는가? 너무나 급변하는 기업 환경은 기업 경영의 기본적인 마인드를 지속적으로 바꾸어 나가지 못하면 살아남지 못한다는 냉엄한 교훈을 가르쳐 주었다.

그렇다면 한국 기업이 산업화 초기 단계에서 오늘에 이르기까지 어떤 과정을 겪으며 성장해 왔는지 살펴보자.

- **기업주 중심시대** : 가내 공업적 수공업 단계의 기업으로 기업주가 업종 선택을 잘하고 모든 경영 활동을 혼자 결정하면서 직접 경영하던 시대
- **기술개발 중심시대** : 남이 만들지 못하는 제품을 만들기만 하면 잘 팔리던 시대
- **영업력 중심시대** : 경쟁사와 품질 격차를 내기 어려워지자 비슷한 품질의 제품을 누가 많이 파느냐로 경쟁하던 시대
- **관리능력 중심시대** : 시장이 포화 상태가 되자, 시장 점유율 경쟁이 아니라 비슷한 양을 판매하고도 누가 많이 이익을 남기느냐로 경쟁하던 시대
- **기업 문화 중심시대** : 상품 경쟁 시대를 지나서 기업의 문화가 소비자의 구매 의사 결정에 가장 큰 영향을 미치는 시대

이처럼 한국기업들은 끊임없이 변신을 해 왔고 변신에 성공한 기업만이 살아남을 수 있었다. 그렇다면 이런 시대적 관점에서 지금은 어떤 시대인지 살펴보자.

1) 디지털 컨버전시 시대

인류가 지구상에 태어난 이후에 겪은 가장 큰 혁명은 첫째, 불(火)의 발견, 둘째, 산업 혁명, 셋째, 디지털 혁명이다. 이제 디지털화하는 것은 사회적인 추세가 되었기 때문에 개인이 선택하고 말고 할 수 있는 상황이 아니다. 'Being digital or dying' 이나 'Deep change or slow death' 등의 구호에서 보는 것처럼 디지털화하거나 아니면 이 사회의 낙오자가 되든가 둘 중의 하나를 선택할 수 있을 뿐이다.

디지털 시대의 가장 큰 특징은 독립된 단위 상품을 판매하던 시대에서 여러 가지 단위 상품들을 하나로 묶어 솔루션을 판매해야 되는 시대가 되었다는 점이다. 이런 시대에는 눈에 보이는 생산 제조 기술도 물론 필요하지만 눈에 보이지 않는 네트워킹 기술 등이 더욱 중요하게 되었다. 이처럼 기업이 요구하는 인간상이 근본적으로 변화하기 때문에 더 이상 과거에 유능했던 인재들이 미래에도 유능할 것이라는 보장은 없다. 오늘은 가장 소중한 인적 자산이던 기업인들이 내일은 가장 골치 아픈 부채인간으로 전락할 수도 있는 것이다.

2) 국제화 시대

한때 기업에 입사하면 정년퇴직할 때까지 같은 부서에서 같은 동료들과 일하던 시절도 있었다. 그런 시절에는 항상 관리자가 가까이 있어서 어려운 일이 발생하면 지휘 감독을 받으면서 일할 수 있었다. 그러나 국제화 시대에는 전 세계가 활동 무대이기 때문에 직속 상사라 하더라도 1년에 한두 번 만나기 어려운 경우도 많다. 뿐만 아니라 프로젝트 팀으로 일하는 경우가 많아서 프로젝트가 생기면 모였다가 그 일이 끝나면 다시 만나기 어려운 일시적인 조직이 많아졌다. 이런 시대에는 누가 누구를 지휘하거나 관리 감독한다는 개념을 적용하기 어렵다. 모든 사원들이 스스로 책임을 지고 일해야 하기 때문에 고도의 능력을 갖춘 사원들을 확보하지 못한 기업은 살아남을 수 없다.

3) 창조성의 시대

한 국가의 기술력을 측정하는 가장 간단한 방법으로는 그 국가에서 생산하는 제품의 부품이 몇 단위이냐를 계산하는 것이다. 1950년대까지만 해도 우리가 주로 사용하던 제품은 호미, 괭이, 낫, 수레 등 하나 단위의 부품을 사용한 제품이었다. 그러던 우리가 만 단위 부품을 사용하는 자동차나 선박의 제조 기술은 세계적인 수준이 되었고, 이제는 10만 단위의 부품을 사용하는 잠수함이나 미사일, 비행기 등을 제조할 수 있는 기술을 가지고 있다. 이제 더 이상 산업화의 초기 단계에서 사용했던 저임금, 저품질, 저가격 전략은 사용할 수 없다. 이제는 우리도 고임금, 고품질, 고가격의 시대로 접어들었다. 이런 시대가 요구하는 가장 중요한 역량이 창조성이다.

이러한 기업 환경의 변화로 인해, 기업의 인재육성 전략은 인재육성을 잘하면 기업이 고도성장을 하고 인재 육성을 잘못하면 성장이 늦어지는 성장 전략이 아니라, 인재육성의 성공과 실패가 기업의 생존을 좌우하는 생존 전략이 되었다.

2. 조직적 관점

1) 기업 구조

최근에 와서 한국 기업의 조직구조는 획기적으로 변화하고 있다. 산업화 초기의 피라미드식 조직구조는 능력이 뛰어난 한 사람의 리더가 능력이 부족한 여러 사람의 부하들을 관리 감독함으로써 부하들도 상사와 같은 역량을 발휘해 주기를 기대했었다. 이런 조직구조는 상사와 부하들과의 능력이 차이가 크면 클수록 효과적이다. 그러나 조직이 발달해 나가면서 이 시스템의 문제들이 나타났다. 심지어 일하는 사람은 한 사람인데 감시하듯 지켜보는 사람은 두 사람이고, 보고하러 뛰어다니는 사람은 열 사람이라는 비판까지도 있었다. 이런 관리의 낭비를 줄이기 위하여 팀제를 도입했다. 조직은 슬림화되었고, 조직구조는 수직적인 구조에서 수평적인 조직으로 급속히 변화해 나가고 있다. 이처럼 조직 내에서 관리자가 없어지자 모든 사원들이 옛날에 관리자가 갖추고 있었던 역량을 갖춰야 하는 시대가 되었다.

2) 리더십

리더십의 변화는 더욱 극심해졌다. 부하들에게 일을 시키고 사람을 부리는 관리 감독형 관리자들이 팀원들의 사기를 높이고 능력을 개발하는 지도 상담형 리더로 변화해 나간다. 개인 관리의 시대도 지나가고, 팀을 활성화해서 탁월한 성과를 내는 팀 리더십이 주류를 이루며, 지시형의 리더들은 서번트 리더로 변화해야 한다. 더욱 큰 변화는 조직 내에서 지위 권력은 갈수록 약화되기 때문에 리더들은 부하들과 친밀감과 신뢰감을 확보하고 개인 권력을 강화해 나가야 한다.

이런 리더십의 변화는 특히 중간 관리자들에게 큰 부담을 준다. 그 이유는 아직도 그들의 상사인 최고 경영자들은 과거의 관리 감독형 리더십을 거의 그대로 사용하고 있으나 그런 리더십은 부하들에게 더 이상 통하지 않기 때문이다. 아마도 오늘의 중간 관리자들은 상사를 모시고 일하는 마지막 세대인 동시에 부하를 모시고 일하는 처음 세대가 될 것 같다.

3) 직장인의 욕구

직장인들의 욕구의 수준도 엄청난 변화를 겪게 되었다. "밥만 먹을 수 있다면 무슨 일이든지 하겠습니다."라고 이야기하던 1950년대에서 1960년대 초까지는 생리적인 욕구가 가장 큰 욕구였다. 그러다가 1980년대 들어와서는 "나는 재벌이 될 염려도 없고 굶어 죽을 걱정도 없습니다. 이번 주말에 등산을 가야 하니 아예 특근 같은 것은 이야기를 꺼내지도 마십시오."라고 이야기하는 사회적 욕구의 시대를 지나서, 이제는 많은 직장인들이 인정의 욕구나 자기실현 욕구를 가지고 일하는 시대로 접어들고 있다.

이런 욕구의 변화는 의식구조나 소비 패턴을 완전히 바꾸어 놓고 말았다. 예를 들어 "집은 못 사더라도 자동차는 고급으로 사야 한다"는 식의 소비 성향은 생리적 욕구나 안전의 욕구에 의해 행동하던 사람들이 상상도 하지 못했던 일이다. 그러나 인정 욕구를 가장 중요하게 생각하는 사람들에게 명품이나 값비싼 자동차라면 무슨 대가를 지불하고라도 구매하겠다는 사고방식은 지극히 상식적인 일이다. 물론 이런 경향도 자기실현 욕구의 시대가 오면 자연히 사라지게 될 것이다.

3. 문화적 관점

1) 한국의 문화

기록된 역사만으로도 5,000년이 넘고, 실제로는 10,000년이 넘는 역사를 가진 우리 민족의 역사 중, 지난 5,000년을 돌이켜 보면 1,100번가량의 전쟁을 겪었다. 그러나 이 전쟁들 거의 모두가 외세의 침범을 당한 것이지 우리가 먼저 다른 나라를 침범했던 흔적은 찾아보기 어렵다. 그렇다면 그런 나라가 어떻게 아직까지 살아남을 수 있었을까? 한 국가의 힘은 군사력, 상품력, 문화 경쟁력 등으로 나누어 생각해 볼 수가 있다. 일본이 군사력으로 세계를 정복하려다가 실패하자, 상품력으로 세계를 정복하겠다고 전략을 바꾼 것에서도 그 예를 찾아볼 수 있다.

그러나 이 두 가지 힘보다 더욱 강한 힘은 문화 경쟁력이다. 군사력으로 북경을 정복했던 몽고와 같은 중국의 변방 국가들은 북경에 들어가는 순간부터 문화의 보복을 받기 시작했다. 좋은 집에서 살고 기름진 음식을 먹는 순간에 말을 타고 벌판을 달리던 야성은 사라졌고, 결국 그 종족은 찾아보기도 힘이 들 정도로 멸망하고 말았다.

문화란 사람들이 살아가는 방식이다. 우리 민족은 세계 어느 나라에서도 찾아보기 힘든 독특한 문화를 가지고 있다. 한국이 아직까지 살아남은 가장 중요한 힘은 바로 이 문화 경쟁력이라고 생각한다. 그 때문에 한국인의 인간관, 의식구조, 대화 방식에 맞는 고유한 코칭 모델의 개발이 절실하게 요구된다.

2) 한국인의 의식구조

한국인의 의식구조를 이해하기 위하여 한국인의 독특한 인간관, 삶의 태도, 가치관을 살펴보기로 하자.

인간관

「천부경」에서 인간은 하늘과 땅과 온 우주의 정기를 쌓고 쌓아서 태어났다고 한다. 거대한 우주에 태어난 하나의 티끌만도 못한 미물이 아니라, 하늘과 땅이 자연 그대로 있을 때 이 우주에 생명을 부여하고 살림살이를 하기 위해서 이 땅에 사람으로 태어났다는 것이다.

건국신화에 나타난 하늘, 땅, 사람의 세 요소 가운데 가장 중요한 의미를 지닌 것은 사람에 대한 것이다. 사람이 곧 하늘이고, 하늘의 뜻은 사람으로 말미암아 비로소 온 누리에 펼쳐질 수 있게 된다.

인내천(人乃天) 사상의 원천은 하늘과 사람과의 얽힘에서 비롯되었다. 이처럼 하늘과 사람은 떼어서 생각할 수 있는 존재는 아니지만 나누어서 생각해야 하는 존재이고, 다르지만 떼어 놓을 수는 없는 존재이다.

이런 인간관은 이 천지간에 있는 만물 중에 가장 귀한 것이 사람이고, 사람 속에 하늘과 땅이 들어 있다는 말에서도 찾아볼 수 있다. 이처럼 우리들은 인간이 곧 이 우주의 주인이라고 믿고 살아왔다.

삶의 태도

한국인의 집단무의식을 이해하려면 우리의 고대경전인 『천부경』, 『삼일신고』, 『참전계경』에 대한 이해가 우선되어야 한다. 이 세 가지 경전은 지금도 우리들의 의식구조 속에서 가장 큰 영향을 미치고 있는 뿌리 사상이다. 이 경전에서는 사람이 이 세상에 태어나 반드시 해야 할 일은 '홍익인간 이화세계'라고 한다. 이것이 우리 민족의 삶의 목표이며 사명이다.

또한 흔 사상에서는 우주 공간에서 보면 티끌보다도 작디작은 존재인 사람이 어떻게 하늘에 이를 수 있고, 하늘이 될 수 있는가를 가르쳐 준다. 이런 가르침을 받아 온 우리 민족은 어떻게 하면 사람다운 사람, 즉 흔 마음을 가진 흔 사람이 되느냐 하는 것을 가장 중요한 삶의 과제로 생각해 왔었다. 흔 마음을 가지려면, 우선 흔 알이 내 생명의 근원이고, 흔 얼은 내 영혼이며, 흔 울은 나를 둘러싸고 있는 우주 전체라는 것을 알아야 한다. 이 셋이 각각 다른 셋이 아니라 하나이며, 하나가 바로 셋이라는 사실을 분명하게 깨달아야 한다.

한국인의 삶의 목표는 부자가 되거나 출세하는 것이 아니라 사람다운 사람이 되는 것이었다. 그런 경향은 "사람이면 다 사람이냐? 사람이라야 사람이지. 사람이면 사람 노릇을 해라."라든가 "먼저 인간이 되어라." 등의 말에서도 잘 나타난다.

그렇다면 어떤 사람이 사람다운 사람일까? 필자의 견해로는 한국 사람들은 밝은 사람, 즉 철인이 되는 것을 삶의 목표로 삼았었다. 철인이란 신보다는 못해도 성인보다는 뛰어난 사람이라 했는데, 이는 주체성이 있고, 관계도 좋은 사람, 즉 씨알머리 있고, 말귀 알아듣는 사람을 말한다.

가치관

인간이 몸을 유지하기 위해서는 우선 음식물을 먹고, 햇볕을 쪼이고 숨을 쉰다. 이 세 가지 경로를 통해서 태양의 에너지를 흡수하는 것이다. 그런가 하면 마음의 양식을 얻기 위해 이성으로 생각하고, 감성으로 느끼고 무의식으로 감지한다. 그런데 서양 사람들은 주로 이성에 바탕을 두고 문화를 만들었고, 인도 사람들은 무의식에 바탕을 두었으며, 우리 한국 사람들은 감성에 바탕을 두고 문화를 만들었다. 이 문화의 차이가 가치관의 밑바탕이 되는 시간관, 공간관, 생사관에 영향을 미친다.

그래서 서양인들은 "있는 것은 있고, 없는 것은 없다."라는 일반 논리를 발전시켰다. 그들은 직선적인 시간관을 사용하고 있으며, 과거와 현재와 미래가 있다고 생각하고, 시간은 흘러간다고 생각한다. 인도인들은 "있는 것은 없고, 없는 것은 있다(色卽是空, 空卽是色)."라는 역설의 논리를 만들었다. 무의식의 세계에서 시간이란 있을 수가 없다. 시간이 흘러가는 것이 아니라, 시간은 정지해 있는데 마음이 흘러간다는 것이다.

우리 민족은 감성에 바탕을 두고 문화를 만들었기 때문에 "있는 것은 있으면서 없고, 없는 것은 없으면서 있다."는 역(변화)의 논리를 만들었다. 우리가 사용한 시간관은 원적인 시간관이다. 느끼는 시간은 생각하는 시간과 공간을 뛰어넘을 수가 있다. 지금 여기에 앉아서 초등학교 시절을 생각하면 생각으로는 까마득한 옛날 일이지만 그때의 기분에 잠겨 있다면 지금이 바로 그때가 될 수도 있기 때문이다.

이처럼 우리들은 역의 논리를 사용했기 때문에 유와 무의 세계에 걸리지 않을 수 있었고, 원적인 시간 개념을 사용했기 때문에 시간과 공간에 구속받지 않는 참된 자유를 누릴 수 있었다. 이렇게 우리들은 해 뜨는 동쪽 나라에서 서로 사랑하며 살았었다.

3) 한국인의 말

이처럼 독특한 인간관과 가치관을 가지고 독특한 삶의 태도로 살아온 우리의 특성은 우리말에서 더욱 뚜렷하게 나타난다. 우선 우리말은 대화체로 발달되었다. 말보다 글이 먼저 발달된 인도나 유럽과는 차이가 있다. 그 때문에 우리말에서는 주어가 생략되는 경우가 많다. 글로 쓸 때 주어를 생략하면 문장이 성립되지 않지만, 마주 보고 대화할 때에는 주어를 생략했다고 해서 누가 주체인지 모를 사람은 없다. 이런 경향은 너와 나, 즉 주와 객을 분명하게 구별하고, 세계를 한정 지으려는 생각을 배제하는 인간주의적 사상의 표현이다.

또한 우리말은 표면적으로 주고받는 사실적인 정보도 중요하지만, 그 사실을 넘어서서 그 내면에 담겨 있는 말하는 사람의 마음을 통찰하여 들을 수 있어야 한다. 심정을 알아준다거나 말귀를 알아들어야 한다는 말이 그러한 의미이다. 이처럼 말을 듣고, 마음을 듣고, 말하는 사람을 알아주고 받아들이는 것이 우리들의 대화 방식이다.

우리 민족은 원래 다양성 속에서 동일성을 인식하며, 단일성 속에서 다수성을 인식하는 사고방식을 가지고 있었다. 이처럼 우리 민족이 특이한 사고방식을 가지고 있다는 것을 말에서 찾아보면 흔사상에서 이야기하는 '흔'과 같은 말을 예로 들 수 있다. 이 말은 '같은 말인데도 정반대의 뜻도 함께 지니고 있으며' 수많은 다양한 개념을 함께 지니고 있다. 한은 우선 한 개, 두 개 수량을 말할 때에는 가장 작은 단위이다. 그런가 하면 가장 큰 것은 '한없는 것'이라 표현한다. 가장 가운데 있는 것은 한가운데 있다 하고, 불특정한 대상은 한 사나이, 한 여인 등으로도 표현된다. 이처럼 어느 것 하나에도 걸림 없이 모든 것을 포함하는 말을 사용하고 있다는 것은 우리가 이와 같은 사고방식을 가지고 있다는 증거인데, 이런 말은 다른 민족의 말에서는 찾아보기가 어렵다.

4) 한국인의 인간관계

우리 민족은 관계의 민족이다. 이런 점은 독자성을 강조하고, 관계를 단절한 채 살아가는 민족들과는 아주 다르다. 그 특징은 '우리'라는 말에서 잘 나타난다. 한국말을 배운 서양친구와 이야기하다가 우리 마누라라는 표현을 사용한 적이 있었다. 그랬더니 그 친구는 놀라면서 "왜 네 마누라를 우리 마누라라고 하는가?" 하며 물어 왔다. 이 친구들의 개념으로는 우리 마누라라고 하면 그 친구와 나 두 사람의 공동의 마누라라는 의미가 되기 때문이다. 그러니 our wife가 아니라 your wife라고 강조할 수밖에 없었을 것이다.

그러나 우리말에서 '우리' 란 그 친구와 나를 포함하는 우리가 아니라, 아내와 나를 포함하는 우리를 말하며, 그 우리에서 마누라 역할을 맡은 사람이 우리 마누라인 것이다. 혼자 공부하는 학생이 우리 선생님이라고 하는 것도 학생들 여럿을 포함한 우리가 아니라, 선생님과 나라는 우리의 개념에서 선생님 역할을 하는 사람을 우리 선생님이라고 말한 것이므로 잘못 표현한 것이 아니다.

또한 우리 민족은 인간관계를 맺을 때 스스로 지니고 있는 본분을 다하여 너와 나의 조화를 꾀하려 하였다. 우리 겨레의 대표적 사상인 혼사상에서는 자아인식을 독립된 개체로서의 나가 아니라 전체 속에서의 나를 보며, 나 속에서 전체를 본다. 즉, 개체와 전체를 상대관(相對觀)으로 보아서, 대립하는 대상이 아니라 상즉관(相卽觀)으로 보는 일여(一如)적인 존재이다. 이와 같은 삶의 태도로 살아왔기 때문에 우리들의 현실에서는 나와 너가 상대적인 존재가 아니라 우리로 어우러져 더불어 살아가는 존재이다. 그리고 너를 귀하게 생각해서 나를 너에게 맞추려 들지도 않았고, 나를 귀하게 생각해서 너를 나에게 맞추려 들지도 않았었다. 옳고 그르고, 좋고 나쁨을 구별하기보다는 모든 것이 조화를 이루는 이화(理化)의 철학, 상생(相生)의 철학이 기본 정신이다.

위와 같은 여러 가지 이유들 때문에 우리 고유의 코칭 모델을 개발했다. 제조기술이나 생산기술의 경우 서양 사람들과 같은 재료, 같은 기계를 가지고, 같은 제품을 만들기 때문에 그들과 같은 기술을 사용해도 무리가 없을 것이다. 그러나 대인관계의 기술도 그렇게 생각한다면, 미국 사람들이 미국 사람들을 대상으로 만든 기술을 한국인에게 그대로 적용하는 것이 되므로 무리가 따른다. 물론 그들도 사람이기 때문에 다른 점보다는 공통점이 더 많을 것이다. 세계적인 상담심리학자 제럴드 코리(Gerald Corey) 박사 내외를 한국에 초청했을 때, 그가 가장 처음 물은 것은 한국 문화와 미국 문화의 차이점이었다. 그때 물론 차이점도 많이 있겠지만 다 같은 사람이니 동질성이 더 많지 않겠느냐고 대답했던 것이 기억난다.

이처럼 필자는 외국 사람들을 만나면 동질성을 더 많이 찾으려고 노력하지만, 우리끼리는 우리의 독특성을 더 많이 연구해야 한다고 생각한다. 그것은 우리가 아니면 누구도 해 줄 수 없는 일이기 때문이다.

Part **2**

코칭의 핵심기술

03

코칭 커뮤니케이션과 우리말의 특성

코칭 커뮤니케이션과 우리말의 특성

커뮤니케이션을 정의하는 것은 결코 쉬운 일이 아니다. Frank Dance(1976)에 의하면, 무려 126종의 다른 정의가 있다. 코칭은 기본적으로 언어를 매개로 한 커뮤니케이션 과정을 통해서 이루어지기 때문에 커뮤니케이션을 빼놓고는 말할 수가 없다. 그런데 커뮤니케이션에 대해서는 동서양의 관점의 차이가 크다. 서양 사람들은 커뮤니케이션 기능 중에서 정보전달 기능을 가장 중요하게 생각한다. 그러나 우리는 커뮤니케이션에서 이와 같은 정보 전달의 기능도 물론 중요하게 생각하지만 두 사람이 심정을 주고받고 인간적인 만남을 이루어 나가는 과정을 더욱 중요하게 생각한다.

커뮤니케이션은 매스커뮤니케이션과 대인 커뮤니케이션으로도 분류하는데, 코칭은 1 : 1의 관계로 이루어지는 것이 일반적이기 때문에 이 책에서는 대인 커뮤니케이션에 국한할 것이다. 또 다른 분류방

식으로 언어적 커뮤니케이션과 비언어적 커뮤니케이션으로도 분류할 수 있는데, 코칭은 대부분 언어를 수단으로 하여 이루어지기 때문에 언어적 커뮤니케이션에 주안점을 둘 것이다.

1. 코칭 커뮤니케이션의 기본자세

코치가 되려면 자기가 코칭하고자 하는 분야에 대하여 탁월한 전문적인 지식이나 기술 그리고 경험을 가지고 있을수록 유리하다. 그러나 그것만으로는 프로 코치가 될 수 없다. 프로가 되려면 코칭 전문가로서의 탁월한 식견도 가지고 있어야 하지만, 탁월한 대인관계 능력도 함께 갖추고 있어야 한다. 현실적으로는 많은 코치들이 전문적인 지식이나 기술에 있어서는 과학적으로 훈련받은 지식이나 기술을 사용하면서도 대인관계의 능력에 있어서는 경험에 바탕을 둔 지식, 정보 또는 기술을 사용하려는 경향이 많다. 하지만 아무리 전문적인 지식이나 기술이 탁월한 코치라 할지라도 경험에 바탕을 둔 대인관계의 기술밖에 사용하지 못한다면 그는 아마추어 코치이지 프로라고 말할 수 없다.

우선 코치가 말을 들을 때에는 피코치로 하여금 '코치가 내 말을 정확하게 알아들었구나.', '내 입장에 서서 내 심정을 나같이 알아주는구나.', '내 문제를 자기 문제처럼 보고 도와주려 애쓰는구나.' 라는 생각이 들게 해야 하며, 나아가서 '나를 알아보는구나.' 라는 생각까지 들게 하면 더욱 좋다. 뿐만 아니라, 말을 할 때에는 코치가 하는 말의 뜻이 피코치에게 제대로 전달되어야 하고, 그 말을 들은 피코치가 거부하거나 저항하지 않고 그대로 실천하고자 하는 욕구가 우러나오도록 해야 한다.

그렇다면 프로 코치가 되기 위해 어떻게 커뮤니케이션을 해야 할까? 그 기본자세를 간략히 살펴보면 다음과 같다.

첫째, 진심으로 피코치를 대하기
- 진심을 담은 말이 피코치에게 신뢰감을 준다.

둘째, 피코치를 존중하고 배려하기
- 상사나 부하를 인간적으로 존중하고 이해하고 배려한다.

셋째, 자신감을 가지고 책임 있게 행동하기
- 내가 한 말에 대해서는 끝까지 책임을 진다.

2. 코칭 커뮤니케이션의 장애요소

말은 입에서 떨어지기만 하면 오해가 생긴다고 할 수 있다. 그래서 "말은 하는 사람도 자기 마음대로 하지만 듣는 사람도 제멋대로 듣는다."라는 말이 있을 정도이다. 즉, 말을 하는 사람은 자신의 입장에서 말을 하지만, 듣는 사람 또한 자신의 입장과 방식으로 듣고 해석하기 때문에 오해가 빚어질 수밖에 없다. 그 이유는 말을 주고받는 동안에 수많은 장애요소가 있기 때문인데, 코칭 장면에서 어떤 장애요소가 있는지 살펴보면 다음과 같다.

1) 송신자(말하는 사람)의 장애요소

송신자가 마음속에 가지고 있던 의도를 말이나 행동으로 표현할 때에 자신의 의도, 말과 행동이 모두 일치하기는 무척 어렵다. 그 이유는 다음과 같다.

첫째, 수신자(피코치)의 마음을 상하게 하지는 않을까 하는 두려움
둘째, 수신자(피코치)에게 거부 또는 무시당하거나 이해받지 못
　　　하면 어쩌나 하는 마음
셋째, 감정적으로 불안정할 때
넷째, 잘못된 언어 습관을 갖고 있거나 말주변이 없어서

2) 수신자(듣는 사람)의 장애요소

듣는 사람도 많은 장애요소를 가지고 있다.

첫째, 입장의 차이 : 말하는 사람과 다른 입장에 서서 듣는다.
둘째, 과거의 경험 및 선입견 : 자신의 경험과 선입견을 가지고
　　　듣는다.
셋째, 선택적 인지 : 특정한 낱말이나 문장 등을 자신의 관심 때
　　　문에 선택적으로 받아들이는 경향이 있다.
넷째, 감정적으로 불안정할 때
다섯째, 듣고 이해하는 능력 자체가 부족해서

3) 대화 과정의 장애요소

대화의 가장 큰 장애는 전달 과정에서 온다.

첫째, 가치관 : 종교, 사상, 가치관의 차이는 심지어 대화 단절을
초래하기도 한다.
둘째, 입장 : 사람은 자신이 처한 입장에서 최대한의 이익/혜택을
얻기 위하여 이야기하는 경향이 있다. 예를 들면, 영업사원
과 고객, 강사와 청중, 선수와 관중, 갑과 을 등
셋째, 감정 : 화가 나 있을 때에는 설명이 변명으로, 충고는 잔소
리로, 권유는 강요로 들리는 경우도 있다.
넷째, 외모나 태도 : 말과 같은 음성언어보다는 외모나 태도 같은
동작 언어가 대화에 미치는 영향이 훨씬 더 크다.

3. 우리말의 특성

의사소통에 많은 장애가 있지만, 그중에서 특히 우리말은 그 독
특한 특성 때문에 더욱 대화를 어렵게 만드는 경향이 있다.

1) 언어 적대 관념

하이데거는 말은 존재의 집이라고까지 이야기했고, 기독교에서
는 '태초에 말씀이 계셨고, 그 말씀이 하나님과 함께 계셨으며 그 말
씀이 곧 하나님' 이라고까지 이야기하고 있다. 즉, 말이 얼마나 중요
한 것인지를 암시하고 있다.

유목 민족들은 말을 아주 중요하게 생각하였다. 왜냐하면 그들은
늘 여기저기를 떠돌아다니면서 낯선 사람들을 만나 거래를 해야 했
기 때문에 이들에게는 말이 절대적으로 필요했다. 그러나 쌀농사를

짓고 살아온 우리 농경민족은 같은 부락에서 태어나 한평생을 같이 살아왔기 때문에 말의 필요성을 강하게 느끼지 못하며 살았다. 오히려 '말은 말없이 통하는 게 진짜다.' 라는 식으로 언어 적대 관념이 강하다. '말 많은 집은 장맛도 쓰다', '말 많은 사람치고 믿을 사람은 드물다' 는 식의 속담에서도 그런 경향이 잘 나타나 있다. 정말 친한 사이에서는 '우리 사이에 굳이 말을 해야 하느냐' 고 이야기하면서 말보다는 실천을 더 중요시하면서 살아왔다.

2) 긴장된 대화체

인도나 유럽의 말은 말보다 글이 우선되는 문어체이다. 그러나 우리말은 글보다 말이 우선되는 대화체이다. 글을 쓰면서 '출근을 한다.', '학교에 간다.' 는 식으로 주어를 생략하면 누가 출근을 하고 학교에 가는지 알 수가 없다. 그러나 마주보고 이야기하는 동안에는 사정이 다르다. 그래서 우리말에서는 주어가 생략되는 경우가 많다. 이처럼 우리말은 대화체이면서도 사람을 아주 긴장시키는 대화체이다. 따라서 정신을 바짝 차리고 들어야지 그렇지 않으면 뜻이 왜곡되거나 심지어는 정반대로 들을 수도 있다.

우리말이 사람을 긴장시키는 요소들을 살펴보자.

조사

우리말은 긴 문장에서 조사 한 글자만 바꾸어 놓아도 의미가 전혀 달라질 수 있다.

- 김 대리는 사람도 좋다(김 대리는 많은 장점이 있지만 그 외에 사람까지도

좋다는 강한 긍정이다).

- 김 대리는 사람이 좋다(김 대리의 장점 하나를 말하는 것으로 약한 긍정
  이다).
- 김 대리는 사람은 좋다(김 대리는 단점이 있지만 장점도 있다는 약한 부정
  의 말이다).
- 김 대리는 사람만 좋다(김 대리는 다른 장점은 하나도 없다는 강한 부정
  이다).

이처럼 긴 문장에서 조사 한 글자만 바꾸어도 의미가 정반대가
될 수 있기 때문에 흘려들을 수가 없다.

휘어짐

우리말은 끝날 때쯤 가서 "그러나, 그렇지만"이라고 하면서 앞의
말을 전부 뒤집어 버리는 수가 있다. 예를 들어, "이 대리! 내가 직장
생활을 이십 년 가까이 했지만, 자네는 참으로 능력이 탁월하고, 애사
심이 강하고, 상사에게 공손하고, 부하들을 아끼며, 고객들에게 친절
하고, 그러면서도 끊임없이 자기 개발을 위해서 노력하지 않는가? 그
리고 다른 측면에서 볼 때, 보통 이렇게 밖에서 잘하는 사람은 가정적
으로는 소홀한 경우가 많은데, 자네는 가정적으로도 얼마나 인자하
고 자상한 남편이자 아버지인가? 나는 평소에 자네 같은 사람을 본
적이 없네."라고 끝도 없이 칭찬이 늘어놓다가도 "그런데, 그렇지만,
그러나"라고 하면서 앞의 말을 완전히 뒤집어 버리는 수가 있다. 그
러므로 우리말은 들을 때 꺼진 불도 다시 보는 심정으로 끝까지 마음
을 놓지 말고 들어야 한다.

통찰에 의한 대화

서양 사람들은 직선적인 대화를 주고받기 때문에 표면적으로 주고받는 사실만 이해하면 대화에 큰 무리가 없다. 그러나 우리말은 통찰에 의한 대화 방식을 사용하기 때문에 말보다는 그 말 속에 담겨 있는 뜻과 기분을 들을 수 있어야 한다.

한 예를 들면, 불면증으로 고생하는 몇몇의 내담자가 찾아와서 "제발 잠만 좀 잘 수 있게 해 주면 제 재산의 반이라도 드리겠습니다."라는 이야기를 곧잘 한다. 그러면 상담자들은 그 이야기를 듣고서 상담이 끝나면 별도로 사례를 하겠다는 소리로 듣고 기대하는 경우도 있다. 그러나 정작 상담을 마치고 난 뒤 사례를 하는 사람은 거의 없을 것이다. 왜냐하면, 내담자들의 이런 이야기는 상담자에게 별도로 돈을 주겠다는 이야기가 아니라 자신의 고통이 그만큼 크다는 호소였고, 다른 하나는 '아마 당신도 내 불면증은 고치기 힘들 것이오.' 라는 뜻을 담고 있는 경우가 많기 때문이다.

기업에서도 지각한 부하 직원에게 상사가 화가 나서 "지금 몇 시야?"라고 따지듯이 묻는다면, 그것은 현재 몇 시인지를 묻고 있는 것이 아니라 '왜 늦었는지에 대해 이유를 묻거나 아니면 나는 지금 몹시 화가 나 있다' 는 뜻으로 해석해야 한다. 우리말에서는 이처럼 말 속에 담긴 내면의 소리와 심정을 알아들어야 비로소 '말귀를 알아듣는다' 는 말을 들을 수 있고, 말귀를 알아듣지 못하면 사람 취급을 받지 못하기도 한다.

상관 논리

서양 사람들은 사실 논리를 우선시하기 때문에 밥을 먹으면 나도

'먹는다' 고 하고, 아버지의 경우에도 '먹는다' 고 표현한다. 그러나 우리는 상관 논리를 사용하기 때문에 같은 사실임에도, 상대가 누구냐에 따라 사용하는 단어와 표현이 바뀐다.

- 밥은 먹었느냐?(나보다 아랫사람에게)
- 식사는 하셨나요?(나보다 손위 사람에게)
- 진지는 드셨습니까?(나보다 훨씬 웃어른에게)

이처럼 사람들 사이에서 말을 주고받을 때 일어날 수 있는 수많은 장애요소들을 생각해 보면, 사람들이 커뮤니케이션을 하면서 더불어 살아가고 있다는 사실 그 자체가 신기하게 여겨지기도 한다. 하지만 이러한 장애요소들을 바르게 알고, 제대로 말을 주고받을 수 있는 능력을 가진다면 당신은 당신의 피코치를 더욱 효과적으로 도울 수 있는 프로 코치가 될 수 있을 것이다.

이렇게 많은 커뮤니케이션의 장애요소를 극복하기 위해서는 전문적인 대화 요령의 훈련이 필요하다. 그러기 위해서 이어지는 4장부터 7장까지는 적극적 경청, 칭찬, 인정, 피드백, 질문 등의 요령을 살펴보겠다.

03 코칭 커뮤니케이션과 우리말의 특성

적극적 경청

적극적 경청(active listening)이란 미국의 인간 중심 상담학자 칼 로저스가 주장한 것으로, 내담자의 말을 효과적으로 듣는 기술이다. 그는 말을 들을 때 표면에 주고받는 말만 듣지 말고 말 속에 담긴 의미와 기분을 알아들어야 하며, 소극적으로 듣고 있지만 말고 내담자(여기에서는 피코치)의 말을 자신이 어떻게 알아듣고 받아들이고 있는지 확인시켜 주는 대화방식이 효과적이라고 주장하고 있다. 이 말은 피코치가 하는 말의 언어적인 요소는 물론이고 비언어적인 요소까지도 함께 이해해야 한다는 점을 암시하고 있다. 코칭에서는 피코치와 친밀감과 신뢰감을 형성하는 것이 매우 중요하기 때문에 적극적 경청이 코칭의 성패를 좌우하는 가장 중요한 기초 역량이라고 할 수 있다.

이 장에서는 독자의 이해를 돕기 위해 피코치가 보내는 말을 언어적 요소와 비언어적 요소로 나누고, 우선 비언어적 요소의 경청에 대해 살펴보겠다. 그 다음으로 언어적 요소에 대해서 살펴볼 것이다. 언어적 요소에서는 경청의 단계와 경청의 훈련방법 등에 대해서 언급할 것이다. 특히 적극적 경청 훈련에서는 4가지 차원의 감정 찾기 훈련방법에 대해 살펴볼 텐데, 이는 이 책의 특징 가운데 하나인 칭찬, 인정과 더불어 또 하나의 특징이다.

1. 비언어적 메시지의 경청

일상적인 대화에서 상대의 말이 아닌 표정이나 음성의 높낮이 등으로 상대방의 의도를 미루어 짐작하는 일은 누구나 경험해 보았을 것이다. 때로는 비언어적 요소가 언어적 요소보다 더 많은 정보를 제공하기도 하기 때문에 코치는 피코치의 비언어적 메시지에 주목할 필요가 있다.

심리학자인 Albert Meharabian(1967)은 일상적인 대화에서의 메시지의 영향을 연구한 결과, 말과 단어 등 언어적인 요소는 7%, 어조, 음색 등 음성적인 요소가 38%, 얼굴 표정 및 제스처 등 신체적인 요소가 무려 55%로 가장 큰 비중을 차지한다고 하였다. 이처럼 코치가 전달하고자 하는 메시지의 90% 이상이 말이 아닌 비언어적 표현에 의하여 피코치에게 인식된다는 것이다. 그러므로 피코치와의 원활한 의사소통을 위해서는 음성언어도 물론 중요하지만 동작언어와 같은 비언어적 표현을 잘 활용하는 요령도 익혀 둘 필요가 있다. 이제 이것들을 간략히 살펴보자.

1) 동작 언어 : 얼굴 표정, 몸짓(팔/손, 발/다리), 자세, 호흡 등

만약 당신이 처음으로 거래처를 방문하는데 거래처 사장이 당신에게 "만나서 반갑습니다."라고 인사말을 건넨다고 가정해 보자. 당신은 다음 중 그의 어떤 행동에서 인간적인 존중과 반가움을 가장 크게 느낄 수 있을지 한번 생각해 보라.

- 똑바로 서서 말로만 인사할 때
- 바로 선 자세에서 고개만 까딱하며 말할 때
- 악수 등 신체적 접촉을 하며 말할 때
- 미소 띤 얼굴로 악수하며 말할 때
- 허리를 굽혀 인사 후 말할 때
- 허리를 45도로 굽혀 인사한 후 미소 띤 얼굴로 말할 때

이처럼 동작 언어의 표현 정도에 따라 각각 다른 수준의 기분이나 감정을 느낄 수 있다.

2) 음성 언어 : 말의 음조, 빠르기, 소리의 크기, 리듬, 성량, 발음 등

흔히들 이야기하는 동작언어(Body Language) 외에도 우리가 말을 전달하는 방식과 음성 따위의 작은 차이 때문에 코치가 전달하고자 하는 의미가 피코치에게는 전혀 다르게 받아들여지기도 한다. 각 음성적 언어의 요소와 그 특성을 살펴보면 다음과 같다.

– 음조

높은 음조 : 기쁨, 두려움, 분노(이러한 감정은 음조가 높아진다.)

낮은 음조 : 우울, 피곤, 침착

– 빠르기

빠른 말 : 흥분을 전달하며, 표현이 풍부하고, 설득적

느린 말 : 게으르고 무관심한 인상

– 소리의 크기

큰 음성 : 열정이나 확신

부드러운 음성 : 진실, 이해의 표시, 자신감의 결여

– 리듬

한 문맥에서 단어에 대한 강조점을 바꿈으로 인해 서술문이 될 수도 있고 의문문이 될 수도 있다.

– 성량

깊은 가슴에서 우러나오는 소리 : 확고함, 확신과 힘

얇고 높은 음성 : 불안, 약함, 우유부단함

– 발음

약간의 불분명하고 느린 발음 : 편안하고 친근한 분위기를 조성하기도
하지만 답답한 인상을 주기도 한다.

– 분절 끊기

중요한 부분을 끊어 말하게 되면, 피코치의 주의를 집중시켜 자신의 말
을 피코치에게 이해시키는 데에 도움이 된다. 예를 들어, 김 과장과 이
대리가 똑같이 당신에게 "반갑습니다."라고 말할 때, 김 과장은 큰 소
리로 글자 하나하나에 힘을 주어 분명한 발음으로 인사했고, 이 대리는
기어들어 가는 목소리로 말꼬리를 흐리며 인사했다면, 당신은 분명 이
대리보다 김 과장으로부터 더욱 커다란 반가움의 느낌을 받을 수 있을
것이다.

3) 메타 메시지

때로는 표면으로 주고받는 메시지보다 메타 메시지가 더 큰 영향
을 미치기도 한다.

리듬과 음의 고저(Accent)에 의한 메타메시지

예를 들어, "나는 너와 함께 집에 가지 않을 거야."라는 말에서,
어느 단어를 강조하느냐에 따라 전혀 다른 뜻이 되기도 한다.

- '나는' 이라는 단어에 힘을 줘서 말하면 그 메시지는 "다른 사람은 너
  와 함께 집에 갈 수도 있겠지만 나는 아니야."라는 뜻으로 전달된다.
- '너' 를 강조하면 그 메시지는 "나는 누군가와 함께 집에 갈 수도 있

겠지만 분명히 너와는 함께 가지 않을 거야." 라는 뜻이다.

- '집' 을 강조하면 그 메시지는 "난 너와 다른 곳에는 갈지 모르겠으나
  집에는 안 간다." 는 뜻이다.

수식어 구에 의한 메타메시지

수식어구란 문장에 뜻을 첨가하기 위해 사용하는 단어를 말하며, 흔히 쓰이는 단어들은 단지, 물론, 다만, 아마도, 여전히, 단순히, 당연히, 다시, 약간, 확실히, 최근에 등등이 있다.

- '너 아직 여기 있니?' 에서의 메시지는 "넌 벌써 떠났어야 하는데 왜
  안 갔니?" 이다.
- '물론 넌 최선을 다하긴 했겠지.' 에서의 메시지는 "글쎄, 난 네가 정
  말 최선을 다했는지 모르겠는걸." 이다.
- '너는 당연히 오고 싶을 거야.' 에서의 메시지는, "오고 싶어 하지
  않는다면 네게 뭔가 문제가 있는 거야." 라는 뜻으로도 해석이 가능
  하다.

수식어구들은 일반적으로 짜증이나 불만을 표시하는 경우가 많으므로, 피코치의 메타 메시지가 잘 이해되지 않으면 실제로는 과연 어떻게 생각하고 느끼고 있는지에 대하여 묻고 확인할 필요도 있다.

2. 언어적 메시지의 경청

앞에서 살펴본 비언어적 메시지는 언어로 전달된 메시지를 재확인, 부정, 강조 등의 보조수단으로 역할을 할 뿐 주된 수단은 아니다. 말로 전달된 언어는 그 전달된 말 속에 내용, 의미, 기분, 성격, 숨은 뜻, 숨은 기분 등이 포함되어 있다.

기업의 예를 들어보면 다음과 같다.

> 부하 직원들에게 존경받는 상사들의 핵심역량은 전문지식이나 기술이 아니라 대인관계의 능력이며, 그중에서도 특히 경청능력이 가장 큰 영향을 미치고 있었다. 그래서 부하들은 상사들을 다음과 같이 분류하고 있었다.
>
> 첫째, 말귀도 못 알아듣는 상사 — 내 말의 뜻과 의미를 몰라주는 상사
> 둘째, 대화는 되는 상사 — 내가 전달하고자 하는 의미/뜻을 알아주는 상사
> 셋째, 배짱이 맞는 상사 — 현재의 나의 기분/심정을 알아주는 상사
> 넷째, 사람을 알아보는 상사 — 말이나 행동으로 나타나는 나의 성격/스타일에 맞추어 대응해 주는 상사
> 다섯째, 끝내주는 상사 — 내가 궁극적으로 말하고자 하는 진정한 숨은 뜻과 기분을 알아주는 상사

만일 당신이 직장인이라면, 과연 팀원들은 당신을 어떤 상사로 보고 있다고 생각하는가? 그렇다면 끝내주는 상사가 되기 위해 피코치의 이야기를 경청하는 요령을 살펴보도록 하자.

1) 적극적 경청의 요령

첫째, 피코치의 입장에 선다

피코치를 진심으로 받아 주고 이해하기 위해서는 내 마음의 문을 활짝 열고, 나의 입장이 아니라 피코치의 입장에 서야 한다. 일반적으로 사람들은 머리로는 이 사실을 알고 있으나 실제 행동으로 옮기지 못하는 경우가 거의 대부분이다. 나 아닌 다른 사람의 입장에 선다는 것은 쉬운 일이 아니다. 그러나 이런 태도를 갖고 있지 못하면 피코치의 이야기를 자기 입장에서만 듣고 평가·판단하기 쉬워서 피코치의 이야기를 제대로 듣고 있다고 말할 수 없다. 한 예로 기업에서 상사와 부하의 대화 내용을 살펴보자.

> 사원 : 부장님께선 일주일 후에 보고하라고 하셨는데, 현재 상황을 고려할 때
> 제 능력으로는 너무 무리라고 생각하는데요?
> 부장 : • 자네는 해 보지도 않고 안 된다고 하는데 부정적인 태도부터 고치게.
> (비판)
> • 내 생각에는 충분히 할 수 있다고 보는데, (판단)
> • 도대체 무엇 때문에 안 된다고 하는 건가? (질문)
> • 그렇더라도 어떻게든 해 보기는 해야 할 것 아닌가! (설득)

이러한 태도들로는 상대의 말을 제대로 듣고 있다고 할 수 없다. 대체로 많은 사람들이 자기의 주장이나 생각을 상대에게 일방적으로 강요해서 상대의 생각이나 행동을 바꾸어 보려는 욕구를 가지고 있다. 만약 상대에게 내가 원하는 쪽으로 움직여 주기만을 바란다면, 상대도 나에게 자기 뜻대로 움직여 주기만을 바라고 있을 것이라는 사

실을 생각해야 한다. 피코치의 입장에 서서 듣지 않는다면 참된 대화는 기대하기 힘들다. 이런 경우 "자네 말은 이 일을 일주일 후에 보고하라고 하는 것은 현재 상황으로 보아서 너무 무리라고 생각한다는 말이지?"라는 식으로 피코치의 입장에 서서 받아들여야 한다. 그래서 피코치가 "내 말을 알아듣고 내 마음을 알아주는구나."라고 느낄 수 있도록 하는 것이 무엇보다 중요한다.

둘째, 피코치의 욕구와 기대를 충족시킨다

피코치가 코치에게 기대하는 것은 다음의 4가지 요구이다.

- 정보의 요구 : 오늘 몇 시에 출발할까요?
- 이해와 공감의 요구 : 해도 너무 하신 게 아닙니까?
- 행동의 요구 : 그때까지 현관 앞으로 나와 주시겠습니까?
- 동참의 요구 : 야, 지난번에 우리 회식할 때 말이야.

때로는 이중에서 몇 가지를 동시에 요구할 수도 있다. 예를 들면 "힘들어 죽겠는데 이 일 좀 도와줘. 도대체 몇 시까지 올 수 있는 거야?"라는 식이다.

위와 같은 피코치의 욕구와 기대에 적절하게 대응해 주지 못하거나 상대가 행동을 요구하는데 정보를 준다거나, 이해나 공감을 요구하는데 엉뚱하게 질문이나 하고 있다면 대화는 제대로 이루어진다고 볼 수 없다.

셋째, 피코치의 이야기에 반응하고 확인한다

대부분의 사람들은 '적극적 경청'을 해야 한다고 하면 피코치의 이야기에 주의를 집중해서 열심히 듣기만 하면 되는 것으로 생각한다. 그러나 열심히 듣기만 한다면 아무리 잘 듣고 있어도 적극적 경청이라고는 하지 않는다. 물론 피코치의 입장에서 잘 듣기도 해야 하지만, 내가 피코치의 이야기를 어떻게 듣고 있는지 확인시켜 줄 때 비로소 적극적 경청이라 이야기할 수 있다.

■ **적극적 경청을 하는 사람의 태도**

- 피코치 쪽으로 몸 기울이기

- 피코치와의 눈 맞춤 유지하기

- 미소 띤 얼굴하기

- 고개를 끄덕이며 호응하기

- 질문을 통하여 의미를 명확히 하기

- 중간 중간 메모하기

- 팔짱 끼고 듣지 않기(경계/거부의 표현으로 보일 수도 있음)

■ **확인하기**

피코치로 하여금 '저 사람이 내 입장이나 심정을 나처럼 알아주는구나.'라고 실감할 수 있게 하고, 의사소통을 명확하게 하기 위해서는 내가 피코치의 이야기를 어떻게 받아들이고 있는지 확인시켜 주는 것이 좋은데, 방법은 다음과 같은 세 가지 요령으로 한다.

- 반복 : 피코치의 이야기를 반복해 주는 것

- 요약 : 피코치 이야기를 정리해서 요점만 다시 확인하는 것, 기억만
  해서는 안 되고 이해가 되어야 한다.
- 자기표현으로 바꿈 : 피코치의 이야기를 내 말로 바꾸어서 확인하는 것

반복은 피코치가 한 이야기의 내용을 이해하지 못하고 기억만 해도 기계적인 반복이 가능하지만, 요약이나 자기표현은 제대로 이해하지 않고는 할 수가 없다.

예를 들어, 주말 골퍼인 김 대리가 말한다. "팀장님, 어제 친구들과 오래간만에 강촌CC에서 골프를 쳤는데 난생 처음으로 버디를 잡았습니다. 친구들이 온통 축하주를 사라고 난리였는데 기분이 정말 좋았습니다."

- 반복 : "자네 이야기는 어제 오래간만에 강촌CC에서 골프를 쳤는데
  난생처음으로 버디를 잡았고, 그래서 친구들이 축하주를 사라
  고 난리여서 기분이 좋았다는 말이지?"
- 요약 : "생전 처음 버디에다가 친구들의 부러움까지 받으니 기분이
  최고였다는 말이지?"
- 자기표현 : "야, 그건 마치 야구에서 9회 말에 만루 홈런 치고 역전승
  한 기분이었겠는데?"

넷째, 피코치의 말 속에 담긴 그의 성격과 숨은 의미/기분까지 듣는다

피코치의 이야기를 확인하면서 이 사람이 '왜 이런 이야기를 하는지' 그 의미를 이해하고, '어떤 기분에서 이야기를 하고 있는지'

그 기분을 받아 주고, 나아가서는 '어떤 성격을 가진 사람이기에 이렇게 이야기 하는지' 그 성격을 알아주고, '이 이야기를 하고 있는 속뜻은 무엇인지' 그 숨은 의미와 기분에 맞추어 반응해 줄 수 있다면 더욱 효과적인 경청이 가능해진다. 여기에서 숨은 의미와 기분은 항상 긍정적으로 받는 것이 좋다는 점을 명심해야 한다.

2) 피코치의 말을 경청하지 못하는 이유

일반적으로 사람들이 피코치의 말을 잘 경청하지 못하는 이유들을 살펴보면 다음과 같다.

- 자기가 할 말만 생각한다 : 피코치의 말은 듣지도 않고 자기가 할 이야기만 준비한다.
- 자기 경험에 비춰서 듣는다 : 피코치의 말을 들으면서 연상된 자신의 옛 경험을 바탕으로 듣는다.
- 미리 판단 : 피코치의 말이 채 끝나기도 전에 다 알아들었다고 착각하고 성급하게 평가 판단한다.
- 선택적으로 듣는다 : 피코치의 말 속에서 특정 낱말이나 부분을 선택적으로 크게 받아들인다.
- 선입견 : 과거에 형성된 피코치에 대한 선입견을 가지고 듣는다.

상기의 이유들 때문에 피코치의 말을 잘 경청하지 못하는데, 이를 극복하기 위해서는 몇 가지의 훈련이 요구된다.

3. 적극적 경청 훈련

코칭에서 피코치가 하는 말을 잘 들어야 한다는 것은 수십 번 강조해도 지나치지 않다. 그리고 적극적 경청에도 일정한 단계가 있음을 알아야 한다. 이 절에서는 첫 번째로, 적극적 경청의 단계 및 그에 관련한 사례를 우선적으로 살펴보겠다. 두 번째로, 피코치의 입장에서 피코치의 심정을 피코치 자신처럼 이해하고 공감하는 능력을 배양하기 위해 꼭 필요한 감정분석 방법을 살펴보겠다.

1) 적극적 경청의 단계 및 사례

적극적 경청을 숙달시키기 위해서는 다음의 단계를 밟는 것이 중요하다. 그 단계는 다음과 같다.

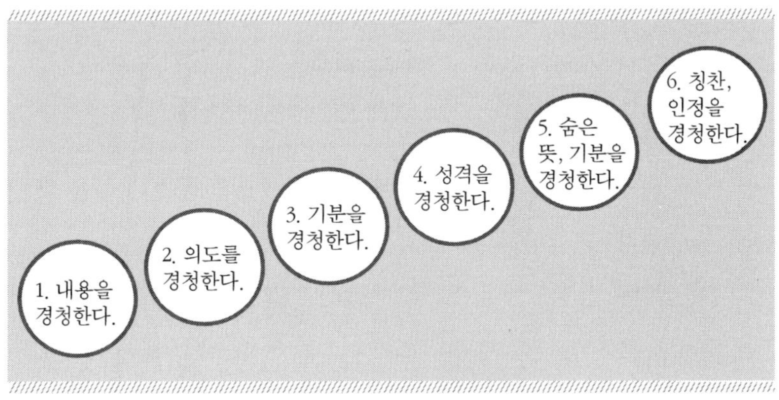

[그림 4-1] 적극적 경청의 단계

첫째, 피코치가 표면적으로 이야기하는 내용을 듣고 사실을 확인한다.

둘째, 피코치 이야기의 내면에 담겨 있는 의미를 알아듣는다.

셋째, 피코치 이야기에 담겨 있는 기분을 공감 수용한다.

넷째, 피코치 이야기에 담겨 있는 피코치의 성격과 특성을 확인
한다.

다섯째, 피코치 이야기에 담겨 있는 숨은 뜻과 숨은 기분을 받아
들인다.

여섯째, 피코치에 대한 칭찬, 인정을 한다.

상기의 6단계에 따라 코칭 사례를 살펴보자.

> "제가 생각해도 저는 웃기는 놈입니다. 의지도 무척 약하고요. 매년 한두 번씩
> 금주, 금연하겠다고 결심하고선 사흘이 못 가서 다시 술 먹고, 담배 피우고 합니다.
> 사내 녀석이 의지가 굳어야 하는데……. 이제는 친구를 사귀기 위해 술, 담배가 필
> 요한 것이라는 쪽으로 생각이 바뀌어 가고 있습니다. 사실 직장 생활하면서 술 안
> 마시면 친구 사귀기 어렵고 담배 안 피우면 손님 접대하기 참 어렵지 않습니까?"

첫째, 피코치가 표면적으로 이야기하는 내용을 듣고 사실을 확인
한다.

"매년 한두 번 정도는 금주, 금연하겠다고 결심하고선 사흘도 못 가서
다시 술 먹고, 담배를 피운다고요? 그리고 이제는 친구를 사귀기 위해
술, 담배가 필요한 것이라고 생각이 바뀌어 가고 있다는 말씀이지요?"

둘째, 피코치 이야기의 내면에 담겨 있는 의미를 알아듣는다.

"매년 금연, 금주하겠다고 결심을 하고서도 의지가 약해서 이제 술, 담

배가 필요하다는 쪽으로 생각이 바뀌어 간다는 이야기군요."

셋째, 피코치 이야기에 담겨 있는 기분을 공감 수용한다.
"적어도 남자라면 의지가 굳어야 된다고 생각하는데 금주, 금연을 하겠다고 결심하고는 사흘도 못 지키는 자신에 대해 참으로 실망되고, 내가 왜 이렇게 의지가 약한가 하는 생각이 들어 속상하고 답답하고, 창피한 느낌이 드시는군요. 그런데 실제로 사회생활 속에서 술, 담배를 하지 않고는 관계 맺기가 쉽지 않다는 경험까지 하면서, 이제는 사회생활을 위해 술, 담배를 해야만 되지 않겠는가라고 스스로 합리화시키려는 자신의 모습이 못마땅하면서도 변명하고 싶기도 하고 혼란스러운 모양입니다."

넷째, 피코치 이야기에 담겨 있는 피코치의 성격과 특성을 확인한다.
"○○님의 이야기를 들었을 때, 직장에서 맡은 손님 접대를 중요하다고 생각하는 것으로 보아 직장인으로서 책임감이 강하면서 다른 사람들과의 관계를 중요시 여기는 사회성도 있으신 것 같습니다. 한편, 지속적으로 술, 담배를 끊어 보려고 시도하는 것을 보면 본인 스스로 절제하고 통제하려는 욕구가 큰 분으로 보이는군요."

다섯째, 피코치 이야기에 담겨 있는 숨은 뜻과 숨은 기분을 받아들인다.
"그러니까 ○○님 얘기는 남자로서 의지도 굳고, 사내다운 면모도 있으면서 관계와 의리도 놓치고 싶지 않다는 말씀이지요?"

여섯째, 피코치에 대한 칭찬, 인정을 한다.

"○○님이 말씀하시는 걸 보면 참 솔직한 분이라는 생각이 듭니다. 인간관계를 소중히 여기며, 사회성도 있으시네요. 자신한테 중요하다고 생각되는 게 있어도 관계에 있어서 필요하다면 자기 것을 양보하고 허용할 수 있을 정도로 융통성도 있으시고, 개방적인 면이 정말 ○○님의 남다른 면이시네요."

2) 감정 주고받기

적극적 경청에서, 가장 어려운 부분이 피코치의 심정을 이해하고 공감하는 부분이라고 많은 코치들이 말하고 있다. 따라서 이 절에서는 감정분석 방법을 소개하고자 한다. 일반적으로 코치와 피코치 두 사람 간의 대화에서 순간적으로 발생할 수 있는 4가지 방향의 감정이 있다.

일반적으로 상대가 이해나 공감받기를 원하고 있거나 감정적으로 불편해할 때는 일단 내 입장을 떠나 상대의 입장에 서서 ③과 ④를 주로 듣고 받아들이는 게 효과적일 것이다. 그런가 하면 자기주장을 하거나 상대에게 영향을 미치려고 한다면 내 입장에 서서 ①과 ②를 주로 해야 할 것이다.

예를 들어, 상대가 나를 보고 고집이 세다고 할 때,

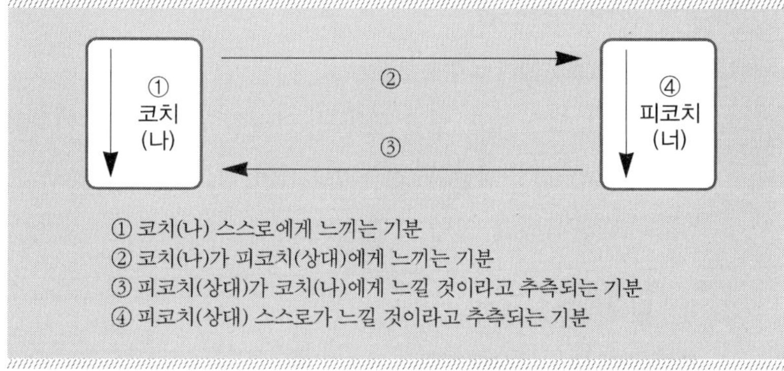

[그림 4-2] 감정의 4가지 종류

- 상대는 답답했을 것이고(④)

- 나한테 대해서는 아쉽거나 불만스러웠을 것이며(③)

- 답답하게 만든 것은 미안하고, 충고해 주는 것은 고맙지만, 나를 이해해 주지 않는 것 같아 그 점은 서운하다(②).

- 그런데 사실은 나도 답답하다(①)라는 식으로 표현할 수 있을 것이다.

요즘 나에게 일요일 아침마다 새로운 일이 생겼다. 형이 운전면허를 취득했지만 도로운전을 제대로 하지 못해 지금 도로 운전 연수를 시켜 주고 있는 중이다. 작년에 내가 하도 볶아대서 면허를 땄다. 타의로 인해 면허를 땄지만 형은 지금 운전이 필요한 상태가 되었다. 형에게 드는 안타까움, 짜증 등…… 과거의 느낌들이 다시 떠오른다. 형에 대한 감정들이 아직은 정리가 되질 않았나 보다. 정리가 되었다고 생각하지만 어머니가 돌아가신 것과 연관하여 생각하니 잘 정리되지 않는다.

상기의 예를 읽고 [그림 4-2]의 감정의 4가지 종류를 염두에 두고 분석해 보자.

① 내가 나에게 가진 느낌

코치(나) 스스로에게 느끼는 기분

: 짜증나고, 답답하고, 약간 귀찮고, 안타깝고, 열 받고, 기특하고, 대견하고, 틀림없고, 빈틈없고, 불안하고, 대견스럽고, 기대되고, 한심하고, 얄밉고, 불편하고

② 내가 형에게 가진 느낌

코치(나)가 피코치(상대)에게 느끼는 기분

: 안타까움, 짜증 나고, 원망스럽고, 측은하고, 성에 안 차고, 답답하고, 지지하고 싶고, 도와주고 싶은, 눈물이 나고, 대견하고, 고맙고, 어렵고, 힘들고, 불편하고, 무거움, 거치적거리고, 거북하고, 불편하고

③ 형이 나에게 느낄 것이라고 추측되는 느낌

피코치(상대)가 코치(나)에게 느낄 것이라고 추측되는 기분

: 불편하고, 자존심 상하고, 다가가기 어렵고, 눈치 보고, 대견하고, 고맙고, 미안하고, 기특하고, 기대되고, 너무 다그치고, 신뢰 있고, 우호적이고

④ 형이 스스로 느낄 것이라고 추측되는 느낌

피코치(상대) 스스로가 느낄 것이라고 추측되는 기분

: 초라하고, 후회스럽고, 원망스럽고, 기대감, 성급하고, 짜증스럽고, 성에 차지 않고, 느리고, 속상하고, 두렵고, 기쁘고, 어색하고, 대견하고

위에서 살펴본 예처럼, 한순간에 느껴지는 기분이 4가지가 있다
는 것을 알 수 있다. 이 감정들을 자유스럽게 주고받는 방법을 훈련한
다면 코칭을 할 때에 상당한 성과를 거둘 것이다.

칭찬, 인정

　수많은 대인관계기술, 즉 적극적 경청(공감·수용), 피드백, 자기 주장 등의 기술(skill)에 대해서는 심리학, 교육학, 사회복지학 등 상담이나 인간 관련 학문분야에서 개발되고 보급되어 왔다. 그러나 대인관계의 기술로 볼 수 있는 칭찬(praise)에 대해서는 '칭찬하면 효과가 있으니 칭찬하는 것이 좋다'는 정도로 언급되어 왔고, 심지어 '칭찬은 고래도 춤추게 한다.'라는 서적이 출판되어 히트를 치기도 하였다.

　일반적으로 칭찬은 피코치가 과업을 잘 수행하거나 성과를 거두었을 때, 또는 바람직한 행동을 하였을 때 그에 대한 보상 차원뿐만 아니라 더욱 그 일을 잘하도록 동기유발을 시키고, 나아가 다른 일을 수행하는 데 있어서도 자신감을 갖도록 하는 강력한 무기라 할 수 있다. 그러나 위에서 간략히 언급한 바와 같이, '왜 칭찬을 해야 하는가?'에 대한 연구는 많이 있지만 어떻게 칭찬을 해야 하는지 구체적인 방법을 이야기한 책은 아주 드물다.

이 장에서는 칭찬의 전반에 대해 살펴볼 것이다. 특히 칭찬거리를 찾는 방법과 칭찬하는 말을 어떻게 구성하는 것이 좋은지에 대해 구체적으로 소개하겠으며, 이는 이 책의 특징 가운데 하나이다.

1. 칭찬의 효과

사람들에게 희망과 용기를 북돋아 주는 말은 크게 칭찬, 인정, 지지 및 격려의 4가지로 분류할 수 있는데, 각각의 활용법은 다음과 같다.

- 첫째, 칭찬은 피코치가 무언가를 잘했을 때 사용한다.
- 둘째, 피코치의 특성을 알아주는 것으로 잘하고 못하고는 상관하지 않고 언제라도 할 수 있다.
- 셋째, 지지는 피코치가 잘 하겠다는 결심이나 각오를 하였을 때, 힘을 북돋아 주는 것이다.
- 넷째, 격려는 피코치가 힘든 일이나 실패 혹은 좌절을 겪고 있을 때, 그 심정을 받아 주고 다시 일어설 수 있도록 희망과 용기를 주는 것이다.

또한 칭찬은 코치 자신, 피코치 그리고 조직에 상당한 효과를 가져다주고 그 영향력이 지대한데, 구체적으로 살펴보면 다음과 같다.

1) 칭찬이 코치 자신에게 주는 효과

칭찬을 하다 보면 피코치에 대해서 단점보다는 장점을 보는 마음이 점점 커지게 된다. 그 때문에 칭찬을 받은 사람보다는 칭찬을 하는 자신에게 더 큰 심리적 효과가 나타난다. 주변 사람들을 적극적으로 칭찬하다 보면, 우리의 마음은 남의 흠이나 잡고 헐뜯는 마음에서 칭찬하는 마음으로 바뀐다. 마음은 쓰는 쪽으로 발달하게 되어 있다.

2) 칭찬이 피코치에게 주는 효과

칭찬은 피코치를 이해하고, 알아주며, 높이 평가하고 있다는 코치의 마음을 피코치에게 전달하는 것이다. 칭찬을 받은 피코치는 자신이 코치로부터 인정받고, 존중받고 있다고 느껴져서 기분이 좋아지고 자신감이 생긴다. 인간은 누구나 자신이 잠재능력을 갖고 있으며, 남들의 기대를 받고 있다는 사실을 확인하는 것만으로도 느낌이 달라질 수 있다. 칭찬을 받은 사람은 용기를 갖고 더욱 바람직한 행동을 하게 되기 때문에, 그 결과 칭찬은 사람의 마음을 움직이는 가장 큰 힘이 된다. 또한 칭찬을 해 준 사람에 대해서 호감을 갖게 될 것이다.

3) 칭찬이 조직에 주는 효과

피코치의 잘한 점, 그 사람만의 고유 장점을 살린 칭찬은 상사, 동료, 부하 직원 개인뿐만 아니라 함께 일하는 일터에 대해 애정을 갖게 하고, 서로 간의 신뢰감을 강하게 만든다. 이런 조직 환경에서의 조직원들은 자신감을 갖게 되고, 실수를 두려워하지 않고 일에 몰입할 수 있으며, 그 결과 생산성은 향상되어, 조직의 성과 향상으로 이어질 수 있다.

2. 칭찬하기, 칭찬받기의 어려움

칭찬이 상당한 효과가 있음에도 다른 사람을 칭찬하는 일뿐만 아니라 칭찬을 받는 일은 그리 쉽지 않다. 그 이유를 살펴보면 다음과 같다.

첫째, 칭찬이 익숙하지 않기 때문에
- 우리들은 성장하는 과정에서 올바른 칭찬을 많이 받아 보지 못했다.

둘째, 마음에 여유가 없기 때문에
- 피코치의 장점을 철저히 살필 수 있는 내 자신의 여유가 없다.

셋째, 겉으로 드러난 큰 것만 칭찬하려 하기 때문에
- 사소한 것이나 당연한 것으로 여겨지는 것들은 칭찬거리가 아니라고 생각한다.

넷째, 겸손은 미덕이라고 생각하기 때문에
- '겸손은 미덕' 이라는 고정관념 때문에 칭찬을 하기도 어렵고, 받기도 어려워한다.

다섯째, 피코치에 대한 경계심 때문에
- 칭찬을 했을 때 피코치가 어떻게 생각할지 몰라서 칭찬하기 힘들어한다.

여섯째, 자신의 가치관 때문에

ㅡ 자신의 가치관에 비추어 피코치를 보고 있기 때문에 칭찬보다는 지
적을 많이 하게 된다.

일곱째, 말 주변이 없어서

ㅡ 칭찬을 하고 싶어도 적당한 단어가 떠오르지 않거나 표현력이 부족
하다.

칭찬할 피코치가 있고, 칭찬해 줄 내용만 있다면 언제 어디서나
서슴지 말고 칭찬하는 것이 좋다.

3. 칭찬거리를 찾는 방법

그동안 대학교에서 또는 기업 연수원에서 칭찬 강의를 할 때, 많
은 참가자들로부터 칭찬하기가 무척 어렵다고 하는 말을 들어 왔다.
그들이 그런 말을 하는 것도 무리가 아니라고 생각한다. 왜냐하면 그
들이 이제까지 살아오는 동안 가정에서나 직장에서 칭찬을 해 보거
나 받아 본 경험이 거의 없기 때문일 것이다. 그러나 실제로 칭찬은
제대로 요령만 알면 어려운 것이 아니고 하기 힘든 것도 아니다.
그럼 이제부터 칭찬하는 요령을 익히기 위해서 상대를 칭찬하는
방법을 연습해 보자.

1) 3단계 칭찬거리 찾기

[표 5-1] 칭찬 찾기 연습

대상	칭찬거리	특성, 성품				
		1	2	3	4	5
	1.					
	2.					
	3.					
	4.					
	5.					
	6.					
	7.					
	8.					
	9.					
	10.					

1단계 : 우선 당신이 칭찬하고 싶은 사람을 한 사람 선정하고, 그 사람의 이름을 [표 5-1]의 '대상' 칸에 기록한다.

2단계 : 칭찬할 대상자의 구체적 칭찬내용(구체적 근거, 행동, 상황 등)을 표의 칭찬거리에 기록한다. 이때 칭찬거리 칸은 가급적 다 채운다. 칭찬 대상자가 잘한 사실이나 성품 이외에도 가치관, 취미, 생활태도, 능력, 외모, 대인관계, 패션감각, 경제생활, 신앙, 특기 등등으로 뜯어보기 시작하면 칭찬할 점은 수없이 많을 것이다.

3단계 : 칭찬거리의 배경이 되는 특성, 성품들을 될 수 있는 한 많이 찾아 기록한다.

상기의 방식으로 다른 칭찬 대상자를 선정하여 칭찬거리를 기술하고, 그에 따른 성품을 찾는 연습을 한다면 칭찬거리 찾는 것은 매우 간단한 일이 될 것이다.

4. 효과적인 칭찬의 방법

좀 더 효과적으로 칭찬하는 방법을 살펴보면 다음과 같다.

첫째, 사실보다는 사람의 성품을 칭찬한다.

둘째, 크게 드러난 부분보다는 작고 세밀한 부분을 꼬집어서 칭찬한다. 예를 들어, '김 대리는 일을 잘한다.'는 사실에 대한 칭찬을 그 사람의 성품에 대한 보다 세밀한 칭찬으로 바꾸어 보면, ① 성실하고, ② 책임감 있고, ③ 열정이 있고, ④ 알뜰하고, ⑤ 근면하고, ⑥ 능력이 뛰어나고, ⑦ 영리하다 등으로 칭찬할 수 있을 것이다.

셋째, 막연한 것보다는 구체적 실증적인 행동/사실/자료를 가지고 칭찬한다. 예를 들면 'ㅇㅇ님은 참으로 성실한 사람이다. 내가 그렇게 생각하는 이유는, ㅇㅇ님이 약속시간에 단 한 번도 늦는 적이 없고, 자료나 정보를 요구하면 즉각 대응하기 때문이다.' 하는 식으로 칭찬한다.

넷째, 진심을 담아서 칭찬한다. 칭찬에서는 바른 요령도 필요하지만 진심이 실리지 않았을 경우에는 상대로부터 신뢰받지 못하거나 상대에게 미치는 영향력이 줄어들 수 있다.

이상과 같이 피코치에 대한 적절한 칭찬의 내용을 찾았다면, 사실에 대한 칭찬과 사람에 대한 칭찬의 두 가지 방법으로 효과적인 칭

실에 대한 칭찬과 사람에 대한 칭찬의 두 가지 방법으로 효과적인 칭찬을 할 수 있다.

　　사실에 대한 칭찬은 피코치가 무언가 잘한 일이 있을 때 그 사실을 칭찬하는 것으로, 자주 하는 것이 좋다. 사실 칭찬은 1단계 사실, 2단계 근거, 3단계 성품으로 나누어 하는 것이 효과적이다. 사실에 대한 칭찬을 상기의 칭찬 찾기 연습에서 칭찬거리(구체적 근거, 행동 또는 상황)와 그에 따른 특성이나 성품과 연결시켜 살펴보면 보다 쉽게 이해할 수 있을 것이다.

3단계 사실 칭찬법을 요약하면 다음과 같다.

- 1단계 : 잘하는 점/사실
- 2단계 : 칭찬근거 제시
- 3단계 : 칭찬 근거에 따른 특성, 성품

　　1단계(사실) : 그 사람이 잘하는 점/사실에 대해 칭찬한다.

　　"김 대리는 프레젠테이션을 참 잘하더라." 하는 식으로 피코치가 잘하는 면을 꼬집어서 칭찬한다. 그러나 1단계 칭찬만 하면 피코치는 코치가 왜 그런 칭찬을 하는지 이유를 모를 수도 있고, 심지어는 무슨 다른 의도를 가지고 칭찬하는 게 아닌가 하고 의심할 때도 있다.

김 대리는 프레젠테이션을 참 잘하더라.

대상	칭찬내용 (근거, 행동, 상황)	특성, 성품				
		1	2	3	4	5
김 대리						

2단계(근거) : 1단계에서의 칭찬의 이유를 2 ~ 3가지 정도 이야기한다.

"내가 그렇게 생각하는 이유는 말이 아주 간결하면서도 조리가 있고, 그러면서도 듣는 사람들이 전혀 지루해하지 않았기 때문이다."

김 대리는 프레젠테이션을 참 잘하더라.

대상	칭찬내용 (근거, 행동, 상황)	특성, 성품				
		1	2	3	4	5
김 대리	말이 간결하고 조리 있다					
	재미있다					

3단계(성품) : 2단계에서 언급된 행동을 하려면 그 사람이 어떤 사람일까를 생각하며 그 특성을 칭찬한다.

김 대리는 프레젠테이션을 참 잘하더라.

대상	칭찬내용 (근거, 행동, 상황)	특성, 성품				
		1	2	3	4	5
김 대리	말이 간결하고 조리 있다	머리 좋음	판단력	분석력	객관적인	논리적인
	재미있다	유머감각	명랑한	쾌활한		

"그렇게 하려면, 우선 머리가 좋고, 판단력과 분석력이 탁월하고, 객관적, 논리적, 합리적인 태도가 있어야겠지. 그리고 말을 재미있게 하려면 유머감각이 탁월하고, 명랑하고, 쾌활해야 하며, 청중에 대한 깊은 이해와 배려까지 갖추어야 하지 않겠는가?"

5. 효과적인 인정의 방법

사람에 대한 인정은 자주 하는 것보다는 제대로 준비하고 구성해서 단 한 번을 들어도 들은 사람이 평생 잊지 못할 그런 인정을 하는 게 좋다. 그렇게 하려면 피코치의 여러 가지 장점들을 길게 나열하기보다는 3가지 측면으로 구성해서 인정하는 것이 효과적이다. 인정 또한 상기의 칭찬 찾기 연습에서 특성이나 성품을 활용한다면 보다 쉽게 접근할 수 있을 것이다.

1차원 : 우선 그 사람의 가장 돋보이는 성품(A)에 대해 인정한다.

"김 대리는 인상이 매우 편안합니다. 그래서 거부감이나 거리감을 전혀 느낄 수 없고 가깝게 지내고 싶은 마음이 생깁니다."

대상	인정내용 (근거, 행동, 상황)	특성, 성품			
		1	2	3	차원
김 대리		편안	거리감 없음	친하고 싶음	A

2차원 : 그 측면과 대비되는 다른 장점에 대해 인정한다.

　"그런데 흔히 보면 그런 편안한 인상을 주는 분들은 분명하고 확실한 태도가 부족해서 아쉬울 때가 많은데, 김 대리는 그렇게 편안한 느낌을 주면서도 토의 같은 걸 할 때 보면 논리적이고 객관적이며 합리적인 태도까지 함께 가지고 있습니다. 한 사람이 이런 장점들을 함께 가진다는 것은 정말 쉬운 일이 아니지요."

대상	인정내용 (근거, 행동, 상황)	특성, 성품			
		1	2	3	차원
김 대리		편안	거리감 없음	친하고 싶음	A
		↕ A 차원과 대비되는 차원			
		논리적	객관적	합리적	B

3차원 : 마지막으로 제3의 측면을 한 번 더 인정한다.

대상	인정내용 (근거, 행동, 상황)	특성, 성품			
		1	2	3	차원
김 대리		편안	거리감 없음	친하고 싶음	A
		↕ A 차원과 대비되는 차원			
		논리적	객관적	합리적	B
		＋α			
		열정	추진력	리더십	C

"위의 두 가지도 당신의 탁월한 면이지만 당신의 또 다른 장점은 마음속에서 끓어오르는 열정과 추진력이 있고 리더십까지 갖추고 있어서 우리 팀을 잘 이끌어 나가고 있는 점이에요. 이런 여러 가지 장점을 함께 갖춘 분은 김 대리 아니고는 정말 드물지요. 그 때문에 많은 사람들이 김 대리를 믿고 좋아하는 것 아니겠어요?"

> 3차원 인정 방법을 요약하면 다음과 같다.
>
> • 1차원 : A 차원 인정
> • 2차원 : A 차원과 대비되는 B 차원 인정
> • 3차원 : A, B와 관련 없는 C 차원 인정

몇 년 전 LG CC에서 방송된 내용 중 '평상시 상사들에게 들어서 가장 기분이 좋아지고 인정받는 느낌을 받았던 칭찬이나 인정은 무엇이었는가? 라는 주제로 LG 내 임직원 대상 설문조사 결과가 있었다. 그 질문에 대해 가장 많은 사람들이 응답한 순서대로 살펴보면, "수고했어", "역시 자네는 믿을 만해", "일처리가 깔끔해서 좋아", "잘하고 있어, 그대로만 해", "다 자네 덕분이야" 등의 표현들이었다.

사실 상사들로부터 이 정도의 칭찬이나 인정조차 자주 듣지 못하는 것이 현실이므로, 비록 짧고 단순한 말, 어찌 보면 상투적인 상사의 한마디일지라도 들었을 때 그저 감사하고 감격스럽기까지 할 때도 있다. 그러므로 위에서 학습한 바와 같이, 칭찬과 인정의 요령을 제대로 익혀서 부하 직원들에게 평생 기억에 남을 수 있는 칭찬이나 인정 하나쯤 해 줄 수 있다면 두고두고 잊지 못하는 코치가 될 수 있을 것이다.

피드백 및 자기주장

06

피드백 및 자기주장

코치가 피코치의 말을 제대로 공감 수용하지 못한다면 몰인정하거나 매정한 코치라는 이야기를 들을 것이다. 그러나 코치가 꼭 필요할 때 분명한 자기주장이나 따끔한 피드백 한마디도 못하면 나약하고 만만한 코치라는 평을 듣게 될 것이다. 코치가 공감 수용을 해 주면 피코치는 자기 심정을 알아준다고 생각하게 될 테고, 칭찬, 인정을 해 주면 자신이 인정받고 존중받고 있다는 생각을 가지게 될 것이다. 그러나 피코치가 실적이 나쁘거나 바람직하지 못한 태도를 보일 때에도 혹시 피드백을 듣고 기분 나빠하거나 거부 반응을 보일까 봐 말도 못하고 넘어가서는 안 된다.

이 장에서는 피드백의 효과 및 요령에 대해 중점적으로 살펴보겠다.

1. 피드백의 효과

피드백은 피코치에게 그 내용이 정확히 전달되고, 마음속에 거부감 없이 받아들여져야 하며, 피드백을 받은 그대로 실천하고자 하는 욕구가 우러나오도록 해야 한다.

제대로 된 피드백의 효과는 다음과 같다.

첫째, 현상 파악이 가능하다.
- 피코치는 자신이 잘하고 있을 때에도 잘하고 있는지 아닌지를 모르고 있을 때가 많다.

둘째, 상황 개선이 가능하다
- 개선의 필요성을 인식하고 발전의 기회로 삼는다.

셋째, 관계 개선에 도움이 된다.
- 서로 간에 불만스럽거나 불편한 때에도 참고만 있어서는 개선이 되지 않는다.

그러나 이처럼 장점이 많은 피드백도 평소 우리들의 잘못된 말버릇 때문에 자칫하면 피코치를 탓하거나 책임을 떠넘김으로써, 자기 자신을 합리화하거나 자기 생각과 방식대로 따르기만을 강요하게 되기도 한다.

예를 들어, 김 대리가 지각이 잦아 그에게 피드백할 때에도 다음 같은 식으로 말할 수 있다.

- 지시/명령형 : 지각 좀 그만해라.

- 경고/위협형 : 한 번만 더 지각하면 그땐 시말서야!

- 설명/설교형 : 직장인이 출근 시간 지키는 건 가장 기본 아닌가?

- 비평/비난형 : 이런 식으로 직장 생활해도 괜찮은 건가?

- 질문형 : 왜 그렇게 자주 늦는 거야?

- 비꼬기형 : 자네는 직급은 사원인데 출근은 사장처럼 출근하고 있군 그래.

사실 위와 같은 이야기는 너무나 익숙하다 보니, 들어도 그러려니 하며 특별히 문제라고 생각되지 않을 수도 있다. 그러나 이러한 피드백은 모두 김 대리가 어떻게 해야 하는 것이 옳은 행동인지를 코치가 미리 정해 놓고 김 대리에게 강요하고 있는 것이다.

위의 예시들을 바꾸어 말하면, '너는 이게 나쁜 점이고, 그래서는 안 되며, 앞으로는 이렇게 해야만 한다.' 는 뜻이다. 이러한 형식의 피드백을 받을 경우, 김 대리는 비록 자신이 지각한 것이 잘한 일은 아니라는 것을 알면서도 자기를 비난/비판하거나 무시한다는 생각이 들기 쉽고 받아들이기 어려울 것이다. 이 때문에 자존심이 상하기 쉬우며, 강요된 행동에 대하여 실천 의지를 고취시키기는커녕, 오히려 거부감을 가져 반발을 불러일으킬 수도 있다.

2. 피드백의 요령

효과적인 피드백을 위한 요령은 다음과 같다.

1) 사람이 아닌 구체적인 행동에 대해 피드백한다

예를 들어, 김 대리의 보고서가 마음에 들지 않았을 때 다음과 같이 말할 수 있다.

- 이것도 보고서라고 가져왔나?
- 몇 번씩 이야기해야 알아듣나?
- 대리가 아직 이렇게밖에 못해?
- 어째 평사원인 건재 씨보다도 못해?

심지어 극단적으로 "당신 IQ가 몇이야?"라는 말까지 나오는 경우도 있다. 우리는 이런 식으로 서슴없이 사람을 나무라는 장면들을 종종 볼 수 있다. 이런 경우, "이 보고서는 00에 대한 정보가 누락된 게 있고, 여기와 여기의 내용이 중복되어 있으며, 결론에 무리가 있는 것 같다."는 식으로 피드백할 수 있다. 또는 "여기하고 여기에 오탈자가 있고(등등) 실수가 있는데 수정해서 다시 가져오게." 라고 구체적인 사실을 지적하면 피코치의 기분을 크게 해치지 않을 수 있다.

또한, 피코치의 어떤 행동에 대한 나의 인식이나 판단을 이야기하지 말고, 피코치의 행동을 있는 그대로 묘사하는 게 좋다. 예를 들어, "자네는 너무 이기적이야."보다는 "자네는 지난 1분기 팀 전체 워크숍에도 참석하지 않더니 지난주 회식 때에도 개인적인 일이 있다며 불참

하는군."이라고 한다. 또 "거짓말하지 마."보다는 "지난번에 시정하겠다고 한 것이 오늘 또 반복되고 있어서 믿을 수가 없군."이라는 식으로 피코치의 말이나 행동을 있는 그대로 꼬집어서 지적해야 한다.

2) '너' 중심이 아니라 '나' 중심의 표현으로 바꾼다

피드백을 할 때에는 경청과는 달리 철저히 코치(나)의 입장에서 하되, 진실로 상대를 아끼고 위하며 성장을 바라는 마음에서 이루어져야 한다. 그러나 피드백이 아무리 상대를 위한 것이라 할지라도, 상대에게 받아들여지지 않을 때는 다시 공감 수용을 해야 한다.

피코치를 탓하고 강요하는 식의 표현들, 즉, "당신 정말 해도 너무 한다."보다는 "나는 네가 너무 심하다고 생각한다."로 바꾸어 말하고, "네가 어떻게 이럴 수가 있느냐?"는 말은 "나는 도무지 이해가 안 된다."와 같이 '나' 중심의 표현을 사용하면 피코치를 무시하거나 비난하지 않으면서도 얼마든지 자기 입장을 밝히고 피코치에게 영향을 미칠 수 있게 된다.

3) 코치 자신의 감정을 솔직하게 알려 주어야 한다

바람직한 인간관계를 위해서는 서로 터놓고 이야기하고 솔직하게 감정을 표현하는 것이 좋은데, 화가 나면 숨기지 말고 화를 내라는 것과는 다른 말이다. 피드백을 할 때에는 사람을 나무라지 말고, 상대의 말이나 행동을 있는 그대로 기술하는 것이 좋다. 또한 상대의 행동이 코치 자신에게 어떤 감정을 불러일으켰는지를 피코치에게 솔직하게 알려 주는 것이 가장 효과적인 방법이다.

예를 들어, 무언가 잘못을 저지른 부하 직원에게 "이 지경이 될 때까지 당신 도대체 뭐 했어?" 하고 소리 지르며 불같이 화를 내는 것과 "이걸 보니까 나는 몹시 화가 나서 어찌할 바를 모르겠네." 하고 알려 주는 것에는 대단한 차이가 있다.

4) 단정적인 표현은 삼간다

코치들은 보통 자신의 생각이 항상 옳고 전부인 양 착각하고 피코치에게 단정적인 말투를 사용하는 경향이 있다. 자기가 옳고 정당하다고 생각하는 것에 대해 다른 사람들은 전혀 다르게 생각할 수 있음에도 모든 사람들이 자기처럼 생각한다고 믿거나, 또는 그래야만 한다고 생각한다.

"이건 네가 잘못한 거야."라는 말은 "내 생각은 너와는 아주 다르다."로, "네가 그렇게 이야기했잖아."라는 말은 "내 기억에는 네가 그렇게 말한 것 같은데"로, "어떻게 그런 이야기를 할 수가 있어?"라는 말은 "내 생각엔 너무 지나친 표현인 것 같다."라는 식으로 바꾸어 표현하면 좋다. 이와 같이 '내 생각으로는', '내 기억엔', '내가 보기엔', '내 느낌은', '내가 듣기로는' 등의 표현들은 이야기의 시작을 부드럽게 만들어 준다.

5) 먼저 긍정적인 감정을 표현한 뒤, 부정적인 감정을 이야기한다

부정적인 감정을 느낄 때, 코치 자신의 마음속으로 더 깊이 들어가서 반드시 있는 긍정적인 감정까지 함께 보고 이를 피코치에게 말해 주는 것이 코치 자신의 성장뿐 아니라 피코치의 성장에도 도움이 된다. 또한 피코치에게 말을 할 때, 상대가 받아들일 수 있는 수용의 폭을 더욱 커지게 하기 위해서는 긍정적인 감정을 먼저, 부정적인 감정표현은 나중에 하는 것이 바람직하다.

피드백의 궁극적인 목적은 피드백을 받는 사람이 그대로 실천하겠다는 마음이 우러나오게 하는 것이므로 적절한 피드백의 시기, 장소, 내용 및 방식의 선택이 중요한데, 다음과 같은 피드백은 오히려 역효과를 낼 수 있으므로 반드시 피하는 것이 좋다.

- 인격적인 모욕감을 줄 수 있는 피드백
- 다른 사람과 비교한 부정적 피드백
- 오직 부족한 결과에만 초점을 두고 지적하는 피드백
- 많은 사람들 앞에서 공개적으로 주는 피드백
- 제3자를 통하여 간접적으로 주는 피드백
- 여러 가지 메시지가 혼합되어 있는 복잡한 피드백

[표 6-1] 효과적인 피드백과 비효과적인 피드백

비효과적인 피드백	효과적인 피드백
간접적인 표현(다들 당신을 좋아할 것 같다)	직접적인 표현(나는 당신이 좋다)
의도를 짐작하는(당신이 화가 났으므로)	행동을 묘사하는(당신 얼굴이 붉어졌다)
평가하는(그건 네가 잘못했네)	평가하지 않는(나는 당신이 그러는 게 싫다)
일반화하는(사람이면 누구나……)	특별한 것을 꼬집어서(나는 이것이……)
지연된(자네, 지난번에……)	즉시에(방금 당신이……)
외부의 힘을 빌리는(대학시절 내 친구들은……)	내부에서(이 모임에서 나는……)

Negotiating Differences
불일치 협상하기

  혼히들 코칭을 한다고 하면 설명하거나 설득하거나 가르쳐야 하는 것처럼 생각하기 쉽다. 그러나 코칭의 가장 중요한 기술은 설명이나 설득하는 기술 또는 가르치는 기술이 아니라, 질문하는 기술이다. 아니 '코칭은 질문이다.' 라고 이야기하는 편이 낫다. 왜냐하면 가르치는 기술 중에 가장 고급 기술이 스스로 찾아내 알아차리게 하는 기술이고 그 지름길이 질문이기 때문이다. 가장 모자라는 코치가 하는 말은 "제발 시키면 시킨 대로 좀 해라." 이고, 가장 뛰어난 코치가 늘 하는 말은 "정말 좋은 생각이다. 소신껏 해 봐라." 라는 말이다.

  대부분의 경우에 피코치는 코치보다 경험이나 지식이 부족한 경우가 많다. 그래서 처음에 피코치가 내놓은 의견은 코치가 보기에는 바람직하지 못한 경우가 더 많을 것이다. 그런데도 무조건 소신껏 하라고 이야기할 수는 없지 않은가? 이럴 때 피코치로 하여금 스스로 생각하고 궁리해서 바람직한 아이디어를 찾아내게 만들려면 질문이 가장 효과적인 방법이다.

이 장에서는 코칭에서 질문이 왜 중요한지, 질문은 어떤 힘을 갖고 있는지, 좋은 질문은 어떤 질문이고 나쁜 질문은 어떤 질문인지, 질문은 어떻게 분류되는지 등에 대해 살펴보겠다.

1. 질문의 중요성 및 질문을 하는 이유

도로시 리즈(Dorothy Leeds, 2000)는 질문의 중요성에 대해 첫째, 질문을 하면 거의 대부분 답을 하기 때문에 필요하거나 매우 중요하고도 특수한 정보를 얻을 수 있고, 둘째, 질문을 통해 코치와 피코치 간에 각별한 대인관계를 수립할 수 있고, 셋째, 질문은 다른 사람들을 설득하고 자극할 수 있으며, 넷째, 좀 더 창의적으로 생각하게 하며, 다섯째 생활에 중요한 변화를 가져온다고 한 바가 있다. 이와 관련하여 질문을 하는 이유에 대해 구체적으로 살펴보면 다음과 같다.

1) 왜 질문을 하는가?
첫째, 질문을 하면 정보 혹은 답을 얻을 수 있다.

일반적으로 질문을 하지도 않았는데 자진해서 정보를 제공하는 경우는 극히 드물다. 따라서 어떤 정보나 지식 또는 답을 얻으려고 한다면 질문을 하는 것이 가장 효과적이다. 이때 반드시 고려해야 할 점은 질문을 어떻게 하느냐에 따라 대답이 달라질 수 있다는 점이다.

질문을 통해 당신이 얻고자 하는 대답을 얻어 내려면 '5W 1H 원칙'을 고려하여 ① 누구에게 무엇을 얻고자 하는 것인지, ② 언제 어떤 상황에서 질문할 것인지, ③ 질문의 영향이 어떻게 미칠 것 같은지, ④ 어떤 형식으로 질문할 것인지 등을 고려하여 질문해야 한다. 그렇지 않으면 자기 마음대로 짐작하거나, 다른 의미로 해석하거나, 막연한 생각 따위로 인한 오류가 발생할 가능성이 높아진다. 따라서 누가(who), 언제(when), 어디서(where), 무엇을(what), 왜(why), 어떻게(how)의 5W 1H 원칙에 따른 질문을 하는 것이 중요하다.

둘째, 질문은 생각을 자극한다.

대부분의 사람들은 질문을 받으면 답을 하기 위해 생각을 하기 마련이고 문제의 핵심이 무엇인지 파고들게 된다. 이처럼 질문은 생각을 자극한다. 그런데 질문을 긍정적으로 하느냐, 아니면 부정적으로 하느냐에 따라 대답이 달라지는 수가 많다.

흔히들 긍정적인 질문을 하면 긍정적인 생각을 불러일으키기 쉽고, 부정적인 질문을 하면 변명을 하거나 모면하려 하는 경향이 많다. 대부분의 부정적인 질문은 과거지향적인 질문으로, "지난주에 왜 결석했니?"라는 식으로 질문하면 대답하는 사람은 자신을 옹호하거나 변명하려는 쪽을 선택하는 경우가 많다. 따라서 코칭을 할 때에는 부정적인 질문은 가급적 사용하지 않는 것이 바람직하다. 이 부정적인 질문을 긍정적인 질문으로 바꿔서, "앞으로 결석하지 않으려면 어떻게 해야 되겠니? 라고 질문하였다고 가정해 보자. 이런 경우에 대답하는 사람은 자기를 변호할 필요가 없기 때문에 문제의 핵심에 대해 보다 긍정적인 대답을 할 것이다.

셋째, 질문은 마음을 열게 한다.

보통 사람들은 자신과 관련된 내용이나 사항에 관해 이야기하는 것을 좋아하고 즐긴다. 따라서 질문을 하면 피코치는 매우 자연스럽게 이야기를 꺼낸다는 사실을 알아야 한다. 또한 질문은 피코치에 대한 관심표현이기도 하다. 질문에도 여러 종류가 있다. 처음 질문의 시작은 가볍고 쉬우면서도 자신 있게 대답할 수 있는 내용을 다루는 것이 바람직하다. 그렇게 하였을 때 피코치는 여유를 갖고 편안함을 느끼면서 마음을 쉽게 개방할 수 있으며, 이는 코칭이 진행되는 전반에 영향을 미치기 때문이다. 부담스럽고, 어려운 질문은 나중에 하는 것이 좋다. 일단 피코치의 마음의 문이 열리고 난 뒤에 신중한 질문을 하면 피코치는 생각의 영역을 넘어서서 감정적인 영역까지도 쉽게 개방할 수 있을 것이다.

넷째, 질문에 답하는 과정에서 스스로 설득이 된다.

상급자가 일방적으로 지시나 명령을 하는 것은 질문하는 것보다 편하고 수월하다. 그러나 부하들은 지시, 명령이나 강요를 받으면 대개는 반감이 생기고 성과가 낮아진다. 혹 효과가 있다 하더라도 일시적으로 효과가 있는 듯 보이는 것이 일반적이다. 그러나 코치가 피코치에게 질문을 하면 명령이나 지시를 받았을 때와는 달리 답하는 과정에서 스스로 설득이 되어 답을 내거나 의사결정을 하며, 반감이 없고, 효과가 크고, 장기간 지속되는 경향이 높다.

다섯째, 질문은 귀를 기울이게 한다.

사람들은 질문을 받으면 다른 사람이 자신에 대해 관심을 갖고 있다는 것으로 해석하기 때문에 상대의 말에 귀를 기울이는 것이 일반적인 현상이다. 또한 질문한 사람도 질문을 받은 자와 마찬가지로 어떤 응답이 나올지에 관심을 갖고 집중하게 된다.

여섯째, 질문은 대화를 필요한 방향으로 통제한다.

질문을 하면 상대가 대답을 하고 그 질문에 따라오기 때문에 대화의 분위기나 흐름, 주제를 필요한 방향으로 통제하는 데 매우 유용하고 중요하다.

2. 질문의 종류

1) 개방형 질문과 폐쇄형 질문

코칭에서 가장 바람직한 질문은 자율적인 사고를 촉발시키고, 생각하게끔 하는 질문이다. 개방형 질문은 간단히 '예(yes)' 혹은 '아니오(no)'로 대답할 수 없는 질문으로, 피코치는 편안하고 자유롭게 대답할 수 있고 코치는 풍부한 정보를 얻을 수 있는 장점을 갖고 있다.

＊ 개방형 질문 예시

– 내가 무엇을 도와줄 수 있을까요?
– 앞으로 지각하지 않으려면 어떻게 해야 될까?

폐쇄형 질문은 신속한 정보를 얻을 수 있고 대답하기 쉽다는 장점을 갖고 있다. 반면 간단히 '예(yes)' 혹은 '아니오(no)'로 대답이 나오기 때문에 설명이 더 이상 이어지지 않고, 심문하는 것처럼 느껴질 수 있으므로 코칭에서 자주 사용하지 않는 것이 바람직하다.

✳ 폐쇄형 질문 예시

- 내가 도와줄까요?
- 이런 결정에 이의가 있나?

2) 긍정적인 질문과 부정적인 질문

코칭장면에서는 긍정적인 질문과 부정적인 질문 모두를 사용할 수 있다. 하지만 아주 특별한 경우가 아니고는 부정적 질문을 하지 않는 것이 바람직하다. 그 실례를 살펴보면 다음과 같다.

실패, 시련, 좌절이 있는 경우

부정적 질문	긍정적 질문
— 왜 그런 일이 당신에게 발생했다고 생각하십니까? — 왜 이렇게 되었지?	— 금번의 경험을 발판 삼아 향후 어떻게 하면 될 것으로 생각합니까? — 어떻게 하면 이런 일이 생기지 않도록 할 수 있을까? (왜 그렇게 되지 않았을까?)
↓	↓
좌절, 절망	성공, 기쁨

3) 일반적 질문과 구체적 질문

일반적 질문은 좀 막연한 느낌을 주고 관심표시 수준 정도의 질문으로, 코칭에서는 거의 사용하지 않는다. 구체적 질문은 어떤 문제를 보다 깊이 있게 파고들어 가며 어떤 문제의 핵심을 건드리는 효과가 있다. 한 예를 살펴보자.

일반적 질문

당신은 지금 하는 일을 좋아하십니까?

보다 구체적 질문

당신은 지금 하는 일에 대해 어떻게 생각하십니까?

가장 구체적 질문

당신이 하는 일에서 가장 어려운 문제 3가지는 무엇입니까?

4) 가설적 질문

코칭에서 가장 많이 활용되는 질문 가운데 하나로, 피코치의 행동 뒤에 숨어 긍정적 혹은 부정적으로 강한 영향력을 발휘하는 신념을 알아내는 데 특히 적합하다. 또한 가설적 질문은 하나의 대안을 끊임없이 생각하도록 하는 과정 속에서 새로운 시각을 얻도록 하는 데 효과적이다.

가설적 질문의 특수한 형태로 기적의 질문을 생각해 볼 수 있다. 우선 기적의 질문은 현실적으로는 가능성이 없는 것이지만 가능성에 관해 생각하게 하는 질문으로, 해결책에 관심을 돌릴 때 유용하고 숨겨진 문제의 기능을 밝혀내며, 이를 통해 문제의 정체를 파악할 수 있게 한다.

해결의 질문은 상기에서 언급한 기적의 질문과 비슷한 기능을 하는 형태로 피코치가 문제점이 아니라 해결책에 생각을 집중할 수 있도록 유도하는 데 커다란 장점을 갖고 있다.

> ✳ 해결의 질문 예시
>
> – 자네가 방금 이야기한 그 문제는 글로 적고 제목도 달 수 있겠지?
> – 그런데 지금 내 관심은 그 문제의 해결책이네. 그 해결책에는 어떤 제목을 달 수 있을까?

이 외에 서너 개의 가능성 가운데 하나를 선택하도록 강요하는 질문으로, 질문과 비슷한 효과를 갖고 있는 결정의 질문이 있다. 이 결정의 질문에서 코치는 활동적인 반면 질문받은 피코치는 수동적이 되므로, 피코치가 창의력을 발휘하여 다른 해결책을 만들 수 있는 가능성은 줄어들게 하는 부적합한 질문이다.

또 하나의 부적합한 질문으로 유도성 질문이 있는데, 코치가 이미 생각하고 있는 해결책을 질문의 형태로 바꾸어 놓은 것으로, 피코치의 의견을 강요하기 위해 사용된다. 이때 코치는 아무 정보도 얻을 수 없다.

개인 특성 이해

개인 특성 이해

자, 이제 당신이 코치에게 필요한 핵심 기술인 의사소통의 기술들을 이해하고 사용할 줄 알게 되었다면, 이번에는 대인관계의 특성들을 살펴보자. 이 장에서는 대인지각 특성, 성격특성 등과 함께 코치로서의 나 자신과 피코치의 성격적인 특성에 대해 설명하겠다. 이를 바탕으로 상대의 특성에 따라 효과적인 방법으로 접근할 수 있다면 더욱 바람직한 코칭을 할 수 있을 것이다.

1. 대인 지각의 특성

사람이 인간관계를 맺는 것은 지극히 상대적이고, 감정적이며, 상호작용을 하는 것이다.

1) 인간관계는 상대적이다

사람들은 '나'를 기준으로 하여 '남'을 판단하는 경향이 있다. 나보다 일을 잘하는 선배는 나를 보면 아직 일하는 것이 서툴다고 생각하는 반면, 나보다 업무에 익숙하지 못한 후배 사원은 나를 보며 어떻게 그처럼 일을 잘하느냐고 한다.

또 다른 예를 들면, 같은 팀 내에 두 명의 대리가 있다. 김 대리는 모든 일에 적극적으로 활동하고 자신의 의견을 자발적으로 내놓는 활발한 타입인 반면, 서 대리는 대세가 자기 생각과 반대로 갈 경우에도 가급적 자기표현은 하지 않으면서 전체의 뜻을 받아들이고 순순히 따라가는 편이다. 이런 두 사람이 서로 상대를 지각하는 것을 보면, 팀 회의에서 별다른 의견을 내놓지 않고 그저 조용히 듣기만 하는 서 대리를 보면서 김 대리는 '저 친구는 하여튼 답답해. 도대체 자기 의견이 없다니까. 도대체 뭣하러 회의에 참석하는지 모르겠어.' 하고 부정적으로 생각할 수도 있다. 반면, 서 대리는 김 대리를 보면서 '저 친구는 정말 짜증 나. 너무 설치고, 다른 사람들 입장은 생각도 않고 자기주장만 한다니까.' 하고 역시 부정적으로 생각하기도 한다.

이렇듯 상대를 내 기준으로만 보기 때문에 서로 '나와는 코드가 안 맞는 사람'이라고 인식하면서 자연스레 상호 관계가 멀어지기도 한다.

2) 인간관계는 감정적이다

대인관계에 있어서 가장 큰 영향을 미치는 것이 감정이다. "사람에게 문제가 있다면 그건 인간관계의 문제이고, 인간관계의 문제는 감정상의 문제이다."라는 말이 있다. 이 말이 시사하는 것처럼, 내가 기분이 좋은 상태에서는 상대방에 대해서도 긍정적으로 지각하고,

내가 기분이 나쁘면 역시 상대방에 대해서도 부정적으로 지각하기 쉽다.

예를 들어, 살이 좀 찌고 우락부락하게 생긴 사람을 보고, 다음과 같은 상반된 반응이 나올 수 있다.

- 기분이 나쁘고 감정이 상해 있는 상태의 사람들은 '못생기고, 미련스럽고, 답답해 보인다.' 고 평한다.
- 기분이 좋고 감정적으로 편안한 상태의 사람들은 '남자답고, 야성미가 있고, 듬직하고, 믿음직스럽다' 고 말한다.

그러므로 사람에 대한 지각은 동일한 특성을 두고 어떤 사람에게는 긍정적으로, 또 어떤 사람에게는 부정적으로 비칠 수 있음을 이해하여야 한다. 만약 나에게 극히 안 좋은 감정을 가진 사람이 있다면 나의 모든 면을 부정적으로 이야기할 수도 있으며, 반면 나에게 대단한 호감을 가진 사람이 있다면 나의 모든 것에 대하여 무조건 긍정적으로만 볼 수도 있는 것이다.

대부분의 사람들이 자기 자신의 특성에 대해서는 정도 이상으로 좋게 보는 반면, 내가 좋지 않은 감정을 가진 사람들에 대해서는 정도 이상으로 나쁘게 보려는 경향이 있다. 다음 페이지의〈성격분석표〉를 보고 당신과 관계가 불편한 상대방 한 명에 대하여 특성을 열거해 본후, 긍정적 측면과 부정적 측면이 각각 몇 개나 되는지 살펴보라. 상대의 특성 중 부정적인 측면이 긍정적 측면보다 월등히 많다면 당신은 그 사람을 정도 이상으로 나쁘게 보고 있는 것은 아닌지 생각해 보아야 한다.

[표 8-1] 성격분석표

성격특성	좋은 감정을 갖고 있을 때(+)	안 좋은 감정을 갖고 있을 때(−)
의욕적	적극적인, 열성적인	나서기 좋아하는, 설치는
말이 많은	구변 좋은, 활동적인	수다스럽고 잔소리가 많은
독립적	소신 있는, 자립심이 강한	독불장군식인, 자기중심적인
재치 있는	센스 있는, 영리한	약삭빠른, 간사한
이성적인	합리적인, 논리적인	따지는, 냉정한
신사적인	예의범절이 바른, 깍듯한	거만한, 오만한
목표지향적	목표가 분명한, 미래지향적인	피도 눈물도 없는, 과욕적인
지지적	협조적인, 도우는	줏대가 없는, 아부하는
지배적	소신 있는, 주관이 분명한	고집불통인, 독재적인
종교적	안정된 신념이 있는, 믿음 있는,	비현실적인, 맹신하는,
영향을 받기 어려운	소신 있는, 자신 있는	남의 말을 잘 듣지 않는, 고집불통
깨끗하고 산뜻한	깔끔한	기생오라비 같은, 겉만 번지르르한
활동적	의욕적인, 적극적인	분주한, 설치는
복종적	규범을 잘 지키는, 협조적인	수동적인, 의타적인
논리적	이성적인, 객관적인	따지는 챙기는
감수성이 높은	감정이 풍부한, 민감한	변덕이 심한, 신경질적인
경쟁적	의욕적인, 적극적인	설치는, 투쟁적인
불안정한	감정에 민감한, 예민한	마음이 잘 바뀌는, 소심하고 불안한
서민적	적응성이 높은, 소탈한	저속한, 속물적인
감정적	정감이 풍부한, 감수성이 풍부한	다혈적인, 신경질적인
야망 있는	꿈이 많은, 야망과 패기 있는	허황된 욕심꾼인, 수단을 안 가리는
주관적	소신 있는, 뚜렷하고 분명한	독선적인, 남의 얘기를 안 듣는
업무에 숙달된	일을 잘하는, 능력 있는	일밖에 모르는, 요령꾼
의존적	적응력이 높은, 남의 얘기를 잘 듣는	마음이 약한, 복종적인
의사결정이 빠른	신속하고 정확한	가벼운, 경솔한
외모에 신경 쓰는	깨끗하고 깔끔한	허세부리는
자신감 있는	소신 있는, 자신만만한	나서기 좋아하는, 자기본위인
수동적	규범에 잘 따르는	복종적인, 의존적인
집단을 리드하는 데 익숙한	리더십이 훌륭한, 능력 있는	독재적인, 강압적인
훈훈한 기운을 풍기는	사람이 따뜻한, 정이 많은	흐리멍텅한

3) 인간관계는 상호작용을 한다

내가 상대방에게 호감을 가지고 있으면 대부분의 경우 상대방도 나에게 호감을 갖는다(liking-liking theory). 왜냐하면 인간은 굳이 말이나 행동으로 표현하지 않더라도 상대방의 감정을 느낄 수 있기 때문이다.

당신이 혹시 부하 직원에게 좋지 않은 감정을 가지고 있으면서 겉으로 표현하지 않는다고 해서 그 사람이 그걸 모를 거라고 생각한다면 당신의 착각일 가능성이 높다. 그럴 경우 그 부하 직원 역시 당신에게 부정적인 감정을 갖고 있지만, 표현하기 두렵거나 공연히 드러내어 서로의 감정을 악화시킴으로써 감수해야 할지 모르는 불편함이나 불이익이 두려워서 입을 아예 닫고 있을지도 모른다(disliking-disliking theory). 부하 직원들 때문에 못살겠다며 불만을 토로하는 상사가 있다면, 그 반대로 자기 때문에 부하 직원들이 고생하고 있을지도 모른다는 사실을 이해해야 하고, 상사 자신이 먼저 부하직원들의 심정을 자기 심정처럼 받아 주어야만 그들 또한 상사를 이해하고 상사의 심정을 알아줄 수 있음을 이해하여야 한다.

만약 상대가 나에게 가지고 있는 긍정적 또는 부정적 감정의 수준을 알고 싶다면, 그 사람에게 확인해 볼 필요도 없이, 당신 스스로 '나는 과연 그에 대하여 어떤 감정을 갖고 있을까?' 라고 자문해 보면 상대방의 감정과 크게 다르지 않을 것이다.

2. 성격 특성

이러한 인간관계의 일반적 속성에 대한 이해를 바탕으로 하여, 이제부터는 '나'와 '너'의 성격특성에 대하여 살펴보기로 하자. 인간의 성격/특성을 파악하는 방법으로는 국내에 소개된 것만 해도 굉장히 많은 종류가 있다. 그중에서도 대표적으로 많이 활용되고 있는 검사 가운데 타고난 성향을 검사하는 MBTI(Myer Briggs Type Indicator)가 있고, 태어난 이후에 몸에 익힌 성격 행동 특성을 파악해 보는 EGO-GRAM도 있다. EGO-GRAM은 캐나다의 정신과 의사 에릭 번(Eric Berne, 1910~1970)이 만들었고, 전 세계 50여 개국에서 표준화되어 있다. 여기서는 다음과 같은 이유로 EGO-GRAM을 소개하고자 한다.

- 총 50개의 문항으로 구성되어 있으므로 간단하다.
- 문항에 대한 응답 완료와 동시에 자신이나 상대방의 유형을 파악할 수 있어 실제 활용하기가 쉽다.
- 검사 결과를 해석하고 활용하는 데에 전문적인 지식과 훈련을 요하지 않으므로 누구나 사용이 가능하다.
- 모든 사람은 서로 다름을 인정하고, 피코치의 특성을 존중하고 배려해야 한다는 코칭의 기본을 이해하고, 그 특성에 맞추어 코치가 적절하게 대응하는 방법을 연구할 수 있도록 하는 기초 자료로서 활용하는 데에 효과적이다.

EGO-GRAM 진단 양식은 첨부된 〈EGO-GRAM 평가지〉(121~

125Page)를 참조하여 활용하기 바란다. 검사 후 점수를 합산해 보면, 어떤 사람에게는 한 유형의 특성이 두드러지게 나타나기도 하지만, 어떤 사람에게는 여러 유형의 특성들이 거의 고르게 복합적으로 나타나는 경우도 있다. 그럴 때는 가장 높은 점수를 보이는 특성을 자신이나 상대방의 대표유형으로 이해하면 된다. 각 유형별 특징과 대응방법을 살펴보도록 하자.

1) CP(Controlling Parent)유형의 특성

◆ 엄격한 아버지의 특성

- **행동 특성** : 추진력, 박력, 적극성, 자존심, 인정 욕구가 강하다.

- **주로 사용하는 표현** : "나는 한다면 하는 사람입니다" "일을 하려다 보면 욕도 먹을 수 있는 것 아닙니까?" "믿고 맡겨 주셔야 일을 할 게 아닙니까?" "말한 대로 해라." "이거 하지 않으면 안 된다."

- **특징적 말투, 소리** : 단정적, 강압적, 교훈적, 설교적, 비난적

- **자세, 태도, 몸짓** : 전능자적, 직접 가르치는, 지배적, 상사인 척, 도전적, 무시하는

- **대응방법** : 이런 유형의 사람들에게는 성격, 능력을 높이 인정해 주고 알아주어야 한다.

2) NP(Nurturing Parent)유형의 특성

◆ 인자하고 자상한 어머니의 특성

- **행동 특성** : 인정, 인간적, 배려, 도움을 주고자 하는 성향이 강하다.

- **주로 사용하는 표현** : "정이 없는 사람을 보면 마음이 아프다." "일도 일이지만 분위기가 좋아야죠!" "화목한 분위기라야 일할 맛이 나지요." "염려/걱정 마세요." "참 잘되었군요." "힘내세요."

- **특징적 말투, 소리** : 부드럽다, 온화하다, 안심시켜 주는, 동정적, 애정이 담긴, 다정한, 위로하는

- **자세, 태도, 몸짓** : 손을 내민다, 과보호적, 미소 띠는, 수용적, 배려 가득한, 관심을 기울이는

- **대응방법** : 이런 유형의 사람들에게는 고마움을 표시하거나 인정에 호소해야 한다.

3) A(Adult)유형의 특성

◆ 사실 지향적이며 문제 중심형

- **행동 특성** : 객관적, 논리적, 합리적, 계획적

- **주로 사용하는 표현** : "객관적이고 구체적인 자료가 있어야 한다." "치밀한 계획 아래 차근차근 접근해야죠." "납득이 가야 일을 하죠." "누가, 무엇을, 언제, 어디서, 얼마나, 어떻게?" "구체적으로 말하면" "근거를 제시해 보세요."

- **특징적 말투, 소리** : 냉정한, 차분한, 단조로운, 흐트러지지 않는, 기계적, 명료한

- **자세, 태도, 몸짓** : 절제된, 관찰적인, 안정된, 주의 깊은, 계산된

- **대응방법** : 이런 유형의 사람들에게는 확실한 명분과 객관적 기준 및 데이터를 가지고 논리적으로 설득해야 한다.

4) FC(Free Child)유형의 특성

◆ 자유분방한 어린아이의 특성

- **행동 특성** : 자유스러움, 정열적, 자발적, 솔직함, 창조성이 뛰어나다.

- **주로 사용하는 표현** : "누가 뭐래도 저는 저 하고 싶은 대로 하고 살 겁니다." "하고 싶은 업무를 맡아야죠." "잔소리가 없어야죠." "감탄사(야!, 와!)" "멋지다, 근사하다" "좋아요, 기뻐요." "갖고 싶다." "해 주세요." "도와주어요."

- **특징적 말투, 소리** : 개방적, 유희적, 여유 있는, 감정적, 밝고 명랑한, 티 없는

- **자세, 태도, 몸짓** : 자유로운 감정 표현, 밝다, 자발적, 뒤끝이 없다, 잘 웃는다, 장난기 많은, 유머가 풍부한, 낙관적, 지혜가 반짝이는

- **대응방법** : 이런 유형의 사람들에게는 그 사람 자체를 인정해 주고, 감정을 잘 받아 주어야 한다.

5) AC(Adapted Child)유형의 특성

◆ 착실하고 순종적인 어린아이의 특성

- **행동 특성** : 모범적, 순종적, 협조적, 온순, 겸손하다

- **주로 사용하는 표현** : "치밀하고, 세밀하고, 알뜰한 사람이 최고지요." "일은 좀 늦더라도 남에게 손가락질은 받지 말아야죠." "결정을 내려 주셔야 일을 할 것 아닙니까?" "이렇게 해도 될까요?"

- **특징적 말투, 소리** : 조용한, 자신 없어 보이는, 조심스런, 여운이

있는 반응, 인내하는

- **자세, 태도, 몸짓** : 거절/사양하지 못하는, 동정을 구하는, (때로
  는 반항적인), 정면으로 보지 않는, 마음을 쓰는
- **대응방법** : 이런 유형의 사람들에게는 그의 심정을 알아주고, 배
  려해 주어야 한다.

그러나 실제 비즈니스 코칭 장면에서는 굳이 5가지의 유형으로
나누지 않고, 크게 다음 3가지 형태로 묶어서 대응 요령을 익히더라
도 코치와 피코치 모두에게 충분히 강력한 커뮤니케이션 기술이 될
수 있다.

6) CP유형과 FC유형에 대한 대응

CP유형과 FC유형처럼 인정욕구(칭찬, 인정받기를 원하는 정도)가
강한 사람들은 다음과 같은 특성을 보이는 경향이 있다.

- 나는 옳고 당신이 틀렸다(I'm OK, you're not OK).
  항상 자신이 주인공이 되고 싶어 하며, 중요한 일을 도맡아 하고 싶어
  한다.
- 남들 앞에 나서기 좋아하고, 적극적이고, 의욕적이다.
- 새로운 일이나 어려운 일을 맡아야 더 잘한다.
  관리하면 간섭한다고 생각하고, 확인하려 하면 불신한다고 생각하
  며, 쉽고 가치 없어 보이는 일을 시키면 자신이 인정받지 못한다고 생
  각한다.
- 세상사 가장 중요한 것은 능력이라고 믿으므로 상사와 관계가 좋은

사람들은 아부나 하는 치사한 사람으로 간주한다.

- 상사와의 관계에 문제가 있다면, 그것은 자기처럼 능력 있는 사람을 알아보지 못하고 제대로 다루지 못하는 상사의 책임이라고 생각한다. 상사가 잘하는 것은 당연한 일이고, 상사가 조금이라도 잘못하거나 부족한 모습을 보이면 강하게 비판한다.

- 친구를 소중히 생각하고 의리를 가장 중요한 가치라고 믿는다. 의리를 배반하는 것은 사람이 아니라고 취급하며, 아래 사람에게는 강한 지배력을 행사한다.

- 자기중심으로 표현하는 경향이 강하다.

  후배들은 모두 '내가 키웠다', '나 때문에 사람 됐지', '나 아니었으면' 등의 표현이 잦다.

- 사내답고 유능한 사람으로 보이고 싶어 하고, 회사 내에서 자기가 존경하는 인물이 거의 없다. '사실 말이 나왔으니(났으니) 하는 말인데', '우리끼리 얘기지만' 등의 자기 자랑식 표현을 즐겨 쓰고, '저런 인간이 상사로 있으니 회사가 큰일', '최고 경영자부터 바뀌어야 한다' 등 개혁을 외친다.

- 이들은 크고 멀리 보아야 한다고 생각하므로 편협한 상사 밑에서는 힘들고 어려워하지만, 배짱이 맞고 자기를 알아주는 상사라면 그를 위하여 물불을 가리지 않고 열심히 일할 수 있는 사람이다.

인정 욕구가 강한 피코치에 대한 대응 요령은 다음과 같다.

- 그들이 하는 이야기를 곧이곧대로 듣지 말고 그 의미를 새겨들어야 하며, 적극 칭찬 인정해 주어야 한다. 그들은 칭찬과 인정을 받고 싶

은 욕구가 아주 강하다.

"힘들어 죽겠다."고 하면 "그래도 자네니까 그 어려운 여건 속에서도 그만큼 해낸 것 아니겠나, 다른 사람들 같았으면 어림없지."라고 반응해 주어야 하고, "이 일은 도저히 못하겠습니다."라고 하면 "그렇게 어렵고 힘든 일이니까 당신한테 부탁한 게 아니겠어."라고 하거나 "당신 아니면 누가 그 일을 해내겠는가?"라고 해야 한다. 또한 "도저히 더 이상 근무 못하겠습니다."라면서 사표를 내밀면 "자네야 워낙 유능하니까 오라는 데도 많고 어딜 가더라도 잘하겠지만, 우리가 하는 일이 워낙 중대한 일이고 이 일을 자네만큼 할 사람이 없는데 의리 없이 가긴 어디를 간단 말인가?" 하고 붙잡으면 못 이기는 체하며 생각보다 쉽게 의사를 바꾸는 사람들도 있다. 이들의 사표는 정말 그만두겠다는 강력한 의지를 드러낸 것이라기보다 내가 여기서 얼마나 인정받고 있는지의 여부를 확인하려는 경우가 많기 때문이다. 그러므로 그것도 모르고 "그래? 그렇다면 할 수 없지 않겠나?" 하고 사표를 수리했다가는 배신당했다는 소리를 들을 수도 있다.

− 피드백이나 충고를 할 때에는 조심해야 한다.

이들은 자존심이 강하기 때문에 다른 사람의 말은 좀처럼 받아들이려 하지 않고, 자존심이 상하게 되면 쉽게 반발한다. 그래서 다음과 같은 방법이 효과적이다.

• 먼저 잘한 점을 찾아서 적극 칭찬해 주고 난 다음에 피드백하는 것이 좋다.

• 이들이 소중하게 생각하는 의리에 호소한다.

"자네만은 믿었는데 자네마저 이러면 정말 실망을 금할 수가 없네.", "속 좁은 사람들에게는 아예 이야기를 꺼낼 엄두도 안 나지만,

자네니까 하는 소리인데……."라는 식으로 상대가 받아들일 여지를 미리 만들어 주는 것이 좋다.

- 여러 사람들 또는 부하 직원들 앞에서는 절대 나무라지 않는다. 만약 그런 일이 발생하면 그들은 견딜 수 없을 정도로 모욕감을 느끼고, 그 감정은 오랫동안 마음속에 자리하게 된다.

— 간략히 정리해 보면, 업무를 맡길 때에는 어렵고 도전적인 목표의 일(한계 돌파형 업무)을 부여하고, 관리할 때에는 칭찬, 인정을 자주 하고, 소신을 갖고 일할 수 있도록 믿고 맡긴다.

7) NP유형과 AC유형에 대한 대응

NP유형과 AC유형처럼 관심과 사랑받기를 원하는 애정 욕구가 강한 사람들은 다음과 같은 특성을 보이는 경향이 있다.

- 일 자체보다는 자기에게 더 깊은 관심을 가져 줄 것을 기대한다.
- 비교적 소극적이며, 상사의 이야기는 순종하려는 경향이 있다.
- 상사가 분명한 결정을 내려 주지 않으면 불안해하고, 알아서 하도록 내버려 두면 무관심하다고 원망한다.
- 새롭고 어려운 일에 도전하기보다는 꾸준하고 안전한 일을 택한다.
- 자기 능력을 낮게 평가하고, 소수의 친구를 깊게 사귀는 편이다. 문제의 원인은 자기 자신에게 있다고 생각하는 경향이 있다.
- 자신에게는 무리한 요구를 하지만, 남에게는 너그럽고 관대하다.
- 상사의 눈에 드는 행동을 하기 위해 애쓰며, 부하 직원들에게도 싫은 소리는 하기 힘들어하고 무리한 요구는 하기 싫어한다.
- 남들에게 어떻게 하는 것이 바람직한지 의견을 묻는 경우가 많고, 자

신이 옳다고 주장하는 경우가 드물다.
- 자신은 부족하다고 생각하기 때문에 과도하게 칭찬해 주면 오히려 부담스러워 하고 신뢰하기 어려운 사람이라고 생각할 수 있다.
- 불만을 토로할 때는 꾹꾹 참다가 도저히 못 견디겠다고 생각해서 이야기하는 것이므로 결코 가볍게 생각해서는 안 된다.

애정 욕구가 강한 피코치에 대한 대응 요령은 다음과 같다.

- 문제 발생 후 해결하려 하지 말고, 사전에 미리 충분한 시간을 가지면서 그의 업무 내/외적인 이야기를 들어 주어야 한다. 그러면 자기 마음을 이해해 준다고 생각해서 어려운 일이 생기면 사전에 의논하러 온다.
- 야단을 심하게 치면 기가 죽어 버리거나 위축되어서 더욱 잘못을 저지르기 쉬우므로 주의해야 한다.
- 항상 신뢰하고, 사랑하고, 관용을 베푼다는 느낌을 가질 수 있도록 자주 물어보고, 말로서 관심을 표현해 주고, 격려해 주어야 이들의 자신감을 키울 수 있다.
- 간략히 정리해 보면, 업무를 맡길 때에는 안정적이며 성실성을 요하는 일을 주고, 관리할 때에는 그의 심정처럼 알아주며, 따뜻한 관심, 사랑, 배려를 느끼게 해 준다.

8) A유형에 대한 대응

A유형처럼 합리적 사고를 하는 사람들은 다음과 같은 특성을 보이는 경향이 있다.

- 지시받은 일의 앞뒤가 논리적으로 이해되어야 일을 시작한다.
- 구체적인 자료/정보를 가지고 이야기하지 않으면 믿지 않는다.
- 원리 원칙과 기준에 충실하다.
- 업무 처리를 하는 데 있어서 항상 완벽을 기한다.
- 형식과 격식을 갖추기를 좋아한다.

합리적 사고를 하는 A유형 피코치에 대한 대응 요령은 다음과 같다.

- 업무의 상세한 배경과 일의 결과가 가져올 파급 효과 및 자신이 얻게 될 이득 등에 대하여 충분히 설명하고 납득시킨다.
- 사실에 근거한 칭찬을 위주로 하되 칭찬의 남발은 삼간다.
- 공과 사를 분명히 구별하여 대하도록 한다.
- 사적인 경우에도 일정한 수준의 상호 간격을 유지하고 예의/형식을 갖춘다.
- 간략히 정리해 보면, 업무를 맡길 때에는 분석력과 기획력이 요구되는 일을 주고, 관리할 때에는 일의 추진 배경, 큰 그림/프로세스 상의 위치, 일의 파급 영향/효과 등에 대해 상세히 설명한다.

코치가 위에서 말한 성격 특성들을 분명하게 이해하고 있어서 피코치를 만났을 때 상대를 잘 파악하기도 해야겠지만, 그 특성에 맞게 반응할 수 있는 능력까지 갖추고 있다면 더욱 효과적일 것이다. 가장 이상적인 상태는 코치가 피코치의 특성을 이해하고 자신도 그 특성을 사용해서 반응할 수 있게 되는 것이다.

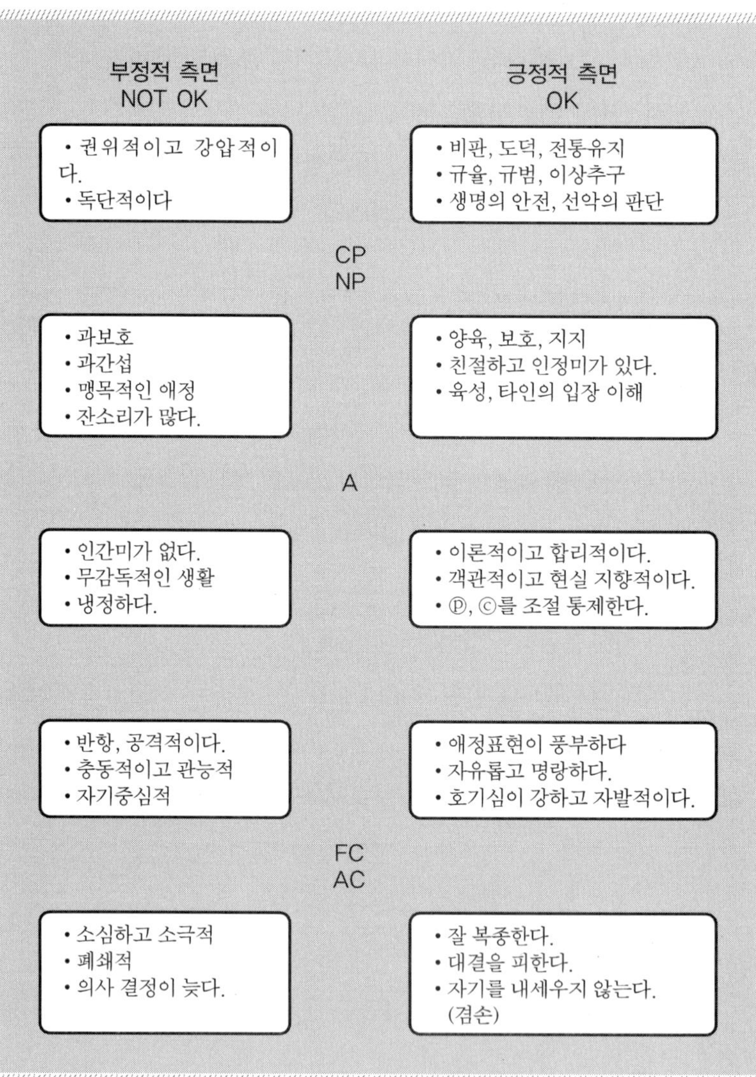

[그림 8-1] 자아 상태의 양면성(EGO-GRAM)

예를 들어, CP와 FC타입의 피코치가 "힘들어 죽겠습니다."라고 이야기해 올 때 "자네한테도 힘든 일이 다 있나?", "자네가 힘들다고 하는 걸 보니 정말 힘든 모양이군." 하는 식으로 칭찬, 인정한다. NP와 AC타입의 피코치에게는 "겪어 보지 않고서 그 심정을 어떻게 알겠는가?", "나는 자네 이야기를 듣기만 해도 이렇게 힘이 드는데, 몸소 겪는 사람은 오죽하겠나?"는 식으로 공감 수용해야 하며, A타입은 "어떤 면이 힘이 드는가?", "그러면 어떤 해결 방법이 있는가?" 하는 식으로 사실문제를 해결해 주는 것을 우선해야 된다.

지금까지 각 유형의 성격 특성, 행동 특성, 자세, 태도, 말투, 몸짓 등을 에 대해 간략히 살펴보았는데 그것을 표로 제시하면 다음과 같다. 또한 이와 관련된 자아 상태의 양면성, 자아 분석의 특성 등에 대해서도 표로 제시하였다.

[표 8-2] 에고그램(EGO-GRAM)에 의한 자아 분석

구 분	자 아 분 석
V형	소신 있게 행동하기도 하고, 겸손하고 공손한 태도가 있으나 합리성이 부족하다. 그러나 소신 있게 행동하고서도 내가 교만한 게 아닌가라는 생각이 들고 겸손한 행동은 비굴한 게 아닌가라는 의문이 들어 자기 갈등이 많다. 대인 관계에서도 양극단의 행동이 나타나기 때문에 상대에게 혼란을 줄 때가 있다.
역 V형	객관적이고 논리적이고 합리적이다. 문제 중심형의 태도를 가지고 있고 감정의 동요가 적다. 그러나 추진력과 박력이 부족하고 냉정하고 차갑다는 반응을 받고 남의 심정을 잘 몰라준다. 신나게 놀 줄 모르고 겸손한 태도가 부족하다. 대인관계에서도 끈끈한 정이나 의리로 맺어지는 경우는 거의 드물다. 모든 사람과 관계가 멀지도 않고 크게 가깝지도 않은 특성을 가지고 있다.
N형	자신을 억제하고라도 타인과의 관계를 잘 하려는 경향이 보인다. 남에게 엄하게 대하지 못하고 자신의 감정을 자유로이 표현하지 못한다. 인생에 대한 엄격함과 자기주의 주장이 약해 남에게 이용을 당하거나 속임을 당하기 쉽다. 스트레스를 느끼기 쉽고 내부에 모순을 축적해 가는 타입이다.
M형	감정이 풍부하고 감각적으로 사물을 판단하나 논리적인 전개가 부족한 다정다감한 형이다. 온화하고 인자하며, 언제나 밝고 느긋함으로 즐거운 분위기를 만드는 일을 잘한다. 호기심이 왕성하고 표현력이 풍부하나 기분대로 덜렁대고 생활에 질서가 없다.
역 N형	소신 있고 추진력 있고 책임감이 강하고 일에 대한 열정이 넘치는 사람이다. 타인에게 비판적이고 자신을 적극적으로 주장하고 남에게 맞추지 않고 자기중심적이다. 남을 위해 봉사하려는 감정은 약하다. 자칫하면 주위와 마찰이 생기기 쉬운 타입이다. 남의 마음에 걸리는 말도 서슴지 않고 할 수 있는 사람이다.
W형	적극성과 합리성이 있으며 온순하고 공손한 면이 있다. 본인들은 이 세 특성을 가진 상대방을 잘 이해할 수 있는 장점이 있다. 다만 이 세 가지 특성이 언제 발휘될지 잘 모르는 상대는 혼란을 겪을 수 있다. 다만 타인의 심정을 잘 몰라주고 신나게 놀 줄 모르고 감정적으로 우울 상태가 되기 쉬운 타입이다.

9) Ego-Gram 평가지

다음 항목에 대한 대답을 보기에서 골라 공란에 점수를 기입하세요. 단, 현재 하고 있는 그대로를 체크하세요.

직장 내에서의 행동	빈 도				
	강한 부정 1점	부정 2점	중간 3점	긍정 4점	강한 긍정 5점
1. 다른 사람의 칭찬을 잘한다.					
2. 옳고 그른 것을 분명히 가리지 않으면 마음이 편치 않다.					
3. 마음이 여리고 결단력이 부족하다.					
4. 나는 명랑하고 장난을 잘 친다.					
5. 침착하고 차분하게 행동한다.					
6. 성미가 급한 편이고 화를 잘 낸다.					
7. 인정(人情)을 중요시한다.					
8. 호기심이 강하고 창의적인 발상을 잘한다.					
9. 사물의 정리 정돈을 잘한다.					
10. 농담을 하거나 익살부리기를 잘한다.					
11. 의존심이 강하다.					
12. 상대의 이야기를 경청하고 공감을 잘한다.					
13. 의협심이 강하고 불의를 보면 참지 못한다.					
14. 어려움에 처해 있는 사람을 도와주고 싶어 한다.					
15. 숫자나 자료(data)를 사용해서 이야기를 한다.					
16. 남들의 눈치를 보지 않고 내가 하고 싶은 대로 행동한다.					
17. 후회할 때가 많다.					
18. 좌절감을 맛보는 경우가 많다.					

직장 내에서의 행동	빈 도				
	강한 부정 1점	부정 2점	중간 3점	긍정 4점	강한 긍정 5점
19. 6하 원칙(언제, 어디서, 누가, 무엇을, 왜, 어떻게)에 따라 분명하게 설명하는 것을 좋아한다.					
20. 업무의 효율과 능률을 중요시한다.					
21. 말과 행동에 자신감이 부족하다.					
22. 무슨 일이나 사실에 입각해서 객관적으로 판단한다.					
23. 다른 사람으로부터 부탁을 받으면 쉽게 거절하지 못한다.					
24. 의리가 강하고 영향력이 있는 사람이다.					
25. 봉사활동에 즐겨 참여한다.					
26. 배려나 동정심이 강하다.					
27. 신이 나면 도가 지나쳐서 실수를 한다.					
28. 타인의 장점보다 결점이 눈에 잘 띈다.					
29. 타인의 반대에 부딪히면 자신의 생각을 바꾸고 만다.					
30. 다른 사람에 대해 온화하고 관대하다.					
31. 상대방의 긴 설명은 듣기 힘들어한다.					
32. 오락이나 술, 음식물 등을 만족할 때까지 취한다.					
33. 계획을 세우고 나서 실행한다.					
34. 한 번 결정을 내리면 밀고 나가는 편이다.					
35. 내가 하고 싶은 일도 남들이 싫어하면 그만둔다.					
36. 스포츠나 노래를 좋아한다.					
37. 현상을 관찰, 분석하고 합리적으로 의사결정을 한다.					

직장 내에서의 행동	빈 도				
	강한 부정 1점	부정 2점	중간 3점	긍정 4점	강한 긍정 5점
38. 욕심나는 것을 가지지 않고는 못 참는다.					
39. 자신이 부족한 점이 많다고 생각하고 자신의 감정을 참고 억제한다.					
40. 상냥하고 부드러우며 정이 담긴 대화나 태도를 취한다.					
41. 일을 효율적, 능률적으로 처리하는 편이다.					
42. 남들 앞에서 이야기하는 것이 힘이 든다.					
43. 내 마음에 드는 사람은 드물다.					
44. 즐겁게 노는 분위기(놀이)에 쉽게 어울린다.					
45. 눈물에 약하다.					
46. 대화에서 감정적으로 되지 않고 이성적으로 풀어 간다.					
47. 부모나 상사가 시키는 대로 한다.					
48. [당연히……해야 한다] […… 하지 않으면 안 된다]는 식의 말투를 잘 쓴다.					
49. [와~ 멋있다!] [굉장하군!] [아하!] 등의 감탄사를 잘 쓴다.					
50. 누구 앞에서도 할 말은 소신껏 하는 편이다.					

채점표

(1) 당신이 고른 해답의 점수를 해당번호 □ 안에 옮겨 적으십시오(1번 NP, 2번 CP, 3번 AC 식으로).

(2) 각 항목의 점수를 더해서 합계 란에 적으십시오(CP10개, NP10개처럼).

CP = Controlling Parent	NP = Nurturing Parent	A = Adult
FC = Free Child	AC = Adapted Child	

NO	자 아 상 태					NO	자 아 상 태				
	CP	NP	A	FC	AC		CP	NP	A	FC	AC
1						27					
2						28					
3						29					
4						30					
5						31					
6						32					
7						33					
8						34					
9						35					
10						36					
11						37					
12						38					
13						39					
14						40					
15						41					
16						42					
17						43					
18						44					
19						45					
20						46					
21						47					
22						48					
23						49					
24						50					
25						합계	CP	NP	A	FC	AC
26											

Ego Gram

앞의 각 항목의 점수를 그래프로 그려 보십시오.

성명: ______________

50					
48					
46					
44					
42					
40					
38					
36					
34					
32					
30					
28					
26					
24					
22					
20					
18					
16					
14					
12					
10					
8					
6					
4					
2					
	CP	NP	A	FC	AC

Part **3**

코칭의 프로세스

09 COACH 모델

그간 국내에 소개된 코칭은 주로 미국에서 개발된 프로세스를 들여와 한국 비즈니스 현장에 적용하는 방식이 대부분이었다. 물론 코칭이란 이론이 미국에서 개발되었기 때문에 미국에서 배워 올 수밖에 없었지만, 우리들과는 상이한 가치관, 의식구조, 대화방식 등을 가지고 있는 미국인들의 모델을 그대로 적용하는 데에는 많은 무리가 있어 보인다.

미국형 코칭 모델은 다음 같은 이유에서 우리 실정에 어울리기가 어렵다.

- 사실 문제를 주로 다루다 보니 인간관계를 중요시하는 우리 문화에 적합하지 않다.
- 대인 관계의 문제도 누가 문제인지 그 원인부터 따져 들어가는 식의

사실적 문제 해결 방법론을 사용하다 보니 근본적인 문제 해결이 되
지 않는 등의 무리가 따른다.

- 대화의 표면적 내용에 중점을 두다 보니 인간 내면의 심정적 대화가
  부족하다.
- 객관성, 논리성, 합리성을 강조하기 때문에 아무리 옳은 이야기일지
  라도 말하는 사람이 마음에 들어야만 받아들이는 한국인의 정서에
  맞지 않다.
- 피코치의 저항이나 반발에도 논리를 앞세워 합리적으로만 대응하려
  드는 경향이 있다.

미국형 모델과 기술을 익힌 많은 코치들은 배울 때는 아주 좋은
것 같았으나, 위와 같은 어려움들 때문에 막상 국내의 기업 현장에서
직장인들을 대상으로 비즈니스 코칭을 하거나, 일반인들에게 퍼스널
코칭을 하다 보면 적용이 잘 되지 않는다고 어려움을 토로하는 경우
가 많았다.

필자는 이러한 미국형 코칭의 한계와 문제점들을 보완하고, 한국
기업과 직장인들에게 적합한 한국식 코칭 모델을 정립하기 위하여
애써 왔다. 그간 수행해 온 이론적 연구와 다양한 한국 기업의 임직원
들 및 일반인들에게 적용한 실제 코칭 경험을 바탕으로 한국식 코칭
의 프로세스를 정리하였으며, 여기에 'COACH' 모델로서 소개하고
자 한다.

'COACH' 모델은 다음과 같은 프로세스로 구성되어 있다.

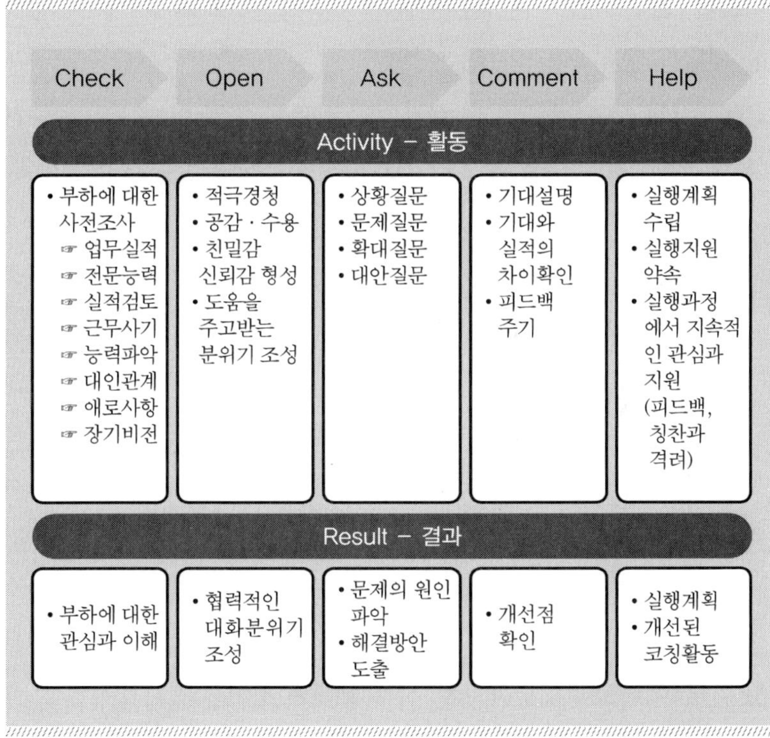

[그림 9-1] 코칭의 프로세스

'COACH' 모델은 위와 같이 모든 프로세스가 앉은 자리에서 한 번에 진행되어 문제가 해결되고 코칭을 마무리할 수도 있지만, 코칭의 대상, 피코치와 코치의 관계, 코칭 이슈의 성격 및 외부 환경/조건 등에 따라 단계를 나누어 중간에 시간을 두고 진행하는 경우도 많다. 특히 비즈니스 코칭 또는 가족 코칭 등의 경우, 어떤 문제 상황에서만 코칭 하는 것이 아니라 평소에 코치(예, 직장 상사 또는 부모)가 피코치(직장 부하 직원 또는 자녀)의 의견을 경청하고, 잘한 점에 대해서는 적극 칭찬하고, 새로운 관점에서 사고하고 경험할 수 있도록 기회를 부여하며, 업무 외적인 대화를 통해 긴밀한 인간관계를 도모하고, 필요할 때에는 건설적인 피드백을 제공하는 등 일련의 활동들을 지속적으로 실시한다. 그럼으로써 끊임없이 서로에 대해 이해하고, 존중하고, 배려하면서 신뢰를 쌓아 나가는 과정을 모두 포함하는 개념이다.

1. Check 단계 : 상대방 이해하기

직장 내에서 상사가 부하 직원을 대상으로 코칭 할 때에는 피코치의 장래 비전, 근무 실적, 태도, 업무 능력(잠재능력 포함), 근무 사기, 대인 관계, 회사 내 평판 등의 조직 내 업무 관련 사항뿐만 아니라 피코치의 성격, 기질, 성향, 특기, 취미, 장단점, 인생관, 삶의 가치, 신념, 철학, 관심사 등의 업무 외적인 사항들까지도 종합적으로 관찰하고 검토한다. 그럼으로써 과연 이 사람에게 코칭을 실시하게 되면 개선이나 변화가 가능할지 여부를 객관적으로 판단해야 한다. 이를 위해 코치는 피코치에 대한 깊은 애정과 관심을 바탕으로 항상 그들을 연구, 관찰하고, 필요에 따라서는 관찰된 내용들을 기록하여 저장 및 관리해 두어야 한다.

피코치의 대상자들은 크게 우수한 그룹, 중간 그룹 그리고 실적이 많이 떨어지는 그룹의 3가지로 분류할 수 있다. 코치는 간혹 우수한 그룹을 더욱 탁월하도록 코칭 할 것인지, 중간 그룹을 코칭 하여 우수한 그룹의 크기를 더욱 확대시킬 것인지, 아니면 가장 실적이 저조한 그룹을 코칭 할 것인지에 대한 결정이 필요할 수 있다.

조직의 전체적 관점에서 볼 때, 구성원들의 능력을 신장시킴으로써 조직의 성과를 향상시키기 위해서는 일반적으로 중간 그룹을 우선적으로 선택하여 코칭 하는 것이 가장 효과적이라고 할 수 있다. 우수한 그룹의 경우는 이미 잘하고 있으므로, 추가적인 코칭은 오히려 불필요한 부담으로 작용할 수 있기 때문에 그들이 소신껏 일할 수 있도록 적절히 위임하고 분위기만 조성해 주면 된다. 반면, 실적이 저조한 그룹은 코칭을 하는 시간이 너무 오래 걸리거나 투입한 시간과 노력 등 자원에 비하여 효과가 기대보다 적게 나타날 우려가 있기 때문이다.

그러나 처음 만나는 피코치를 대상으로 그들이 가지고 온 특정 이슈에 대하여 퍼스널 코칭을 할 경우에는, 위에서 예로 든 바와 같이 피코치에 대해 늘 관찰함으로써 피코치를 어느 정도 이해한 상태에서 코칭을 시작하기가 매우 어렵다. 그럴 때에는 일반적으로 첫 미팅을 갖기 이전에 사전 정보 양식을 작성하도록 하고, 에고그램 등의 진단 도구를 보내어 피코치 스스로 진단케 한 다음, 그 결과를 코치에게 보내도록 함으로써 피코치에 대한 기초 정보를 수집할 수 있다.

사전정보 양식에 포함될 수 있는 주요 내용들을 예로 들어 보면 대략 다음과 같다.

피코치의,

- 현 직업, 직위, 업무 및 직업적 경력

- 현 직업에서 가장 좋아하는 일과 싫어하는 일

- 지금까지 삶에서의 개인적 업적이나 자랑거리

- 성격 특성(긍정적인 면, 부정적인 면)

- 강점/장점 및 단점

- 삶의 목표, 비전, 인생관, 신념, 철학

- 6개월 이내에 꼭 변화시키고 싶은 사항(습관, 사고, 행동 등)

- 코칭을 받고자 하는 특정 이슈와 그 이유

- 기존에 코칭을 받아 본 경험 유/무 등

2. Open 단계 : 대화의 장 열기

피코치들은 자신의 이야기를 귀 기울여 들어 주고, 자신의 상황을 이해하고, 자신의 심정을 자기처럼 알아주고 마음을 어루만져 주며, 자신의 문제를 해결하는 데 도움을 받을 수 있는 코치를 원한다. 많은 피코치들이 맨 처음 코치에게 보여 주는 모습은 '자신이 처해 있는 상황'이 어느 누구보다 절박한 듯 설명하거나 아니면 자신이 가장 힘들다고 이야기하기도 한다. 왜냐하면 인간이란 본래 자기 자신의 문제가 가장 중요하고 고통스럽다고 여기기 때문이다.

코칭의 시작 단계에서 가장 중요한 것은 터놓고 이야기하기(Open Mind)이다. 피코치가 안심하고 자기 심정을 터놓고 이야기하도록 만들려면 코치는 우선 자신의 입장을 버리고 완전히 피코치의 입장에 서서 들어야 한다. 피코치가 이야기하는 사실보다 그의 심정을 듣고 받아들여야 한다. 인간은 본래 감정적인 동물이므로 감정이 불안정하면 자신의 의사를 명확하게 전달하지도 못하고 객관적 관점에서 자신을 바라볼 수도 없게 된다. 즉, 코칭 초기에 피코치가 심정적으로 편안해져야만, 자기가 직면하고 있는 문제를 제대로 설명할 수 있고, 자기 객관화가 되어 제3자의 눈으로 문제의 핵심 원인을 찾을 수 있으며, 지금까지 미처 깨닫지 못했거나 생각하지 못했던 문제의 해결 방안들도 찾아갈 수 있다. 그래서 피코치가 감정적으로 안정될 때까지 Open 단계를 지속하는 것이 좋으며, 그 과정에서 코치는 피코치가 처해 있는 현실적 상황에 대해서도 충분히 이해하도록 해야 한다.

비즈니스 코칭에서는 피코치가 문제를 해결하기 위해서 코치를 찾아오기보다는 코치가 피코치를 불러 이야기하게 되는 경우가 더욱 많다. 이럴 경우에 피코치는 자신이 코칭 받기를 원했던 것이 아니므로 코치의 부름을 받으면 야단을 맞거나 지적을 받을까 봐 두려워하는 경우가 많다. 이런 상태에서 피코치는 코치를 경계하게 되기 쉽고 자기 마음을 열어서 문제를 솔직하게 내놓기 힘들어한다. 이때 필요한 기술이 Open Mind 요령이다.

 Open Mind 요령

첫째, 피코치의 입장에 서야 한다.

일반적으로 사람들은 상대와 만나서 이야기할 때에는 자신의 입장을 고수하려고 하며 자신의 입장을 이해받고 싶어 하는 경향이 강하다. 그러므로 open 단계에서 코치는 자신의 입장을 버리고 완전히 피코치의 입장에 서야 한다. 이런 경향은 관계를 가장 소중하게 생각하는 한국 사람들을 대상으로 코칭 할 때 더욱 중요하게 생각해야 한다.

둘째, 적극적으로 경청한다(4장의 '적극적 경청' 참조).

피코치의 이야기에 귀를 기울이며 그의 상황을 이성적으로는 충분히 이해하면서 또한 감정적으로는 그의 심정/기분을 알아주어야 한다. 공감 수용을 할 때에는 감정을 표현하는 단어들을 무조건 많이 나열하기(예, 그랬다면 답답하고, 막막하고, 화도 나고, 짜증스럽고, 속상하고 등)보다는 단 2 ~ 3개라도 피코치의 그 특정 상황과 감정 상태에 적합한 단어만을 선택하여 사용하도록 한다. 또 충분한 경청이 되기도 전에 과도한 칭찬을 통해 피코치를 띄워 줌으로써 그의 기분이 좋아졌다고 착각하여 다음의 Ask 단계로 서둘러 넘어가려는 것은 반드시 지양하여야 한다.

셋째, 잘한 점이나 장점을 찾아 칭찬하고 인정한다(5장의 '칭찬, 인정' 참조).

그간 관찰해 온 피코치의 긍정적인 사항들과 함께 이야기를 들으면서 파악되는 피코치의 잘한 점이나 그만의 장점을 중심으로 칭찬, 인정하도록 하되, 피코치가 원하는 순간에, 원하는 내용으로, 원하는 크기만큼 칭찬해야 더욱 효과적이다.

피코치가 이야기 도중 "사실……", "제가……", "말이 나왔으니 말씀드리자면……", "아시다시피……"로 말을 시작할 때에는 칭찬을 원하고 있다는 메시지를 보내는 것으로 인식하고 즉시 칭찬해 준다. 이때, 피코치가 쉽게 인정하고 받아들일 수 있도록 피코치가 실제로 실행한 말이나 행동에 근거한 내용으로 칭찬을 구성해야 한다.

그러나 칭찬의 양이 너무 부족하면 피코치는 섭섭하게 느껴져서 마음이 충분히 풀어지지 않을 수 있는 반면, 칭찬, 인정이 지나치게 과해지면 피코치는 진심으로 이를 받아들이지 못할 뿐 아니라, 코치가 다른 뜻이 있어서 자신을 이용하기 위한 목적으로 칭찬하는 것으로 의심하고 경계심을 갖게 되므로 각별히 주의하여야 한다.

이렇듯 위에서 피코치가 스스로 자신의 모든 것을 터놓고 이야기할 수 있도록 코치가 적극적으로 그의 말을 들어 주고 공감해 주는 것이 얼마나 중요하고 효과적인지에 대하여 강조하였다. 하지만 현재 활동하고 있는 많은 코치들이 피코치에게 답을 빨리 주어야만 한다는 부담감에 사로잡혀 있거나 미국식의 사실적 문제 해결 방법론에만 익숙해 있는 실정이다. 이로 인해 피코치로부터 몇 마디 듣지도 않은 채, 그의 심적 상태에 대한 공감은 제쳐 두고 피코치의 상황을 충분히 이해한다고 착각하며 문제 해결 단계로 서둘러 뛰어들어 가는 안타까운 장면을 수없이 보고 있는 것이 현실이다.

Open 단계의 질문 예시

— 현재 상태를 좀 더 구체적으로 설명해 주시겠습니까?

— 그 안에서 당신의 역할은 무엇이었습니까?

— 얼마나 오랫동안 그것을 하셨습니까?

— 지금까지는 어떻게 반응/대응하셨나요?

– 그것에 관한 당신의 (가장 큰) 두려움은 무엇입니까?

– 그것이 당신을 이토록 실망스럽게 만드는 이유는 무엇인가요?

– 현재 당신의 상태를 한마디로 표현한다면 어떻게 될까요?

– 현재 당신에게 동기를 부여하는 것은 무엇입니까?

3. Ask 단계 : 목표 및 문제 확인과 해결안 찾기

코치는 Check 단계에서 입수한 피코치의 기본적 정보들을 기초로 하고, Open 단계에서 파악된 피코치에 대한 단서들을 참고하되, Ask 단계에서는 추가적으로 효과적인 질문들을 던짐으로써 피코치에 대한 이해가 깊어지도록 최선의 노력을 다해야 한다.

이 단계에서 코치는 피코치로 하여금,

– 자신의 목표를 분명히 인식하거나 또는 새로 수립하게 하고,

– 자신을 둘러싸고 있는 현상을 직시하도록 하며,

– 목표와 현재 사이에 존재하는 문제들을 확인하고,

– 문제를 일으키는 근본 원인들을 객관적으로 인식하게 한 다음,

– 문제 해결에 대한 시급성과 중요성을 실감함으로써,

– 스스로 문제 해결 방안들을 다각적으로 모색하여,

– 최선의 방안을 찾아낼 수 있도록 질문을 통하여 지원해 주어야 한다.

위와 같은 활동을 하면서 코치는 피코치라는 '인간의 존재' 에 대하여 깊이 이해할 수 있도록 노력하여야 한다. 그리고 피코치가 표면

적으로 이야기하고 있는 이슈가 아닌, 어쩌면 피코치 자신도 미처 깨닫지 못하고 있을지 모르는 '진정으로 원하는 것(Real Wants)'을 발견할 수 있도록 다양한 관점에서 질문하고, 경청하는 활동을 지속적으로 반복하여야 한다. 그럼으로써 피코치 자신이 미처 알지 못했던 새로운 지식을 습득하고, 사고의 폭과 깊이를 동시에 확대하며, 잠재된 능력을 발견하고 그것을 끄집어내어 개발할 수 있도록 적극 도와주는 것이 이 단계에서의 코치의 임무이다.

질문은 요령도 중요하지만 단계도 매우 중요한데 한국형 코칭에서는 질문을 크게 상황 질문, 문제 질문, 확대 질문, 대안 질문의 4가지 단계로 한다.

1) 상황 질문

상황질문은 피코치로 하여금 자기가 처한 현재 입장 및 상황을 진술하게 하는 질문이다. 이 질문은 피코치가 자기 상황을 객관화하고 분명하게 인식하도록 하는 데 도움이 주며, 피코치가 원하는 가장 바람직한 상태나 모습을 구체화시킨다. 가장 바람직한 상태나 모습이라 함은 피코치와 이슈에 따라 천차만별일 것이다. 예를 들어, 직장인들의 경우라면 조직 매출/이익의 달성, 승진 자격의 확보, 상사와의 관계 개선, 직무 만족도 향상, 일과 가정의 균형, 팀장으로서의 리더십 확보, 장기적 비전 확립과 커리어 플랜 수립 등등 다양할 것이다. 일반인들의 경우 또한 부부간 불화 해소, 자녀와의 관계 개선 및 효과적인 교육/양육, 은퇴 후 노후 인생 설계, 건강 및 체력 증진, 나만의 다이어트법 찾기 등 역시 다양할 수 있다.

 **상황 질문 예시**

- 당신이 현재 처해 있는 입장/상황(회사, 팀, 가족, 본인 차원)은 어떻습니까? 구체적으로 말씀해 주시겠습니까?
- 당신이 성취하고자 하는 목표(회사/조직 내 또는 인생에서)는 무엇입니까?
- 그 목표가 당신에게 중요한 이유는 무엇입니까?
- 가장 바람직한 변화의 모습/가장 이상적인 모습을 한마디로 표현한다면 무엇일까요?
- 현재까지 그 목표를 달성하기 위하여 무엇을 하셨나요? 추진 경과는 어떻습니까?

2) 문제 질문

문제 질문은 피코치가 자기문제를 어떻게 보고 있는지를 묻는 질문이다. 문제 해결의 가장 중요한 단계는 해결해야 할 문제를 명확하게 하는 일이다. 문제가 명확해지고 그 문제의 가장 핵심적 원인이 규명되어야만 차후 재발의 위험을 최소화시키며 깨끗한 문제 해결을 기대할 수 있다. 마치 병원에서 환자의 정확한 질병을 찾아내기 위하여 여러 가지 검사를 하고, 그 원인을 찾아내어 치료하고자 하는 것과 같다. 이때 병원에서의 여러 가지 검사에 해당되는 도구가 여기서는 바로 질문인 것이다.

다음과 같은 내용을 위하여 문제 질문들을 만들어 제시하면 된다.

- 목표 성취를 위하여 문제가 되는 것들을 모두 찾아낸다.
- 문제가 발생하는 이유들을 파악한다.
- 문제들을 유형별로 분류한다.

- 그중 가장 중요한 문제가 무엇인지를 정한다.
- 그 문제를 발생시키는 원인들을 살펴보고 가장 근본적인 원인을 규명한다.

문제 질문 예시

- 목표를 달성하기 위해서 어떤 문제들이 있다고 보시나요?
- 그런 문제들이 존재하는 이유/발생 원인은 무엇이라고 생각하시나요?
- 그중에서도 가장 중요한 문제/가장 시급히 해결해야 할 문제는 무엇입니까?
- 문제의 원인들 중에서 가장 핵심적인/근본적인 원인은 무엇이라고 생각하십니까?
- 그것이 진정 당신에게 문제가 됩니까? 그 이유는 무엇인가요?

3) 확대 질문

대부분의 문제는 시간이 갈수록 문제가 커지게 된다. 만약에 시간이 가면 저절로 해결될 수 있는 문제라면 굳이 해결하지 않아도 될 때가 많다. 확대 질문은 위의 문제 질문을 통해 밝혀진 문제의 내용이 시간이 흐르면 자동적으로 해결될 수 있는 것인지, 아니면 문제가 해결되지 않은 채 시간이 흘러가면 피코치가 속한 조직이나 부서에 그리고 피코치 자신에게 어떤 부정적인 영향을 미칠 것인지를 확인하는 질문이다. 또한 부정적인 영향을 피코치 자신이 받게 되는 경우라면 과연 얼마나 심각한 정도의 부정적인 영향인지를 구체화시켜 보는 질문이다. 그럼으로써 피코치에게 위기감을 재인식하게 하고 문제해결을 위한 강한 실천 동기를 유발시킨다.

 **확대 질문 예시**

— 만약에 이 문제를 해결하지 않고 그냥 두었을 때 시간이 가면 갈수록
  이 문제가 어떻게 될 것 같습니까?

— 그렇게 되면 그 결과는 당신의 조직에는 어떤 영향이 미칠 것으로 생
  각하십니까?

— 그것이 당신 자신에게는 어떤 영향을 미칠 것으로 생각하십니까?

4) 대안 질문

대안 질문은 문제의 근본 원인을 제거하기 위하여 취할 수 있는
모든 방안들을 모색하도록 하는 질문이다. 이때 중요한 것은 문제해
결 방안들의 양이므로 비현실적이라고 생각되는 방안들일지라도 일
단 최대한 많은 방법들을 찾아보게 하는 것이 좋다. 왜냐하면 생각에
제한을 두지 않으면 좋은 아이디어가 떠오를 가능성이 높아지고, 쏟
아져 나온 다양한 아이디어들 중 두세 가지를 서로 묶어서 미처 생각
지 못했던 기발한 방법을 만들어 낼 수도 있기 때문이다. 또한 비현실
적인 방안들은 뒤에서 최선의 방법을 찾을 때 자연스럽게 걸러지게
되어 있고, 이러한 활동 자체가 피코치의 생각의 힘을 강화시켜 주는
훈련이 되기 때문이다. 좀 더 구체적으로 대안 질문 단계의 주요 내용
을 살펴보면 다음과 같다.

— 코치는 피코치가 최대한 많은 아이디어들을 내놓을 수 있도록 질문
  을 통하여 촉진시키고, 제시된 아이디어 중 좋은 아이디어에 대해서

는 적극 칭찬한다.

- 도출된 방안들의 장단점을 이야기해 보도록 하여 함께 고민하고, 알아듣기 쉽도록 구체적인 예를 들어 설명한다.
- 각각의 방안들이 가질 수 있는 장애 및 위험 요인에 대해 구체적으로 예견해 보도록 하고, 장애 및 위험 요인들에 대한 제거 방법들이 있는지, 과연 그것이 가능한 것인지를 확인시킨다.
- 필요시에는 의사 결정을 위한 기준(예를 들면, 시급성, 중요성, 조직 내 영향력/파급 정도 및 실현 가능성/용이성 등)을 마련하여 각 해결안을 평가한다. 이때 코치는 질문, 경험 공유 및 다른 관점이나 아이디어의 제시 등을 통하여 피코치가 새로운 관점에서 문제를 바라보고, 가장 바람직한 방안을 선정하도록 도와준다.
- 이 과정에서 코치는 피코치에게 답을 주어야 한다는 강박관념을 가지고 자신이 생각하는 방안을 처음부터 제시하며, 그대로 무조건 따르도록 강요하는 경우를 자주 볼 수 있다. 그럴 경우, 피코치는 계속 코치에게 의존적이 되고, 문제해결의 동기가 약화되며, 비록 문제를 해결하거나 과제를 성취한 후라도 만족감 역시 약화될 수 있다. 또한, 결과가 잘못되었을 때에는 자신이 결정한 사안이 아니라 코치의 지시에 따른 것이기 때문에 스스로 책임지지 않으려 할 수도 있다. 그러므로 코치는 가급적 이러한 권위적이고 강압적인 태도를 피하고, 객관적인 입장을 고수하면서 피코치 자신이 바람직한 해결안을 찾아내도록 지원하는 것이 좋다.

그러나 문제 해결을 위한 시간이 절대적으로 촉박한 가운데 피코치 스스로 가장 바람직한 방안을 찾아낼 능력 자체가 부족하다고 판단될 경우에는 코치가 해결안에 대한 아이디어를 제시해 주고, 피코치로 하여금 충분히 이해하고 받아들인 다음 스스로 방법을 완성해서 실행할 수 있도록 지도해 줄 수도 있다. 만약 특정 분야에 대하여 전문적인 자문 및 조언이나 진단이 필요하다고 판단된다면 무리하게 코치가 나서지 말고, 예를 들어 법률, 의료, 심리상담, 재정 문제 등 해당 분야에 자격을 갖춘 전문가들의 도움을 받도록 해야 한다.

　Ask 단계에서는 코치의 입장에서 궁금한 사실들을 듣기 위하여 피코치에게 질문하는 것은 지양하고, 코치가 원하는 방향으로 이끌어 가기 위한 유도성 질문 역시 피하도록 하며, 피코치의 입장과 상황에 대하여 감이 잡히더라도 절대 확신하거나 속단하지 않도록 주의해야 한다. 그리고 질문을 진행하다가도 상대가 코치의 이야기에 대해 자기 방어나 변명 등 커뮤니케이션 상의 불편함을 보이면, 즉시 공감 수용을 통하여 피코치가 다시 마음이 편안한 상태로 돌아오게 한 다음에 이야기를 속개할 수 있도록 해야 한다.

 **대안 질문 예시**

ㅡ 이 문제를 어떻게 해결하면 좋을까요?

ㅡ 또 다른 방법들로 어떤 것들이 더 있을까요?

ㅡ 과거에 어떤 시도를 해 보신 적이 있나요?

ㅡ 과거에 유사한 시도가 있었다면 그 당시 실패 또는 성공의 이유들은
　무엇이었습니까?

ㅡ 제시된 방법들은 현실적으로 모두 실행 가능한가요?

ㅡ 제시된 각 방안들의 장단점은 어떤 것들이 있을까요?

ㅡ 실행에 옮기는 데 있어서 예상되는 방해/장애 요인은 무엇입니까?

- 방해 및 장애 요인에 대한 극복 또는 제거 방법에는 어떤 것들이 있을까요?
- 최적의 해결방법(들)은 무엇이라고 생각하시나요? 그렇게 생각하는 이유는 무엇입니까?
- 최적의 해결 방안이 한 가지 이상이라면 어떤 순서로 실시하는 것이 가장 바람직할까요?
- 협조를 얻거나 설득해야 할 사람(들)은 누구입니까?
- 누구와 이것에 대해 커뮤니케이션을 해야 합니까?
- 문제를 해결하는 데에 현재 당신의 능력/역량으로 충분히 가능한 일인가요?
- 만약 가능하지 않다면 어떻게 해야 할까요?
- 이것을 달성하려면 무엇이 달라져야 하겠습니까?
- 실행을 위해서는 어떤 자원들이 필요하며, 그 자원들은 확보가 가능한가요?
- 이 문제가 성공적으로 해결된다면 어떤 이익 및 효과를 얻을 수 있을까요?

4. Comment 단계 : 발전적 피드백 제공하기

코칭의 과정 중에 발견된 피코치의 바람직하지 못한 언행 및 사고방식 등이 있다면 그에 대하여 '코치'의 입장에 서서 피코치에게 진심 어린 피드백을 주어야 한다. 코치가 반드시 피드백을 해 주어야 할 때임에도 불구하고, 행여 피코치가 기분 나빠하거나, 자존심이 상하거나, 자신을 미워하거나, 사기가 저하됨으로써 일이나 생활에 지장을 초래하지는 않을까 두려워서 눈치만 보다가 결국 말을 못하고 넘어가는 경우도 많다. 꼭 필요할 때 피코치에게 효과적인 피드백 한마디를 못해 준다면, 피코치가 인간적으로 또는 직업/전문적으로 한 단계 더욱 발전할 기회를, 어떤 경우에는 인생의 가장 큰 깨달음을 가질 수도 있는 절호의 기회를 잃어버리게 만드는 것이기도 하다.

특히, 조직 내 상사로서의 코치가 피코치를 위한 적절한 피드백을 못해 줄 경우, 나약하고 만만한 사람으로 인식될 수도 있고, 피코치들로부터 '성격은 좋고 함께 근무하기 편하긴 한데, 별로 배울 것은 없는 사람으로서 존경심을 가지고 평생 따라갈 리더는 아니야.' 라는 평을 들을 수도 있다.

 **피드백을 주어야 할 때**

피코치가,

- 말과 행동 간의 불일치가 발견될 때
- 자기 자신과 세상을 비관적/부정적으로만 바라볼 때
- 생각, 감정 및 행동 간의 차이가 있을 때
- 변화를 두려워할 때
- 변해야 한다는 것을 알면서도 실천의 의지가 약할 때/계속 주저하고 있을 때
- 무엇을 바꾸어야 하는지는 알고 있지만 그것을 할 수 있는 능력이 부족할 때
- 무엇을 어떻게 해야 하는지 전혀 몰라서(정보 및 자원 등이 부족하여) 못하고 있을 때

— 상기 외에도 코치 입장에서 볼 때에 피코치의 인간적 또는 전문적인
성장 및 발전을 위해 피드백이 필요하다고 생각될 때

피드백 요령

① 받아들일 여유가 있는지 확인하거나, 여유를 준다.
② 피코치의 바람직하지 못했던 구체적인 말이나 행동을 있는 그
대로 진술/묘사한다.
③ 그 말이나 행동에 대한 코치의 생각이나 판단이 아닌 감정/느
낌을 말한다.
④ 그렇게 느끼는 이유를 말한다.
⑤ 이에 대한 피코치의 의견을 묻고, 스스로 고치겠다는 말이 나
오도록 기다린다.
⑥ 어떻게 고치겠다는 것인지 다짐을 묻고, 실행의지를 지지 강
화해 준다.
⑦ 피드백 받은 뒤에 혹시 피코치가 가질 수 있는 불쾌한 기분을
풀어 준다.

위의 요령 순서에 따라 최근 지각이 잦은 김 대리에게 그의 상사
인 코치가 피드백 하는 예를 들어 보자.

① 코　　치 : 김 대리, 잠시 시간 있으면 이야기 좀 할 수 있을까?
　 김 대리 : 예, 괜찮습니다.
② 코　　치 : 자네가 지난주 월요일과 목요일에 한 번씩 지각을
했는데, 오늘 아침에도 20분 늦었지 않는가?

③ 코　치 : 최근 그런 자네의 모습을 보니 무슨 일이 있는지 걱
　　　　　 정도 되고, 한편으론 다른 팀원들에게도 근태에 대해
　　　　　 부정적인 영향을 주지나 않을까 우려되기도 해서 말
　　　　　 이지.

④ 코　치 : 자네처럼 워낙 기본에 충실하고 일관성이 있는 사람
　　　　　 이 요즘 자꾸 자네답지 못한 모습을 보이니까 내가
　　　　　 의아하지 않겠나?

⑤ 코　치 : 그 점에 대해서 자넨 어떻게 생각하는가?

　 김 대리 : 예, 죄송합니다. 이러저러해서…… 앞으로 지각하는
　　　　　 일 없도록 각별히 주의하겠습니다. 그리고 피치 못
　　　　　 할 사정이 생긴다면 곧바로 연락드리겠습니다.

⑥ 코　치 : 그래, 자네가 한 번 약속하면 확실히 지키는 사람이
　　　　　 니까 그리 믿겠네.

⑦ 코　치 : 오늘 나에게 이런 이야기 들어서 기분이 언짢지는 않
　　　　　 은가?

Comment 단계의 질문 예시

– 당신을 위해서 좀 더 이야기를 나누었으면 하는데 들어 줄 여유가 있
　으신가요?

– 피드백 내용에 대해서 어떻게 생각하십니까?

– 이것을 고치기 위해서 앞으로 어떻게 하면 좋을까요?

– 어떤 부분이 변화되면 보다 바람직한 모습으로 개선이 가능할까요?

5. Help 단계 : 실행계획 구체화 도와주기

코치와 의견 일치를 이룬 피코치가 그 문제해결 방안에 대한 실행 계획을 구체적으로 수립할 수 있도록 하는 것이 이 단계의 핵심이다. 이때에는 다음과 같은 기준에 근거하여 피코치에게 도움을 주어야 한다.

- 해야 할 일들이 세부적으로 빠짐없이 정의되어야 한다.
- 실행결과의 성공여부가 측정 가능해야 한다.
- 할 일들은 모두 실행이 가능해야 한다.
- 꼭 자신이 해야만 하는 일이어야 한다.
- 일정 계획이 현실적이어야 한다(주어진 기간 내에 일의 완수가 가능해야 한다).
- 문제해결 방안의 특성에 따라 단 한 번의 실행에만 그치는 것이 아니라 장기적 관점에서 계획을 수립하도록 한다.

그 다음, 성공적인 실행을 위하여 자료, 정보 및 유용한 소스 등을 알려 주기도 하고, 코치로서의 아낌없는 지원을 약속한다. 간혹 피코치를 도와준다는 순수한 마음에 코치 자신이 대신 일을 처리해 주는 경우를 종종 볼 수 있는데, 그럴 경우 자칫하면 피코치의 능력 향상의 기회를 박탈하는 결과가 초래될 수도 있으므로 장단기적인 관점에서 코치가 해야 할 일과 피코치가 해야 할 일을 분명히 구분하는 것도 필요하다.

마무리로 오늘 코칭의 내용을 요약 정리하고, 새로이 배우거나

느끼게 된 점이 있는지 피코치가 성찰해 볼 수 있는 기회를 주고 함께
공유하도록 하며, 후속 미팅이 필요한 경우에는 다음 미팅의 일정과
이슈에 대하여 이야기 나누도록 한다.

🌧 Help 단계의 질문 예시

- 해결 방안의 실행을 위해서는 지금부터 구체적으로 무엇을 해야 합니까?
- 무엇이 그것을 완벽하게 만들 수 있을까요?
- 이 일에서 가장 중요한 성공요인은 무엇입니까?
- 언제까지, 무엇을, 어떻게 하시겠습니까?
- 계획하고 있는 기한 내에 완료 가능한 것입니까?
- 일의 성공 여부는 어떻게 측정할 수 있을까요?
- 어떻게 하면 보다 실행력을 높일 수 있을까요?
- 오늘 대화의 요점을 정리해 보시겠습니까?
- 제일 먼저 시작하는 일이 마무리되는 대로 그 결과를 알려 주시겠습니까?
- 제가 더 지원해 드릴 사항은 없겠습니까?
- 다음 미팅은 언제가 좋을까요? 어떤 주제로 이야기하고 싶으신가요?

[표 9-1] 코치용 'COACH' 프로세스 체크리스트

Check	• 피코치에 대한 사전 정보를 입수하여 파악하였는가? • 문제의 증상 및 징후들을 포착하였는가?
Open	• 피코치가 터놓고 이야기할 수 있도록 충분히 공감 수용 및 칭찬 인정을 하였는가? • 현 상황을 폭넓게 이해하였는가?
Ask	• 진정 원하는 것/목표/바람직한 모습이나 상태가 무엇인지 확인하였는가? • 문제(들)와 근본 원인을 분명히 파악하였는가? • 또는 현상과 목표와의 Gap 분석을 명확히 하였는가? • 피코치가 제시할 수 있는 모든 해결 방안들을 도출하였는가? • 최적의 해결안을 찾도록 하였는가? • 실행을 위한 장애물을 확인하고 제거 방법을 찾았는가?
Comment	• 장기적 관점에서 피코치의 성장/발전(인간적/전문적)을 위해 꼭 필요한 피드백을 하였는가? • 바람직한 변화에 대한 실천 의지를 강화시키고 적극 지지해 주었는가?
Help	• 구체적인 해결안의 실행 계획을 수립하도록 하였는가? • 가장 먼저 실천한 결과를 상호 공유하는 방법을 정하였는가? • 이번 미팅의 주요 내용을 요약 정리하도록 하였는가? • (다음 미팅이 필요할 경우) Next Step(미팅 일정 및 의제 등)에 대한 합의를 하였는가?

10

교사의 학생 코칭 사례

 **등장인물**

코　치 : 2학년 부장 선생님(학년의 일 총괄, 현영이의 과학 교과 담
당. 현영이가 수학여행을 가지 않겠다는 것과 관련해서 담임선
생님과 갈등이 있었던 것을 전해 듣고 방과 후에 호출 코칭)

피코치 : 현영

Check

– 현영이에 대해 다양한 정보가 필요한데, 현재 코치는 그런 정보를 미
처 확인하지 못한 채 코칭이 시작된다.

담임선생님 : 우리 반 애 하나가 그냥 이유 없이 수학여행을 안 가
겠다고 해서 한판 붙었거든요. 반 애들 앞에서 왜 안

가겠다고 하느냐고 물었는데, "저는 원래 수학여행
같은 거 좋아하지 않거든요." 등의 말도 안 되는 이
유를 대서 갈등이 불거졌어요.

Open

현영 : 선생님, 부르셨어요?

코치 : 아, 현영이구나. 어서 와! 내가 갑자기 불러서 왜 그런지 궁
금할 것 같구나.

현영 : 예.

코치 : 음, 네가 이번 수학여행 때 가지 못할 불가피한 사정이 있
다는 것 같던데……

현영 : 예. 그렇게 됐어요.

코치 : 음, 그랬구나. 그런데 난 좀 놀랐는데? 네 평소 모습으로 보
면 가장 먼저 수학여행 가자고 친구들에게 권유할 만큼 적
극적인데다가 공부는 물론이고, 학교생활 전반이 모범적인
학생이라는 인상을 갖고 있거든.

현영 : ……

코치 : 그런데 수학여행 불참 명단에 들어 있더라고. 처음엔 의아
했는데 현영이가 빠지는 데엔 정말 어쩔 수 없는 이유가 있
는 것 같거든. 내가 전체 수학여행을 책임지고 있는데, 괜
찮다면 네 사정을 좀 들어 보고 어려운 게 있거나 내가 도
와줄 수 있는 부분이 있다면 도움이 되고 싶은데, 혹시 말
해 줄 수 있겠니?

현영 : 음…… 예.

코치 : 그리고 수학여행을 빠진 것과 관련해서 담임선생님과 좀 불편해졌다던데 너랑 담임선생님이랑 잘 지내는 것 같다가 그렇게 되었다니까 좀 염려가 됐어. 내가 보기엔 네가 워낙 선생님들께 좋은 인상을 심어 주는 학생이라서 두루 친하게 지내는 것 같았거든. 그런 네가 다른 사람도 아닌 담임선생님과 그렇게 되었다면 담임선생님도 담임선생님이지만 무엇보다 네가 몹시 불편하고 속상할 것 같아. 괜찮다면 현영이 얘기를 듣고 내가 도울 수 있는 건 돕고 싶거든?

현영 : 선생님, 저는 진짜 수학여행 가기 싫거든요. 그런데 담임선생님이 저한테 막 화를 내시니까 진짜 더 가기 싫어졌어요. 정말 안 갈 거예요.

코치 : 정말 속상하고 화가 많이 난 모양이구나. 강요당한다는 생각까지 든 모양인데……

현영 : 예. 저는 이제 오기가 나서라도 수학여행 안 갈 거예요. 제가 수학여행을 가지 않으려는 이유가 왜 말이 안 된다고 생각하시는지 모르겠어요.

코치 : 도무지 납득이 안 가서 정말 갑갑하고, 이만저만 속상한 게 아닌가 보구나? 그러니까 현영이 말은 현영이 결정이 무시당하는데다 담임선생님께 강요까지 받는 것 같아서, 반발심도 생기고 심지어 오기까지 나서 수학여행 가는 게 더 싫어졌단 말이지?

현영 : 예. 제가 가고 싶지 않은 이유를 들으시고 그게 ‘말이 안 된다’ 고 하시잖아요. 제 생각에 그건 분명히 이유가 된다고 생각해요.

코치 : 이만저만 답답한 게 아닌 모양이구나. 너로선 정말 합당한 이유를 아예 묵살당하는 심정이었단 말이구나?

현영 : 네, 맞아요. 전 진짜 선생님만큼은 마음을 다 알아주고, 우리 생각도 다 이해해 주실 거라고 생각했는데 지금 보니까 정말 아니에요. 어떻게 제 생각과 제 감정을 선생님 생각만으로 말이 안 된다고 판단하실 수 있는지 정말 서운하고…… 전 진짜 절대로, 선생님이 어떤 말을 하셔도 안 갈 거예요.

코치 : 담임선생님께 너무너무 서운하고 실망스러운데다 자존심까지 크게 상했나 보구나. 네가 얼마나 속상하고 화났으면 너처럼 선생님 말씀을 존중하고 예의 바르던 애가 '담임선생님 말은 듣지도 않겠다. 뭐라 하셔도 내 생각대로 하겠다.' 라는 얘기까지 하겠니? 평소 너라면 하지도 않을 얘기잖아?

현영 : 네. 선생님께서 저한테 그러실 줄 정말 몰랐어요.

코치 : 정말 실망스럽고 억울한 기분까지 느껴진단 말이지?

현영 : 네, 맞아요. 제가 하는 말은 말이 안 된다고…… 선생님 말씀만 말이 된다고 하시는데 제가 듣기엔 선생님 말씀이 오히려 말이 안 되거든요. 왜 학생이 무조건 수학여행을 가야 돼요? 어차피 수학여행도 엄마가 돈 내고 보내 주시는 건데요. 제가 가는 건데, 왜 수학여행을 무조건 가야 된다고 생각하는 선생님 말씀은 말이 되고, 가기 싫다고 하는 제 말은 말이 안 된다고 하시는지 선생님 생각 자체가 이해가 안 돼요.

코치 : 현영이 얘기는 수학여행 참석 여부는 너나 어머니가 결정
하는 문제인데 담임선생님께서 무조건 가야 한다고 강요하
시는 것 같아서 아주 무시당한 기분까지 들고, 선생님의 논
리 자체가 불합리하다 싶은데 오히려 선생님은 네 주장이
말이 안 된다고 억지를 부리시는 것 같아서 이만저만 답답
한 게 아니란 얘기로구나.

현영 : 네, 맞아요. 거기다 선생님께선 완전히 제 생각을 밟아 버
렸어요. 그것도 애들 앞에서……

코치 : 애들 앞에서? 아, 정말 자존심이 이만저만 상한 게 아니었
겠구나. 애들 앞에서 그런 일을 겪었다면, 너는 애들 보기
엔 창피스럽고 선생님에게는 억울하고 너 자신은 몹시 답
답했겠구나.

현영 : 네. 애들이 얼마나 이상하게 봤겠어요. 끔찍해요. (눈물을
보이며)

코치 : 얼마나 속이 상했겠니?

현영 : 제 친구들까지도 "너 불쌍하다. 선생님 왜 저런데?"라면서
선생님을 욕했어요. 애들이……

코치 : 너만 그런 게 아니고 다른 애들이 봐도 선생님이 너무 심하
다고 할 정도로 선생님 반응이 지나쳤다는 느낌이 들었다
는 말이지?

현영 : 예. 선생님이 가서 물어보세요. 제 친구들도 여기 오기 전
에 다 그랬어요. 선생님 왜 저러냐고, 이상하다고.

코치 : 누가 봐도 담임선생님 태도가 받아들이기 어려울 거란 느
낌이 들었다는 이야기지?

현영 : 예, 맞아요. 적어도 그런 얘기는…… 아뇨, 어떤 면에서는
애들이 봐서 잘됐다고 생각할 수도 있어요. 왜냐하면 애들
도 선생님이 이상하다면서 제 말에 훨씬 더 동조를 해 줬기
때문에…… 그건 또 괜찮은 것 같아요.

코치 : 친구들이 널 이상하게 보기보단 동조하는 것 같아서 조금
은 안심도 되고, 마음에 좀 여유가 생겼단 얘기구나.

현영 : 네. 담임선생님은 저를 전혀 이해해 주려고 하지도 않으시
고, 무조건 수학여행을 보내려고만 하세요. 제 말을 듣고
싶어 하지도 않으시는 것 같아요.

코치 : 그래서 답답하고 서운하단 얘기구나. 네가 바라는 건 수학
여행을 못 간다는 결정을 이해해 줬으면 정말 좋겠단 얘기
지? 그런데 이해는 안 해 주고 막무가내로 수학여행을 보내
려는 것 같단 얘기고……

현영 : 네, 맞아요. 다른 애들이 수학여행을 가는 이유가 있듯이
저도 수학여행을 가지 않으려는 이유가 있는데, 그 이유를
안 받아 주시니까…… 그리고 선생님이 그러셨거든요. '네
가 그럴 줄 몰랐다. 국어부장인데 네가 어떻게 그런 생각을
할 수가 있냐고 하시잖아요? 그런데 선생님이 그동안 저를
어떻게 생각하셨는지 모르겠지만, 저는 저다운 행동이고
결정이라고 생각하거든요. 아, 솔직히 다른 애들하고 같이
자는 거 불편해하는 애들 많이 있잖아요? 저도 그게 싫거든
요. 그런데 그걸 가지고 제가 그럴 줄 몰랐다 하시면서 저
한테 실망했다고 하시면 전 뭐가 되냐고요. 전 제 행동과
결정이 저다운 거라고 생각하지 부끄럽다고 생각하지 않거

든요.

코치 : 오히려 네가 더 몹시 답답하고 선생님께 실망스럽단 얘기
아니니? 그리고 선생님은 받아들이지 못할지 몰라도 그게
너로선 가장 떳떳하고 분명한 이유라고 생각하고?

현영 : 예. 게다가 제 부모님도 제가 이야기해서 안 가도 된다고
하셔서 선생님께 이런 얘기를 하는 건데, 사실 선생님은 1
년만 저랑 지내시잖아요? 그런데 부모님은 평생 저를 책임
지시는 분들인데 부모님의 결정도 중요한 거 아니에요?
예? 부모님이 "그래, 가지 마라."라고 허락하셨으면 선생님
도 받아 주셔야 되는 거지, 왜 안 된다고 하시는지. 그것이
왜 야단맞을 일인지 저는 정말 모르겠어요. 적어도 저와 제
부모님의 의견을 무시하시면 안 된다고 생각해요.

코치 : 부모님의 결정까지도 무시당한 것 같은 생각이 든단 얘기
구나? 그래서 더 속상하고, '너무 심하다' 는 생각이 들어서
화까지 난단 말이구나.

현영 : 네. 그리고 담임선생님께선 제 부모님도 저한테 못 이겨서
허락하신 것 같다고…… 그런데 저는 그렇게 생각하지 않
거든요. 그렇다 하더라도 어쨌든 부모님이 허락하신 건 사
실이잖아요?

코치 : 현영이 말은 이유가 어떻든 부모님의 허락이 있었기 때문
에 수학여행을 안 간다는 게 납득할 만한 이유가 된다. 그
런데 선생님이 그걸 이해를 못해 주신다…… 그 말이구나.

현영 : 예.

코치 : 그래서 더 답답했나 보구나.

현영 : 네.

코치 : 음, 현영이 얘기를 쭉 들어 보면, 네 결정에 이유가 있으니 선생님이 그걸 이해하고 결정을 받아들여 주셨으면 하는 것 아니니?

현영 : 네.

코치 : 그렇겠지. 그런데 현영이같이 신중한 애라면 그런 결정을 할 수 밖에 없는 이유가 분명히 있을 것 같거든. 막무가내로 결정을 할 애가 아니잖아?

현영 : 네. 사실은 제가 가지 않으려는 이유가 따로 있거든요.

코치 : 아, 정말 말하기 힘든 이유가 있었단 말이구나.

현영 : 예.

코치 : 그렇지, 네가 그냥 이유 없는 결정을 내릴 애는 아니지.

현영 : 예. 애들 앞에서 이유를 말하라고 하니까…… 그리고 애들이 알면 안 되는데…… 그래서 어쩔 수 없이 다른 이유를 이야기한 건데…… 그것만 듣고 모든 것을 판단해 버리시니까……

코치 : 네 이야기는 말하기 곤란한 이유가 있는데 다른 애들 앞이라서 그 이야기를 하지 못하고 다른 이유를 이야기했는데, 선생님은 그 말만 듣고 모든 것을 판단해 버리니까 너는 억울하고 선생님한테는 서운했다는 이야기지?

현영 : 예…… 선생님이 그러실 줄은 몰랐어요. 저는…… 적어도 제 얘기는 들어 보시고……

코치 : 그래서 더 서운했다는 이야기로구나. 사실 순간적으로 너무너무 속이 상하니까 '말도 하기 싫다. 무조건 안 간다'는

극단적인 얘기를 했지만, 사실은 너희 선생님한테 곤란한
이유를 말씀드리고 이해받고 싶었다는 이야기지?

현영 : 예.

코치 : 그랬구나.

현영 : (씩 하고 미소를 지으며) 사실은 같은 반에 친구가 없거든요.
다 친하긴 한데 단짝친구들끼리 다 묶여 가지고, 점심 시간
에 밥 먹을 땐 다른 반 애들하고…… 항상 1학년 때 친구들
이랑 어울리다 보니까 같은 반 애들 중에는 단짝이 없어요.
그런데 수학여행 가면 매일 반 애들이랑 어울려야 하고, 같
이 밥 먹어야 하고 그런다면서요? 그렇게 되면 전 수학여행
이후 반에서 이상한 애가 될 거예요. 왕따가 될 거예요. 전
진짜 그런 상황이 싫어요. 전 수학여행 가면 정말 큰일 날
것 같아요. 진짜 못 갈 것 같아요.

코치 : 단짝 없이 수학여행에서 지내는 게 몹시 난감하고 걱정됐
단 얘기구나. 게다가 단짝 없는 게 드러나면 수학여행 후에
도 반에서 이상한 애 취급을 당할 것 같고, 심지어 왕따까
지 당하게 되는 것 아닌가 싶으니까 두렵기까지 했던 모양
이구나. 그래서 생각하다 못해 그런 상황 자체가 생기지 않
도록 수학여행을 가지 않는 게 낫겠다는 생각이 든 거
고……?

현영 : 예…… 어쩔 수 없었어요. 다른 방법이 없는걸요?

코치 : 그랬구나. 비록 수학여행 비용을 내는 건 부모님이시지만,
사실 너도 수학여행은 선택사항이 아니라 필수적인 교육활
동이란 건 잘 알고 있을 것 아니니? 게다가 너처럼 학교생

활에 충실하고 책임감이 있는데다 학교의 행사에도 매사 적극적이었던 학생은 드문데, 그런 네가 오죽 힘들고 맘이 불편했으면 수학여행에 '참석하지 않겠다' 는 생각까지 했겠니? 정말 다른 방법이 없겠다 싶으니까 그런 맘을 먹은 것 아니겠어?

현영 : 네. 사실 저라고 왜 안 가고 싶겠어요. 다른 애들 다 가는데 저도 수학여행 가고 싶죠.

코치 : 그렇구나. 사실은 너도 수학여행에 참석하고 싶었단 말이지?

현영 : 에버랜드도 꼭 가고 싶었는데…… 한 번도 못 가 봤거든요.

코치 : 그랬구나. 수학여행에서 갈 에버랜드는 특히 놓치고 싶지 않았던 모양이구나.

현영 : 예. 하지만……

코치 : 음…… 현영이 얘기를 쭉 들어 보면, 우선 현영이로서는 수학여행을 도저히 갈 수 없겠다는 판단을 할 때 너도 참 속상하고 힘들었지만 너로선 어쩔 수 없는 결정이었다는 거지? 그리고 그 이유에 대해 말을 꺼내는 것 자체가 자존심 상하는 일이었지만 힘들게 부모님 동의까지 받아 놓았는데, 네가 보기엔 선생님의 반응이 네 고충을 이해받고 배려받기보다는 오히려 반 애들 앞에서 네 말이 묵살당하는 것 같아서 자존심에 큰 상처를 받았단 거고……

코치 : 게다가 그동안 겪었던 선생님의 모습과 너무 달라서 기대했던 만큼 선생님께 서운하고 실망스런 심정이 정말 크게 들었고, 처음에 선생님께 사정 이야기를 하려던 맘은 사라

지고 오기로라도 '안 가겠다, 말도 하기 싫다' 라는 극단적
인 말까지 하게 되었고……

현영 : 예.

코치 : 음…… 그래서 결국 지금 선생님과 수학여행 건으로 인해
무척 불편한 관계가 됐단 얘긴 것 같은데……

현영 : 예. 맞아요.

코치 : 그리고 사실은 수학여행을 가고 싶고 특히 에버랜드 가는
건 놓치고 싶지 않은데, 반에 단짝이 없고 그것 때문에 생
길 수 있는 상황들이 문제란 얘기지?

현영 : 예, 선생님.

코치 : 그래, 지금까지 나와 얘기하고 나니 지금 기분은 좀 어때?

현영 : 속이 좀 후련해졌어요. 머리가 복잡했는데 좀 정리가 된 것
같고요.

코치 : 그래? 반갑구나. 나도 네 표정이 점점 밝아지는 걸 보면서
기분이 좋아지는구나. 게다가 얘기하면서 느낀 건데, 네가
이번 수학여행과 관련해서 친구관계를 무엇보다 중요하게
여기는 애라는 점이 엿보이더라고……

현영 : (웃으며) ……

코치 : 그런데 어떠니? 나랑 얘기하면서 좀 가벼워졌지만, 아직 담
임선생님과의 관계가 풀어지질 않아서 불편할 것 같고 또
수학여행과 관련해서도 그렇고 여러 가지로 불편할 것 같
은데…… 현영이가 원한다면 네가 좀 더 이 문제들과 관련
해서 생각을 정리하거나 문제를 풀어 갈 수 있도록 돕고 싶
은데…… 네가 겪고 있는 두 가지 문제에 대해서 좀 더 나

10 교사의 학생 코칭 사례

랑 얘기를 나눈다면 네게 도움이 될까?

현영 : 음…… 좋을 것 같아요. 선생님은 시간이 괜찮으세요?

코치 : 다른 사람도 아니고 현영이 너라면 시간이 없어도 만들어
　　　야지.

현영 : (웃음)

코치 : 음, 한 20분 정도 시간이 있는데 네 시간은 괜찮겠어?

현영 : 예, 괜찮아요.

코치 : 그래. 다행이구나. 음…… 괜찮다면 네가 생각을 정리할 수
　　　있도록 돕고 싶구나. 그러기 위해서 몇 가지 듣고 싶은 게
　　　있는데 좀 물어도 괜찮겠어?

현영 : 예, 뭔데요?

코치 : 우선 선생님과 불편해진 것과 관련해서 말인데……

현영 : ……

코치 : 선생님과 불편한 상태가 해결되지 않고, 이대로 계속되면
　　　어떻게 될까?

현영 : 글쎄요.

코치 : 듣자 하니 반 애들과 선생님 사이도 좋지 않은 것 같던데?

현영 : 음…… 담임선생님께서 계속 절 싫어하시겠죠.

코치 : 그래? 그러면 어떻게 될 것 같은데?

현영 : 전엔 관계가 좋았는데, 서로 다 힘들어지겠죠. 계속 불편하
　　　고……

코치 : 음, 그런 점이 염려된단 말이구나. 그럴 수 있겠네. 또 어떻
　　　게 될 것 같니?

현영 : 반 분위기도 이상할 것 같아요. 그동안 좋았는데…… 반 애

들이 선생님 이상하다 그러거든요.

코치 : 반 애들도 담임선생님을 불편해한단 말이구나. 그래, 그런 상태가 지속되면 반에 어떤 일들이 생길 수 있을까?

현영 : 아마 선생님하고 생활하는 게 몹시 힘들어질 것 같네요. 반 애들도 힘들고…… 선생님은 수시로 짜증이나 화를 내실 것 같고요.

코치 : 그래? 그렇게 되면 학급에서 생활하는 게 무척 불편해지겠구나. 담임선생님 수업시간은 어떨까?

현영 : 음…… 안 그랬으면 좋겠지만 그것도 이상해질 것 같아요. 애들이 우리 반을 싫어할 것 같고 학교 오기도 싫어할 것 같네요. 서로 미워하고……

코치 : 그렇구나. 반 분위기도 엉망이고 담임선생님은 담임선생님대로 반 애들은 반 애들대로 여러 가지 면에서 불편해질 것 같단 말이지?

현영 : 예.

코치 : 그래, 그렇게 되면 너한테는 어떤 영향을 끼칠 것 같니?

현영 : 음…… 저도 우리 반에 있는 게 싫을 것 같아요. 선생님 만나는 게 괴로울 것 같고, 담임선생님 수업도 받기 싫을 것 같고……

코치 : 그래? 학교 오면 반에 있기가 편하지 않을 것 같단 말이구나. 그렇다고 서로 안 볼 수도 없잖아?

현영 : 그러게요. 만날 때마다 괴로울 것 같은데……

코치 : 게다가 수업을 받기 싫어지면 그 과목 성적도 영향을 받을 것 같은데?

현영 : 떨어지겠죠. 아유, 갑갑해지네요.

코치 : 걱정스럽고 답답해진단 말이구나.

현영 : 예, 그렇죠. 반을 떠날 수도 없고 담임선생님을 바꿀 수도 없고…… 어떻게 하죠?

코치 : 답답해지고 막막하단 얘기지?

현영 : 네. 이대로 그냥 지내다 보면 해결되기보단 문제가 정말 심각해 질 것 같아요.

코치 : 문제가 갈수록 심각해질 것 같아서 걱정된단 말이구나. 그렇게 되길 바라진 않는단 얘기 같은데?

현영 : 네, 선생님. 어쩌면 좋을까요? 사실 이번 일 때문에 담임선생님이 미워졌지만, 그동안 잘해 주셨거든요. 저도 좋아했고요. 반 애들도 그렇고…… 우리 반 분위기가 참 좋았었는데……

코치 : 이번 일로 비록 담임선생님과 불편해졌지만, 그동안 좋은 관계였고 반 애들이나 반 분위기도 좋았단 얘기구나. 이전처럼 다시 좋아질 수 있었으면 좋겠단 얘기니?

현영 : 지금도 선생님한테 감정이 있긴 하지만, 언제까지고 이 상태로 있긴 싫어요. 그리고 어쩌면 반 분위기가 나빠지는 데 제가 안 좋은 영향을 미친 것 같기도 하고요. 어쩌면 시간이 갈수록 반 애들이 선생님만 안 좋게 보는 게 아니라 제 탓도 하게 되지 않을까 싶어요. 그렇게 되면……

코치 : 문제가 무척 심각해질 수도 있다는 얘기구나. 시간이 지날수록 아이들이 너에게 원인을 돌리게 될 수도 있고…… 네가 정말 바라지 않는 방향으로 나갈 수도 있겠다 싶어서 걱

정되고 불안해지는가 보구나?

현영 : 예, 선생님. 어쩌죠?

코치 : 현영이가 담임선생님과의 불편한 지금 관계를 그대로 두면 정말 더 큰 문제가 생길 것 같고, 그래서 어떻게든 관계를 개선해야겠다는 생각이 커진 것 같은데? 어떻게 해야 관계를 풀 수 있을지는 막막한 모양이구나.

현영 : 네.

코치 : 그래. 현영이 생각에는 관계를 풀기 위해서 어떻게 해 볼 수 있겠니? 현영이라면 신중하고 사려 깊은데다 적극성도 뛰어나니까 이럴 때 좋은 방법을 생각해 볼 수 있을 것 같은데?

현영 : 사과를 드릴까요? 하지만 그래도 담임선생님께서 받아들이지 않으실 것 같아요. 제가 수학여행을 간다고 하기 전엔…… 그리고 저도 수학여행을 간다고 하긴 싫거든요. 게다가 사실 담임선생님 때문에 제가 얼마나 힘들었는데요.

코치 : 사과를 하고 싶긴 한데 망설여지나 보구나. 선생님도 네 맘의 불편한 점을 알아줬으면 좋겠고, 또 너로선 사과와 수학여행 가는 건 별개인데 담임선생님이 네 사과를 수학여행과 연결 지어서만 받아들이지 않을까 걱정스럽고…… 그래서 사과하는 게 주저된단 소리구나.

현영 : 네.

코치 : 음…… 그런데 네가 사과를 하는 게 좋겠다고 한 데는 분명 그럴 만한 이유가 있을 것 같은데?

현영 : 네. 사실은 제가 기분이 안 좋아서 그렇지 지금처럼 선생님

과 안 좋아질 줄은 몰랐어요. 그런 건 원치 않거든요. 그리
고 말은 안 했지만, 선생님 입장에선 반 애들이 다 가는 수
학여행을 한 명만 빠지는 거니까 어떻게든 다 가게 하려고
그러셨단 걸 알거든요. 음…… 그리고 제가 선생님이라도
그렇게 할 것 같아요. 그래서……

코치 : 담임선생님 입장도 이해가 된단 말이네? 그리고 관계를 해
치고 싶진 않고……

현영 : 네. 사실 저도 담임선생님 때문에 자존심이 상했지만, 홧김
에 애들 앞에서 대들듯이 해서 담임선생님께서도 기분이
많이 안 좋으셨을 것 같아요.

코치 : 음…… 그래서 네가 먼저 사과를 해서 대들듯 한 것 때문에
상한 담임선생님 기분을 풀어 드리고 싶단 얘기구나. 그러
면 네가 그동안 보아 온 담임선생님이라면 어떻게 나오실
것 같아?

현영 : 음…… 어쩌면 아닐지도 모르지만, 제가 아는 담임선생님
이라면 좋게 받아들이실 것 같은데요?

코치 : 그래? 조금 염려되긴 하지만, 긍정적으로 받아들이실 것 같
아 기대가 더 크단 말이구나. 담임선생님에 대한 네 신뢰가
상당히 큰가 보구나?

현영 : 네. 우리 선생님께선 잘해 주셨어요.

코치 : 그래? 너희 선생님이 잘해 준 부분도 있겠지만, 오늘 너랑
얘기하면서 느꼈는데, 너희 선생님이 널 좋아하고 또 기대
가 클 만하겠구나 싶은걸? 네 마음도 이만저만 상한 게 아
니었을 텐데, 네가 참 배려심도 깊고 담임선생님 입장을 헤

아리는 넉넉함이 크니까 어떻게든 담임선생님에게 먼저 사과를 하겠다는 판단을 하는 것 아니겠어?

현영 : (씩 웃으며) 네.

코치 : 그런데, 아까 사과하는 데 망설여지는 부분이 있다 했잖아?

현영 : 예. 제가 수학여행을 가야만 선생님께서 사과를 받아들이지 않으실까 싶어서……

코치 : 그래, 그 점은 어떨 것 같아?

현영 : 음……

코치 : ……

현영 : 그래도 사과는 먼저 하는 게 낫겠어요.

코치 : 걱정스러울 텐데도 어떻게 그런 생각을 할 수 있었니?

현영 : 일단 사과를 하고 제 사정을 솔직히 말씀드리면 이해해 주시지 않을까 싶어서요.

코치 : 아, 우선 선생님과 화해를 하고, 말하기 어려웠던 네 단짝 친구 부분에 대해 사정을 솔직히 말씀드리면 이해해 주시지 않을까 싶단 말이구나. 그 솔직함이 사실 네 강점이잖아? 선생님에 대한 신뢰가 크다 싶기도 하고……

현영 : 진작 그렇게 했으면 좋았을걸 싶네요.

코치 : 그래? 이제는 결심이 확실히 섰나 보구나. 사실 늦었다 싶을 때가 제일 빠른 때잖아?

현영 : 그렇죠.

코치 : 음…… 현영이와 얘길 나누면서 현영이에게 혹시 도움이 되지 않을까 싶어서 두 가지 하고 싶은 얘기가 있는데 들어 볼래?

현영 : 예, 무슨 말씀이신데요?

코치 : 우선, 너도 불편한데 담임선생님 입장을 살피고 이해하는 네 모습이 대견하고, 먼저 사과해서 담임선생님과 관계를 개선하겠다는 적극성이 반가우면서도 좀 아쉬운 점이 있거든?

현영 : 음…… 그게 뭔데요?

코치 : 담임선생님과 관계를 풀기 위해서 네가 먼저 사과를 하고, 그런 뒤 수학여행을 갈 수 없는 네 사정을 말씀드리면 담임선생님이 이해해 줄 거라고 했잖아?

현영 : 예.

코치 : 그럴 때 수학여행을 갈 수 없는 네 사정을 말씀드리겠다는 게 내가 보기엔 아쉽고 염려되는 부분이거든?

현영 : 왜요?

코치 : 담임선생님 입장에선 네가 '무조건 수학여행을 가지 않겠다'는 네 판단과 주장을 세워 놓고 '일방적'으로 담임선생님에게 통보하는 것처럼 보여. 그런 태도라면 담임선생님 입장에선 서운하고 마치 벽 앞에 가로막힌 것처럼 갑갑하게 느껴질 것 같구나.

현영 : 그래요? 일방적인 통보라고요?

코치 : 그렇지. 왜냐하면 물론 너로선 정말 심사숙고하고 신중한 판단 끝에 나온 결정이지만, 결국 너 혼자 결정한 거잖아? 그리고 그걸 담임선생님이 무조건 이해해 주고 받아들여 줘야 한다는 태도 아니겠어?

현영 : 그렇긴 한데, 담임선생님도 마찬가지시잖아요.

코치 : 네 입장에선 그래서 답답하고 서운했던 거 아냐? 그래서 네 맘이 닫혀 버린 거고……

현영 : ……

코치 : 네가 보기엔 담임선생님이 일방적으로 결정하고 강요하는 것 같아서 몹시 자존심이 상했지? 심지어 말도 하기 싫었고?

현영 : 예.

코치 : 상대 입장을 배려할 줄 아는 네가 정말 싫어하는 바로 그 행동을 너 자신이 하고 있는 것처럼 보이거든? 그게 아쉽고 염려돼.

현영 : 그러네요.

코치 : 네가 정말 바라는 게 너의 의사결정을 존중받고 싶은 거잖아?

현영 : 예.

코치 : 마찬가지로 담임선생님도 자신의 판단을 존중받고 싶을 것 아니겠어? 이 점에 대해 어떻게 생각해?

현영 : 담임선생님도 그러시겠지요. 그런 점은 생각 못했네요.

코치 : 이번 수학여행 건은 학교에서 이뤄지는 교육활동이니까 네가 가느냐 가지 않느냐의 결정은 너와 부모님의 판단도 물론 중요하지만, 의사 결정할 때 담임선생님도 함께해야 한다는 데 너도 동의할 것 같은데, 네 생각은 어떠니?

현영 : 그렇죠. 그래서 못 간다는 결정을 결국 담임선생님께 말씀드린 거고, 담임선생님께서 안 된다고 하셔서 이러지도 저러지도 못하고 이렇게 힘들어진 거니까요.

코치 : 결국 이번 의사결정에서 담임선생님을 뺄 수 없었다는 말
이네? 그래서 네가 몹시 힘들었던 거고?

현영 : 네.

코치 : 사실 네가 일부러 그럴 애가 아니잖아? 너도 사정을 말씀드
리려 했다고 했으니까.

현영 : 네.

코치 : 그런데도 사전에 어려움을 상의해서 결정하려는 태도가 아
니고 '가지 않는다'는 결정을 해 놓은 다음, 이를 알리고
주장하는 행동을 하는 것처럼 되어 버리니까, 결과적으로
담임선생님 입장에선 존중받기는커녕 이번 의사결정에서
배제되어 버린 셈이잖아?

현영 : 음…… 그렇게 되네요.

코치 : 그렇지? 그런데다가 지금도 마찬가지인 게 마치 '사과는
하되, 수학여행 의사결정은 내가 해 놓았으니 선생님은 이
해하고 받아들이기만 하세요.'라는 것 같단 말이지. 네가
담임선생님이라면 어떨 것 같니?

현영 : 그러네요. 그런 생각은 못해 봤어요. 담임선생님께서 기분
나쁘실 것 같네요.

코치 : 그렇지? 자칫 그렇게 되면 네가 바라는 대로 담임선생님과
정말 제대로 관계를 개선하기도 어려울 것 같고……

현영 : 네. 그래선 안 될 것 같아요.

코치 : 달리하는 게 좋겠다는 생각이 드는 것 같은데? 어떻게 해
보려고?

현영 : 음……

코치 : 네가 참 대단한 건 그렇게 자기주장이 분명한 점도 참 매력
       적인데, 판단할 때 참 신중하기까지 하거든. 주변 친구들한
       테도 그렇고 부모님께도 자존심 상하는 말을 꺼내 의논한
       걸 보면 그렇잖아? 주장이 분명한 사람들이 자칫 경솔한 결
       정을 내리기도 쉬운데 넌 신중하기까지 한 것 같구나.

현영 : (웃으며) 아이, 선생님, 뭘 그런 걸……

코치 : 이런 두 가지 장점을 함께 아우른 것도 대단하지만, 내가
       더 감탄스러운 건 네가 다른 사람 입장이나 의견을 넉넉하
       게 담아내는 큰 그릇 같다는 점이야. 참 불편한 얘기를 어
       쩜 그렇게 넉넉하게 받아들이니?

현영 : (웃으며) 히……

코치 : 네 말처럼 선생님께 사과하고, 네 문제를 상의하겠다는 태
       도로 고충을 말한다면 선생님이 어떻게 받아들이실 것 같
       니?

현영 : 선생님도 좋아하실 것 같아요.

코치 : 그런 기대가 된단 말이지?

현영 : 그런 생각하니까 기분이 좋아져요. 빨리 얘기해야겠어요.

코치 : 생각만 해도 좋은가 보구나. 보기 좋다.

현영 : 선생님, 고마워요.

코치 : 그래, 나도 너랑 얘기해서 좋았다. 음, 시간이 많이 지났네.
       괜찮다면 우리 오늘 나눈 얘기를 한번 정리해 보면 어떨까?
       어떻게 정리해 볼 수 있겠니?

현영 : 음…… 제가 존중받으려면 선생님을 존중해야 한다. 그래
       서 일단 선생님께서 불편하게 느끼신 부분에 대해 사과하

고, 제 고민을 선생님과 상의해서 수학여행 참석 여부 결정
을 한다. 어때요, 선생님?

코치 : 역시 참 명료하게 정리하는구나. 그래, 언제 선생님을 만나
보려고?

현영 : 음, 내일 아침이 괜찮을 것 같네요.

코치 : 결심이 생기면 바로 실행하려는 의지가 대단한걸. 그래, 선
생님과 만난 뒤에 어땠는지 네 얘길 듣고 싶은데…… 그리
고 네가 원한다면 단짝과 관련된 문제에 대해서도 구체적
으로 어떻게 해 볼 수 있겠는지 얘기를 더 나누고 싶구나.
내가 도울 수 있는 부분이 있다면 돕고 싶은데, 어떠니?

현영 : 아, 그래 주시면 좋을 것 같아요. 그런데 선생님 시간이 되
세요?

코치 : 현영이라면 없는 시간도 만들고 싶구나. 내일 방과 후에 교
무실로 찾아와 줄래?

현영 : 좋아요.

코치 : 아참, 혹시 나랑 이야기 나누면서 좀 불편한 건 없었는지
모르겠구나?

현영 : 전혀요. 오히려 마음이 가벼워진걸요.

코치 : 혹시 더 하고 싶은 얘기가 있니?

현영 : 아뇨.

코치 : 그럼 내일 볼까? 잘 가거라.

현영 : 선생님, 고맙습니다. 안녕히 계세요.

이 사례에서는 현영과 담임선생님과의 갈등을 해결하는 코칭을 했다. 그러
나 현영이가 자기 반에서 단짝이 없고 그 때문에 수학여행을 가기 싫어하

는 문제에 대해 적극적으로 해결하려는 코칭을 하지 못했다. 즉, 현영이가 회피하거나 다른 아이들한테 나타내 보이지 않고 싶은 문제는 다루지 못하고 있다. 다음 시간에 다시 현영이를 만나면 그 문제를 다루었으면 한다.

11

S사 영업 본부의 특판팀 이야기

1. 코칭 사례의 배경

박대한 차장은 S사의 영업 지점장으로 지방의 S지점에 부임한 지 1년 6개월 만에 지점의 전체 평가를 전국 최하위권에서 중상위권으로 갱신하였으며, 앞으로 6개월쯤 뒤에는 최상위 그룹으로 올려 놓는 것도 가능하리라는 기대를 가지고 있었다. 그는 차장 5년차이며 부장 진급이 동기들에 비해서 늦었다고 생각하고 있었다. 그 때문에 이번 에는 어떻게 하든지 영업실적을 향상시켜서 승진해야겠다는 목표를 가지고 있었다.

그런데 느닷없이 본부장이 부르더니, 본부 내 특판팀의 이성동 팀장이 다른 팀으로 발령이 났으니 박 차장이 특판팀을 맡아 주어야 겠다는 것이다. 박 차장은 자신은 특판 경험이 없고, 지금은 S지점의 기반을 더욱 확고히 하고 싶다고 말씀드렸으나, 본부장은 특판팀이 본부 내에서 차지하는 비중이 크기 때문에 박 차장처럼 적극성이 있고 책임감이 강한 사람이 맡아야 한다는 것이었다.

우선은 그동안 모든 정열을 쏟아 왔던 지점을 떠나야 한다는 것도 불만이었지만, 그보다도 새로이 특판팀으로 옮긴다면 박 차장 본인의 승진문제는 거의 불가능할 것으로 예상되어 걱정스러웠다. 그러나 인사발령이 나면 어쩔 수 없는 일이기 때문에 특판팀과 전임 이 팀장에 대해서 알아보기로 했다.

이 팀장은 적극성이 높고, 추진력이 있으며, 영업에는 오랜 경험과 능력이 있다고 자타가 공인하는 사람이다. 그는 최근에 업적신장을 위해서 강한 드라이브를 걸어 왔었다. 그의 영업스타일은 저돌적인 스타일로, 과장들과 사원들까지도 개별적으로 친밀한 관계를 조성하고, 소기한 업적을 올리기 위하여 밀어붙이기식의 영업을 했다고 한다. 이것저것 신경 쓰이고 걱정되는 것이 많아 선뜻 내키지는 않았으나, 특판팀장으로 발령을 받았다.

1) 부임

박 팀장은 S지점의 월말 마감을 서둘러 치르고 특판팀으로 부임하기 위해 본부에 들러 인사차 본부장을 만났으며, 본부의 영업부장과 관리부장을 만나 향후 많은 지원을 부탁하였다. 본부장은 특판팀에 필요한 사항이 있으면 박 팀장의 요청을 최대한 들어주도록 노력하겠다고 약속했다.

취임에 앞서 과장들과의 티-타임에는 본부장께서 직접 참석하셔서 그동안 좋은 업적을 올린 것에 대해 치하하고, 신임 박 팀장에게 많은 기대를 하고 있으니 현재의 분위기를 그대로 이어 가서 좋은 결과가 있기를 바란다는 당부를 하였다. 이러한 내용들이 박 팀장에게는 많은 부담을 주었으며, 기대에 부응하기 어려울 것 같은 불안감이 들었다. '지난번 지점에 그냥 놔두었으면 좋았을 텐데.' 하는 아쉬운 생각이 다시 생겼다.

박 팀장의 취임 인사는 "특판팀이 현재까지 우수한 업적을 올린 것에 대하여 노고를 치하하고 앞으로도 새로운 마음으로 모든 과장들과 팀원들이 단합된 모습으로 더욱 열심히 노력하자"는 것이 주요 내용이었다. 취임식이 끝난 후 과장들과 연석 회의를 실시하였고, 여기에서도 지금과 같이 업적에 매진해 줄 것을 당부했으며, 내심 '현재의 업적이 지속되어야 내년도 승진에 별 무리가 없을 텐데.' 하는 마음이 있었다.

부임 첫날 점심시간에는 과장들과 함께 점심식사를 했는데, 별다른 말이 없고 너무도 조용한 분위기여서 다소 의아한 생각이 들었다. 너무도 조심들 하고 긴장하고 있는 것처럼 느껴졌다. 대다수의 과장들이 별로 말이 없는 채로 상당한 침묵이 흐르고 난 후, 그중 고참 과장 한 사람이 새로 팀장이 오신 것을 환영하며 맡은 책임을 다할 수 있도록 최선을 다하겠다고 말했다.

그날 오후에 박 팀장은 금월의 영업실적을 각 과별로 보고받고, 목표 달성을 위해 노력해 달라고 이야기하고 나서 과장들과의 회의를 마쳤다. 회의를 마친 박 팀장은 과장들과 잠시 담소하는 시간을 가졌다. B 과장은 예전에 같은 지점에서 근무를 했었기 때문에 도움이 되는 얘기를 들을 수 있을 것으로 기대하였다. 또한 B 과장은 선임 과장으로서 박 팀장보다 입사가 2년 빨랐지만 과거 대리 시절에 영업실

11 S사 영업 본부의 특판팀 이야기

적이 나빠서 승진이 늦고 여러 지점을 돌아다니고 있는 사람이었다. 팀장의 갑작스런 이동으로 여러 분야의 자료가 정리되지 못하고 있는 실정이므로 팀의 모든 현황을 조속하게 발췌하여 보고하도록 지시하였다.

일과 후에 박 팀장은 과장들과 몇몇 사원들과 함께 저녁식사를 하였다. 박 팀장은 첫날인 만큼 가능하면 여러 팀원들과 접촉하려고 노력하였다. 그들을 통해서 팀 내의 숨어 있는 애기들을 듣고 싶었기 때문이었다. 그러나 팀원들이 입을 여는 데에는 상당한 시간이 걸릴 것 같았다.

팀의 과장들은 고참 과장이 2명, 중견 과장이 2명 그리고 초임이 1명이었다. 과장들의 성격은 적극적이고 의욕적인 사람이 1~2명 있는 것 같으나, 대부분이 조용하고 차분한 사람들이 많은 것 같았다. 그리고 박 팀장이 보기에는 팀워크가 잘 이루어져 있지 않고, 일치 단결하는 분위기가 아니라 어딘가 모르게 서먹서먹하고 어색해하는 것 같았다. 지난번 이 팀장이 있을 때는 단 한 번도 이렇게 과장 전체가 함께 모여 회식한 경우가 없었다고 한다. 그러고 보면 이 팀장은 개별 관리에 능통한 사람이며 과장들끼리도 경쟁을 시킨다는 말이 맞는 것 같았다.

다음 날 아침 박 팀장은 회의시간에 각 과별로 돌아보기로 했다. 월말 마감을 치르고 이틀이 지난 후라 그런지 각 과의 분위기는 다소 가라앉아 있는 것 같았다. 전사적으로 가장 우수한 사원들로 구성되었다는 특판팀의 모습이라고는 믿을 수 없었으며, 무엇보다도 전체적으로 사기가 떨어져 있는 것 같았다. 각 과를 돌아보고 나자 박 팀장은 걱정이 더욱 커졌다.

한편 K 과장은, 특판팀은 대리점 영업과 달리 대형 거래선을 직접 찾아 나서야 하고, 경쟁사와의 가격경쟁이 치열하며, 그 외에도 여러가지 특성이 있기 때문에 영업실적이 팀원들의 사기에 크게 좌우된다는 말을 하였다. 박 팀장은 그날 저녁 늦게까지 사무실에 앉아서 특판팀이 전임 지점과는 차이가 크다는 점을 깨닫고 실의에 빠져 있었다. 그러나 어떻게 하든 특판팀을 실적이 높고 활력이 넘치는 팀으로 건설해 보겠다는 결심을 했다. 그의 생각으로 지금 특판팀에서 가장 필요한 일은 의욕을 불러일으키는 일이고, 또한 각 과의 과장들이 적극적으로 나서기만 하면 주어진 목표도 잘 해낼 수 있으리라 생각했다.

2) 현상

특판팀을 실적이 높고 활력 넘치는 조직으로 건설하겠다고 결심한 박 팀장은 우선 특판팀에 어떤 문제들이 있는가를 생각해 보았다. 그의 생각으로는, 본부장이 특판팀의 현상을 제대로 파악하지 못한 채, 전임 팀장이 있을 때의 실적만 믿고 계속 무리한 실적을 요구하고 있는 것이 가장 큰 문제였다. 그러나 한편으로는 특판팀의 외형이 본부에 미치는 비중이 커서 본부장이 그런 기대를 가지는 것도 무리는 아니라고 생각되었다.

그리고 박 팀장이 전임 이 팀장과 스타일이 다른 점도 과장들이나 팀원들에게는 혼란을 줄 수 있을 것 같았다. 전임 이 팀장은 성격적으로 추진력이 강하고, 박력이 있으며, 능력이 있기로 소문 난 사람이다. 그는 개인적인 욕심 때문에 조직에 무리를 가하면서도 밀어붙이기식의 영업을 해 왔다. 그는 과장이나 팀원들까지도 폭넓게 만나

11 S사 영업 본부의 특판팀 이야기

며 강한 지시형의 리더십을 사용했었다.

그런데 박 팀장은 성격적으로 합리성이 높으며, 영업스타일도 조직력이 강화되면 실적은 자연히 올라가게 된다는 신념을 가지고 있다. 그의 생각으로는 한 번 조직에 무리를 가해 놓으면 회복되는 데 최소한 6개월은 걸린다는 것이다. 영업스타일도 밀어붙이는 식이 아니라 합리적인 목표를 세우고 성실근면하게 일하는 식이다. 특히 활동관리에 신경을 많이 쓰는 편이다. 그의 리더십 스타일은 주로 참여나 위임이 많고 가능하면 알아서 하라는 식이다. 특판팀에 오기 전에 있었던 지점에서는 이런 스타일로 영업을 해서 과장들이나 팀원들의 자발성이 늘어났었고, 영업신장이 상당히 잘되었기 때문에 성공한 경험이 있었다.

박 팀장의 눈에는 과장들이 문제가 많은 듯 보였다. 우선 과장이 되면 어떻게 하든 영업을 제대로 해 보아야겠다는 강인한 정신력과 뚜렷한 목표의식이 있어야 한다. 그런데 특판팀의 과장들은 그동안 이 팀장에게서 일방적으로 지시를 받고 시킨 대로 하던 버릇 때문인지 주도적인 태도가 너무나 부족해 보였다. 회의를 해도 시키면 겨우 한두 사람만 이야기하는 편이고, 나머지 과장들은 거의 입을 다물고 있다. 뿐만 아니라 몇몇 과장들은 특판에 대한 경험이 부족하고, 의욕도 떨어지기 때문에 특판 영업의 기본사항들도 잘 모르는 실정이다. 문제들을 파악해 보면 어려움이 큰 것 같고, 더구나 최근에 시장환경이 점점 나빠져만 가고, 책임액은 많고, 신규고객은 개척이 안 되고, 도대체 어떻게 해야 할지를 모르겠다는 것이 과장들의 이야기이다. 지난번 회식 때에는 한 과장이 "이제는 한계에 도달했습니다. 팀장님께서 새로 오셨는데 참 재수가 없으십니다."라는 이야기를 한 적도 있었다.

3) 혁신활동

부임 첫 달에 업적이 이 팀장 때보다 너무 많이 떨어지고 신규 개척도 잘 안 되었다. 본부에서는 박 팀장이 부임하자마자 계수가 너무 형편없으니 그 이유를 알아보라는 지시가 내려오기도 했었다. 그런데 이번 달에도 개선의 기미는 보이지가 않고 지난달 수준에도 못 미칠 것 같다. 도저히 그냥 있으면 안 될 것 같아서 박 팀장은 과장, 팀원들의 연석 회의에서 "우리 특판팀은 지금 위기상황이다. 이런 상황에서는 일반적인 리더십이 아니라 한계돌파 리더십이 필요하다. 과장들과 팀원들의 사기가 떨어져 있는데 어떻게 실적이 올라갈 수 있겠느냐? 모두들 긍정적이고 적극적인 마음으로 활동량을 증대시키자."라고 강조했다.

그런 다음 우선 팀장 자신이 솔선수범해야 한다는 생각에서 과장, 팀원들과 과별로 매일 저녁 돌아가면서 회식을 했다. 그런데도 회식 중에 1~2명의 팀원들을 제외한 나머지 참석자들은 거의 말이 없거나 아니면 어렵다는 이야기만 하고 있었다. 한 과에서는 팀원 2명이 저녁식사 후에 나이트 클럽에 가기를 원했다. 이때 박 팀장은 "나이트는 무슨 나이트냐? 그러니까 영업이 이 모양이지?"라고 하면서 거절을 했다. 그 일 때문에 팀원들의 반발을 사기도 했으며, 몇몇 팀원들은 전임 이 팀장은 사교적이고 활발해서 나이트도 잘 가고 영업도 잘했다는 이야기를 했다.

팀원들과의 회식 이외에도, 선임인 B 과장에게 모든 과의 운영을 자율적으로 하기 위하여 과별로 영업 방향과 목표 달성을 위한 방안을 수립하도록 지시하고, 과장들의 회의 시간에 검토하게 했다. 그리고 앞으로 과장들의 의견은 B 과장을 통해 보고받겠다고 발표했다. 그리고 강인한 정신력을 강조하며 07:30분에 출근하게 했고, 팀장도 솔선수범하기 위해 07:00까지는 출근을 했다. 또한 각 과의 현황을 제대로 파악해야 혁신할 수 있을 것이란 생각에서 각 과별 현황 파악을 실시하였다.

다음은 영업본부의 조직도와 팀장/과장별 상황 및 성향이다.

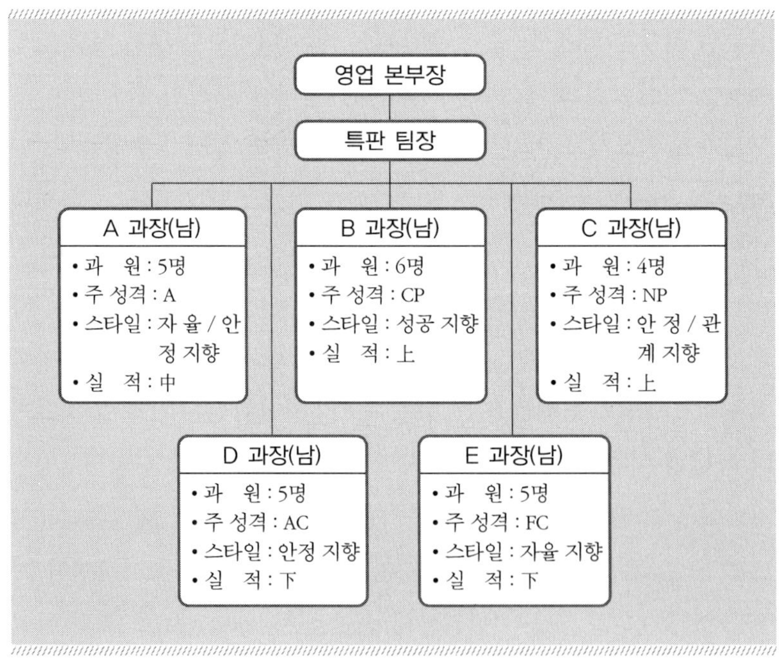

[그림 11-1] 조직도

[표 11-1] 팀장/과장별 상황 및 개인 성향

성명	직책/직급	입사년월	상황 및 개인 성향
박대한	팀장	1992. 1	그가 보기에는 과장들이 의욕과 목표의식뿐 아니라, 주도적인 태도도 부족하여 최근에는 거의 매번 회의 때마다 전체 과장들에게 심하게 질책하는 편이다. 지난번 지점에 그냥 있었으면 좋았을 텐데 특판팀에 와서 고생한다고 생각하며, 승진 문제도 걱정이다. 그런데 마음 맞는 과장까지 없으니 그 점도 심히 답답한 일이다.
A	과장	1998. 1	합리성이 높으며, 영업실적도 무난한 편이다. 그런데 함께 일하는 송 대리와 사이가 좋지 않아서 어려움을 겪고 있다. A 과장이 보기에 송 대리는 적극성은 높으나, 고집이 세고 불평불만이 많으며, 믿고 맡겨 달라고 하지만 믿기가 어렵다.
B	과장	1990. 2	박 팀장과 전에 같은 지점에서 함께 근무한 경험이 있다. 매우 적극적이고 의욕이 높다. 강한 지시형의 리더십을 사용하고 있어서 실적은 높지만 팀원들의 불만이 고조되어 있다. 다른 과장들과의 관계는 거의 없고, 팀장과는 퇴근 후에 가끔 함께 식사를 한다.
C	과장	1992. 1	영업은 상위권이다. 유일한 여자 과장으로 경험이 풍부하고 정이 많아서 팀원들이 잘 따르며, 단골 고객이 많다. 본인 나름대로의 원칙이나 기준에 의해 영업을 수행하며, 팀장과는 공식적인 대화와 접촉만 하고 있다.
D	과장	1999. 7	영업은 하위권이다. 주관이 뚜렷하지 못하고 소심한 면이 있다. 업무에 대해 일일이 확인하고 간섭이 심해서 팀원들의 반발이 크다.
E	과장	2003. 11	영업은 하위권이다. 놀기 좋아하고 기분파로서 분위기 메이커이지만 간혹 업무에 무리가 뒤따르기도 한다. E과의 전체 분위기는 괜찮은 편이지만, E 과장의 즉흥적인 의사결정이 많아서 팀원들이 크게 신뢰하지는 않는다.

2. 본부장의 코칭 사례

1) 박 팀장에 대한 코칭 사례

Open

박 팀장 : 안녕하세요, 본부장님? 잠깐 시간 좀 내주실 수 있겠습니까?

본부장 : 아, 박 팀장. 할 얘기가 있는 모양이지?

박 팀장 : 네, 잠깐이면 될 것 같은데 괜찮으시겠습니까?

본부장 : 아, 뭐 바쁘긴 하지만 박 팀장이 왔으면 박 팀장 얘기를 먼저 들어야지.

박 팀장 : 감사합니다.

본부장 : 많이 부담되고 속상한 게 있는 모양이네…….

박 팀장 : 예. 요새는 전에 근무했던 팀이 자꾸 생각나고, 지금 있는 팀에서는 많이 답답하네요

본부장 : 내가 어쩌다가 여기에 와서 이 고생을 하나, 이런 생각까지 드는 모양이야.

박 팀장 : 예, 그렇습니다. 전에 있던 팀에서는 잘 아시다시피 제가 나름대로 역할을 잘한다고 많은 사람들이 인정해 주었었고……

본부장 : 그야 뭐 본부에까지 소문이 났었잖아.

박 팀장 : 예, 그래서 저도 자부심을 가지고 있다가 갑자기 새로운 팀으로 발령을 받아서 오게 되었는데, 솔직히 지금은 왜 왔나 싶기도 하고, 짜증도 나고 그렇습니다.

본부장 : 그렇다면 박 팀장이 스스로 생각했을 때 굉장히 답답하
고, 지금 처해 있는 상황이 몹시 불만스럽게도 생각되
고, 또 이 팀으로 오라고 한 나한테도 야속하고 서운한
심정까지 들었겠군.

박 팀장 : 예. 뭐 본부장님께야 그런 마음이 있겠습니까만 솔직히
그런 마음인 게 사실입니다. 왜 이 팀으로 왔나 후회스
럽고, 하여튼 매일매일이 아주 힘들고 답답하고 그렇습
니다.

본부장 : 그래…… 그렇다면 얼마나 짜증이 나고 마음이 무겁겠
나? 내가 아는 박 팀장은 굉장히 합리적이고, 늘 적극적
이라서 어지간한 일 가지고는 힘들어하거나 좌절하는
사람이 아니라고 생각하거든. 그런 박 팀장이 오죽하면
나한테 이런 소리를 하겠나.

박 팀장 : 예…… 이렇게 찾아뵙게 된 것도 예전 같지 않게 할 일
을 자꾸 미루면서 나약한 모습을 보이는 거 같아 말씀드
리는 편이 옳을까 고민 고민하다가 오늘 찾아뵈러 왔습
니다.

본부장 : 그래, 어지간하면 혼자 참고 해결해 나갈 텐데…… 마음
처럼 안 되니까 얼마나 답답하고 힘들면 나한테 이런 소
리를 하겠나.

박 팀장 : 그래도 나름대로 열심히 하고는 있지만, 정말이지 되는
일이 하나도 없는 것 같습니다.

본부장 : 사람이 새로 부서를 옮겼을 때 말이야, 현업의 일이 잘되
든가 미래에 대한 비전이나 희망이 보일 때 용기를 가질

수 있는데, 얼마나 어렵고 부담스러우면 박 팀장 같은 사
람이 이런 소리까지 하겠나 싶군.

박 팀장 : 본부장님께서 그렇게 말씀해 주시니 좀 더 이야기를 드
리고 싶습니다. 전에 있던 팀하고 지금 새로 맡은 이 특
판팀은 여러 가지로 성격이 다르지 않습니까? 먼저, 팀
실적만 해도 저희가 열심히 뛴다고 해서 다 되는 것도
아니고요. 요즘엔 경기도 받쳐 주질 않기 때문에 큰 고
객들은 옛날 이야기나 하고 있고, 또 새로운 신규고객을
확보하는 일도 어렵습니다.

　　　　　게다가 내부적으로도 어려움이 있는데요, 각 과의 과장
들 있지 않습니까? 이 친구들이 전임 팀장하고는 어떻게
일했는지 모르겠지만 너무 개별적으로 노는 겁니다. 사
실 힘을 합쳐도 올해 목표 수준을 맞출까 말까 하는데,
너무 앞이 보이질 않습니다.

본부장 : 박 팀장 말대로 하면, 외부 환경도 거의 최악의 상황인
데, 거기에 팀워크도 안 좋고, 조직관리가 제대로 되지
않아 내부 환경까지도 최악이다. 이런 이야기 아닌가?

박 팀장 : 예. 그렇습니다.

본부장 : 그렇다면 답답하기 짝이 없고, 정말 고민 많이 했겠군.

박 팀장 : 예, 아주 죽겠습니다. 과장들을 불러 얘기도 해 보고, 그
렇게 애를 썼는데도 이 친구들은 입만 열면 불평불만이
더군요. 조직이 어떻다는 등, 전임 팀장은 이랬다는 등.
그래서 요새는 정말 어떻게 해 나가야 할지 도대체 답이
보이지 않아 깜깜합니다.

본부장 : 그러니까 자네 얘기는 상황이 어려우면 어려울수록 모
든 관리자들이 뭔가 비전을 갖고 적극적으로 몰입을 해
줘야 할 텐데, 불평불만이나 일삼고 있는 것으로 보였다
면 얼마나 힘이 들고 막막했겠어?

박 팀장 : 예…… 그렇습니다. 그래서 그 친구들 눈을 쳐다보고 있
으면 한심하기 짝이 없습니다. 회사를 왜 다니는지도 모
르겠고, 새벽부터 밤늦게까지 발바닥에 불이 나도록 뛰
어다녀도 모자랄 판에 맨날 경기가 어떻다는 둥, 고객들
은 자꾸 딴소리를 한다는 둥, 자기들이 뭔가를 할 생각
은 안 하고 외부 환경 탓만 합니다. 그러면서 자꾸 힘든
일들은 팀장이 해 줘야 하는 거 아니냐는 하소연이나 하
고 그렇습니다.

본부장 : 그러니까 자기들은 불평불만이나 하고, 문제해결은 전
부 팀장에게 해 달라고 의존하고……

박 팀장 : 그렇죠.

본부장 : 그런 상황에서 뭔가 개선의 노력은 보이지 않고…… 내
가 어쩌다가 이런 친구들을 맡아서 이 고생을 하나, 이런
심정까지 들 거 아닌가?

박 팀장 : 예. 아주 미치겠습니다.

본부장 : 그런데도 참 놀라운 게, 그 속에서 그런 친구들 데리고도
어떻게 하든지 잘해 보려 애쓰는 것은 정말이지 박 팀장
아니고서는 참 어렵다고 생각하네.

박 팀장 : 고맙습니다. 그래서 아닌 게 아니라, 얼마 전에는 열심
히 한번 해 보자면서 사기도 북돋아 주고 싶어서 이 친

구들을 데리고 회식을 갔는데 2차, 3차나 하자고 하고
그저 놀자 판으로 흐르더군요. 참으로 한심합니다. 저는
정말 파이팅 한 번 하고 잘해 보자고 간 건데 말입니다.
그래서 한 놈한테 내일 중요한 고객 방문도 있고, 업무에
지장을 초래할 수도 있으니 오늘은 그만하자고 그랬더
니, 글쎄 그걸 가지고 또 반발하더라고요. 이렇게 부하
들의 기분도 몰라주냐고, 풀어 줄 때는 풀어 줘야 일해야
할 때 또 일하는 거 아니냐면서 대들더라고요. 참 어이
가 없었습니다.

본부장 : 그럴 때 얼마나 어처구니가 없었겠어. 그렇잖아? 박 팀
장 나름대로는 그 친구들의 사기가 떨어져 있으니 어떻
게든 사기를 올려 보려고 없는 경비 쥐어 짜서 회식하자
고 했을 텐데, '이젠 좀 잘해 보자.' 라는 소리라도 나와
야 하는데……

박 팀장 : 그렇죠.

본부장 : 그런 말은 고사하고, 불만만 늘어나고, 어려움은 싹 잊어
버리고 그저 놀자 먹자 판이니…… 도저히 이래서는 안
되겠다 싶어서 그중 한 친구에게 조용히 주의를 주었더
니 받아들이기는커녕 반발만 한다는 소리 아냐?

박 팀장 : 그렇습니다. 옛날 같으면 그게 말이 됩니까? 본부장님
모시고 잠깐 일했을 때도, 저희들 같으면 회사가 상황이
안 좋을 땐 집에도 가지 않으면서 열심히 일하지 않았습
니까? 그런데 요즘 친구들은 그게 아닌가 봅니다.

본부장 : 더구나 박 팀장처럼 일에 대해 적극적이고, 애사심 강하

며, 상사에게 깍듯하고 예의 바르던 사람들의 눈으로 봤을
때, 도무지 이해가 안 된다는 소리 아냐? 그래서 참다 참다
안 돼서 나한테 이야기라도 해야겠다고 온 모양이네.

박 팀장 : 예. 아까 말씀드린 것처럼 외부환경도 환경이고, 신규
확보는 확보대로 안 되고, 지금 있는 고객들을 유지하기
도 어렵습니다. 자꾸 새로운 데로 경쟁하러 들어가 보면
저희 쪽 가격이 높다고 견적에서도 밀리고, 직원들은 직
원들대로 말도 안 듣고, 서로 합심도 안 되니까 진퇴양난
입니다.

Ask

 상황 질문

본부장 : 정말 답답하기 짝이 없었을 텐데. 그렇다면, 박 팀장은
지금 특판팀의 전체 상황이 어떻다고 보고 있나?

박 팀장 : 지금 말이 아닙니다. 실적은 실적대로 문제이고, 올해
달성해야 할 목표도 상당히 높게 설정된 게 아닌가 생각
되는데요. 연말까지 봤을 때 80%라도 성과를 올리면 다
행이지 않나 싶습니다.

본부장 : 상당히 어렵게 느껴지겠네. 다른 상황은 어때?

박 팀장 : 실적은 그렇다 치고, 무엇보다도 저희 각 과의 과장들이
너무 뿔뿔이 흩어져 있기 때문에 그 부분이 어려운 거
같습니다.

본부장 : 실적도 안 좋고, 팀워크도 제대로 형성이 안 되고…… 이
두 가지가 어렵다고 본다, 이 소리 아닌가?

11 S사 영업 본부의 특판팀 이야기

박 팀장 : 예. 거기다 경기도 너무 안 좋아서 외적으로도 받쳐 주
　　　　　는 것이 없습니다.

본부장 : 그러니까 외부 환경마저도 안 좋단 말이군.

문제 질문

본부장 : 그럼, 현재 상황이 그렇다고 볼 때, 특판팀 내에서는 어
　　　　　떤 문제나 어려움이 있다고 보는 거지?

박 팀장 : 특판팀 자체의 특성이라고도 볼 수는 있겠지만, 신규고
　　　　　객 확보가 어렵고, 저희가 아무리 열심히 한다고 해서 실
　　　　　적이 올라가는 것도 아닌 것 같습니다. 예전에는 저희가
　　　　　뛰면 뛰는 만큼 성과가 올라갔는데, 특판팀은 다른 것 같
　　　　　습니다.

본부장 : 지난번 지점에서는 성실하게 열심히 일만 하면 성과가
　　　　　올랐는데, 여기에서는 그와 같은 방법만으론 실적이 오
　　　　　르지 않는다는 소리 아닌가? 그럴 때 박 팀장 생각으로
　　　　　는 무엇이 제일 문제 같나?

박 팀장 : 여러 가지가 있겠습니다만, 상황이 아무리 그렇다 치더
　　　　　라도, 일단은 저희들이 열심히 일하고 나서 이야기해야
　　　　　하는 부분인데…… 가장 큰 문제점은 아무래도 구성원
　　　　　들의 사기문제와 팀워크가 아닌가 싶습니다.

본부장 : 그래…… 내가 박 팀장을 보면서 상당히 놀라운 건, 어
　　　　　떤 문제가 있어도 항상 맥을 탁탁 짚어 낸다는 점일세. 문
　　　　　제점의 핵심을 파악하고 있는 게 박 팀장의 남다른 점
　　　　　같단 말이야.

 **확대 질문**

본부장 : 그런데 어때? 박 팀장이 생각하고 있는 것처럼 지금 사
기가 많이 떨어져 있고, 팀 워크도 안 되고…… 이런 상
태가 앞으로 계속 지속되면 어떻게 될 거 같나?

박 팀장 : 저희 특판팀의 존폐 자체가 위기에 처하는 것은 당연하
고요. 글쎄요…… 상당히 어려운 상황이 될 것은 불 보
듯 뻔한 일 같습니다.

본부장 : 시간이 가면 조직적으로 굉장히 심각한 사태가 올 것이
다. 이렇게 본다는 소리지?

박 팀장 : 예, 그럼요. 시간이 갈수록 누적되는 적자라든지, 그런
것은 더해 갈 것이 뻔하기 때문이지요.

본부장 : 그렇게 본단 말이지? 그렇다면 박 팀장이 볼 때, 그런 일
은 있어서도 안 되고 그럴 일도 없겠지만, 만약에 그런
일이 생긴다면 박 팀장 개인에게는 어떤 영향을 미칠 것
같나?

박 팀장 : 개인적으로는 특히 다른 어떤 때보다 치명적이라고 생
각합니다. 왜냐하면 아시다시피 제가 내년에 승진 대상
에 들어가 있습니다. 솔직히 작년까지만 해도 이대로만
가면 내 목적을 달성하겠구나 생각하면서 보람을 찾고
있었는데, 갑자기 특판팀으로 오게 됐죠. 그러면서 제일
갑갑한 부분이 이래 가지고서야 어디 내년에 승진이 되
겠나? 승진은커녕 자리도 위태롭지 않을까 싶어서, 솔직
히 그 부분이 많이 걱정됩니다.

본부장 : 아! 그런 염려까지 된단 말이지? 그럼 지금 상황으로는

시간이 갈수록 조직이나 개인에게 심각한 불이익이 올
수도 있겠다고 본다는 소리 아닌가?

박 팀장 : 네, 그렇습니다

 **대안 질문**

본부장 : 그동안 내가 아는 박 팀장은 그런 어려운 일이 있을 때
꼭 뭔가 바람직한 대안을 찾아내고, 위기를 기회로 바꾸
는 것을 남다른 점으로 보고 있거든. 그런 박 팀장이 이
문제를 그렇게 심각하게 생각하고 고심했다면 나름대로
무슨 대안을 생각해 봤을 것 같은데……

박 팀장 : 대안을 생각해 봤는데요. 이게 맞는 말씀인지는 모르겠
습니다만, 일단은 일차적으로 작년도에 전임 팀장이 밀
어붙이기식으로 만들어 놓은 실적을 근거로 올해의 계
획이 잡혀 있기 때문에 그 목표 자체를 하향 조정해 주
시면 좋겠습니다. 또 하나는 저희가 신규고객 발굴차 견
적 들어가는 가격들이 여러 가지 비용구조상 상당히 높
게 설정될 수밖에 없습니다. 그러다 보니 늘 경쟁에서
밀리게 마련이고, 사실 제일 큰 경쟁회사인 SS사와 비교
해 보면, SS가격이 저희의 2/3 수준이거든요. 그러니 도
저히 저희는 경쟁이 안 됩니다. 그래서 저희 가격을 인
하해서 들어갈 수 있도록 조치를 취해 주셨으면 합니다.

본부장 : 그러니까 박 팀장 얘기는 목표를 줄이고 판매가격을 낮
추면 지금보다는 상황이 좋아질 거라고 생각한단 거지?

박 팀장 : 예, 그렇습니다.

본부장 : 만약에 목표를 낮춰 주면 어떤 장점들이 있을까?

박 팀장 : 일단 목표를 낮춰 주시면, 직원들의 경우, 너무 말도 안 되는 목표이기 때문에 아무리 열심히 해 봐도 소용이 없다는 생각을 최소한 감소시킬 수 있을 거 같습니다. 그러면 우리가 달성 가능한 목표라고 구성원들을 설득해서 열심히 분발하게 하여 실제로 목표 달성도 가능할 성싶고요. 그러다 보면 구성원들도 자신감을 확보하고, 제 개인적으로도 내년도에 승진할 수 있는 가능성이 높아지지 않을까 하는 생각이 듭니다.

본부장 : 박 팀장은 그런 게 상당히 바람직한 방법이라고 생각한다는 거군. 그런데 만약 그렇게 했을 때 단점은 어떤 게 있겠나?

박 팀장 : 글쎄요. 다른 팀들과도 회사 전체 차원에서 연동되어 있는 목표일 것이기 때문에 하향 조정할 경우 다른 팀들이 그만큼 보충을 해 줘야 될 것 같습니다. 이 때문에 다른 팀에 좀 부정적인 영향을 미칠 수도 있을 것 같습니다. 그러면 불만도 당연히 있겠죠.

본부장 : 다른 팀에 부정적인 영향을 미칠 것이고, 또 하나가 본부에서 목표 조정을 한다면 위에 올라가서 사장님이나 고위층의 결재를 받아 내야 하는데…… 그런 다음에 목표 달성을 했다고 해서 특판팀이 목표 달성을 했다고 인정받을 수 있을까?

박 팀장 : 솔직히 그런 점이 걱정스럽습니다. 저희들이 그만큼 하향 조정해야 한다는 명분을 만들어 윗분들께 말씀을 올

려서 그런 결정을 받는 것도 걱정스러운 일이긴 하지만, 그렇게 목표를 달성했다 한들 잘했다고 인정받을 것 같지는 않네요.

본부장 : 또 일시적으로 팀원들의 사기는 높아질지 모르겠으나, 그렇게 목표 달성을 했다고 해서 팀원들의 사기가 올라가겠나? 단순히 부담만 줄여 주겠나?

박 팀장 : 일시적으로는 좋아질 수 있을 것 같습니다만, 장기적으로 봤을 때 근본적인 치유는 되지 않을 것 같습니다.

본부장 : 그럼 어떻게 하면 좋겠나?

박 팀장 : 목표를 단순히 하향 조정하는 것은 바람직한 방법이 아니라고 봅니다.

본부장 : 그렇지? 자네가 어지간히 부담스럽고 답답하지 않다면야 그런 생각까지 할 사람은 절대 아니잖아. 그리고 그 다음에 아까 단가 조정에 대한 이야기를 했단 말이지. 그 문제에 대해선 어떤가? 어떤 장점들이 있을까?

박 팀장 : 단가 조정의 경우에도 지금까지 늘 그래 왔었던 것이지만, 항상 저희가 두 배, 세 배는 뛰어 줘야만 경쟁사와 같은 레벨의 퍼포먼스를 냈었던 것도 사실입니다. 이 때문에, 이번 기회에 약간 조정해 주시면 저희도 경쟁사와 같은 조건에서 출발할 수 있다는 장점이 있을 거 같고요. 그러다 보면 구성원들도 좀 더 열심히 뛸 수 있지 않을까 싶습니다.

본부장 : 글쎄…… 그런 것이 대단한 장점이 되고, 또 순간적으로 시장을 넓힐 수 있다는 생각이 들어서 그런 얘기를 한

것 아닌가? 그런데 어떤가? 그동안 선배들도 이런 장점
들이 있음을 알았을 텐데 왜 우리가 경쟁사보다 고가전
략을 고수해 왔을 것 같은가?

박 팀장 : 아…… 솔직히 그 부분은 생각을 못해 봤는데요. 브랜드
같은 것들을 유지하고, 프리미엄 고객들을 확보하고, 장
기적인 차원에서 전략적으로 접근하는 방법이 아닐까
생각해 봅니다.

본부장 : 그렇지. 워낙 사려 깊은 사람이니까 팀장이면서도 임원
들이 하는 발상을 해내는군. 특판팀이라는 것은 우리가
특수한 상대를 대상으로 판매한단 것을 의미하네. 우리
특판팀의 실적도 중요하지만, 또 하나 생각해야 하는 건
많은 지점이나 일반 영업팀에서 우리 팀을 보고 있다는
점이네. 우리가 그 사람들을 서포팅 해 줘야 하는데, 나
는 계속 고가 전략을 고수해 주는 것이 고객들에게 브랜
드 이미지를 유지하는 최고의 마지노선이라고 생각하고
있거든.

박 팀장 : 예……

본부장 : 그런 관점에서 생각했을 때, 가격을 그렇게 쉽게 조정할
수 있을까?

박 팀장 : 그건 아닌 거 같습니다.

본부장 : 그렇다면 무슨 대안이 있겠나?

박 팀장 : 힘들겠지만, 일단 저희 구성원들을 잘 다독여서, 일심동
체 합심하여 열심히 해 나가는 방법이 가장 정석일 거
같습니다.

본부장 : 그러게……그런 결심을 하기가 쉽지 않을 텐데, 그런 각
오를 하는 걸 보니 역시 박 팀장을 특판팀으로 오라고
하길 정말 잘했구나 하는 생각이 들어. 사실 박 팀장은
그동안 어떻게 보면 보병 중대장이었단 말일세. 그런데
자네가 지금 맡은 팀은 그런 보병팀이 아니잖은가. 이제
완전히 특수부대 요원들을 맡은 거야. 그렇지? 아무런
조언도 없이 적진에 뛰어들어서 정말 엄청난 화력이나
병력을 가진 적군을 상대로, 결정적인 어떤 공격을 가해
서 적군을 섬멸할 수 있는 기초를 다질 일을 해야 되는
게 특수요원 아니겠나?

Comment

본부장 : 나는 '박 팀장이 특수부대 팀장으로서 정말 필요한 사람
이다' 라는 생각을 했고, 역시 자네를 잘 선발했구나 하
는 생각이었네. 그런데 오늘 박 팀장 이야기를 들으면서
아직도 자네가 보병 중대장 시절의 발상을 그대로 하고
있는 게 아닌가 하는 아쉬움이 있어서 이야기를 좀 하고
싶은데…… 받아들일 여유가 있는지 모르겠군.

박 팀장 : 네. 말씀해 주십시오.

본부장 : 박 팀장이 맡고 있는 팀의 사기나 성과가 단순히 하나의
단위 지점을 올리는 성과 정도로 간단한 것인가, 아니면
우리 회사 전 영업팀의 사기에 영향을 미칠 수 있는 핵
심적인 역할을 맡은 것인가?

박 팀장 : 저희에겐 당연히 제일 선봉에 서서 어떤 어려움이 있더

라도 목표를 달성해야 하는 미션이 있기 때문에 저희들의 성공 자체는 전 조직에 미치는 영향이 크다고 생각합니다.

본부장 : 그렇지. 마치 기동타격대와 같은 거잖아? 그런데 그런 박 팀장이 가격을 낮춰 주고, 목표도 낮춰 달라 요청하는 것은 도전하겠다는 게 아니라 패배하겠다는 것처럼 보이거든. 그 점에 대해서는 어떻게 생각하나?

박 팀장 : 네. 제가 아직 부임해 온 지 얼마 되지 않아 그런지 너무 짧게 생각한 것 같습니다.

본부장 : 생각이 짧은 게 아니라 상황이 워낙 힘들고 어려우니 그렇겠지. 원래 그런 사람은 아니잖아.

박 팀장 : 제가 너무 전에 일했던 조직의 패러다임으로만 생각하고 본부장님을 찾아뵌 것 같습니다. 죄송합니다.

본부장 : 아니야, 사실은 이제 박 팀장이나 나나 특판팀의 성공을 위해 둘 다 목숨을 걸 각오로 일해야 할 것 같아. 또 하나 박 팀장은 계속 승진에 대한 생각이 있는 것 같아.

박 팀장 : 예. 그렇습니다.

본부장 : 그 문제도 내가 한 번 더 생각하게 되는데, 지금 자네가 맡은 역할은 직급이 아니라 직책이잖아? 우리 영업 쪽에서 어느 정도의 직책이라고 생각하나?

박 팀장 : 영업 쪽에서 제일 중요한 직책이라고 봐야 되겠죠.

본부장 : 그렇지. 자네가 하고 있는 역할이 영업팀에서 가장 핵심적인 역할이잖아. 그렇잖아? 어떤 면에서는 내가 조직에서 공헌하는 기여도나 자네가 공헌하는 것이 거의 비슷

한 정도로 중요성이 높은 수준이지 않나? 그렇다면 자네가 가장 고참 차장으로서 임원들도 맡기 어려운 직책을 맡고 있는 것이고, 조직에서 제일 중요한 역할을 할 수 있는 기회가 왔다고 생각한다면 계급에 그렇게 연연할 필요가 있을까? 어차피 성과에 따라 연봉도 책정되는 것이고…… 내가 백의종군하겠다, 사병이라도 장군의 역할을 할 수 있는 것이고 그 역할을 잘해서 조직에 공헌하겠다, 최대한 능력을 개발하겠다, 이런 마인드는 아닌 것 같아.

박 팀장 : 예. 본부장님의 말씀 인정합니다. 제가 아직까지 승진에 많이 연연하고, 또 전에는 제 것만 잘하면 그만이었기 때문에 조직보다는 개인적인 입장에서 많이 말씀을 드렸던 것 같습니다. 앞으로 좀 더 큰 차원에서 넓게, 장기적으로 보도록 하겠습니다.

본부장 : 사실 오늘 박 팀장이 날 찾아왔을 때 기대했던 것은, "저희 팀에 전체 5명의 과장들이 있는데 개개인적으로 이런 문제들이 있고, 이런 대안들이 있으며, 이런 전략으로 이런 문제를 풀어 가겠습니다."와 같은 얘기들이었네. "그렇게 할 때 제가 부족한 점은 이런 점입니다. A 과장에게는 이렇게 변화를 시키고 싶으니까 이렇게 코칭 하고 싶은데 어떻게 생각하십니까?" 하면서 의논하고, 우리 팀 전체가 팀워크가 안 되고 사기가 떨어졌으니 그것을 혁신적으로 높이기 위한 방안들을 모색해 와서 같이 의논하고…… 나는 사실 이런 박 팀장을 기대했거든.

박 팀장 : 아! 예……

본부장 : 나는 5명의 과장들 한 사람 한 사람이 박 팀장 정도의 의욕과 능력을 가진다면, 이 문제를 풀어내는 건 일도 아니라고 생각하거든. 그 팀에 있는 한 사람 한 사람을 박 팀장이 코칭해서 사기가 충천하고 능력이 탁월한 팀으로 이끌어 낸다면 되지 않겠나?

박 팀장 : 본부장님 말씀대로 제가 생각이 많이 짧았던 것 같습니다. 저도 우리 팀원들 얘기를 하나하나 열심히 잘 들어 보고, 그 사람들의 고충도 충분히 이해하면서 어떻게 하면 협업을 통해 특판팀을 성공적으로 만들어 갈 수 있을까 하는 부분에 대해 고민이 부족했던 것 같습니다.

본부장 : 내 생각은 자네가 이 기회에 한번 각 과의 과장들과 마주 앉아서 그 문제들에 대해 의논도 하고, 조사도 하고, 해결방안들을 모색해서 다음번에는 그 문제를 가지고 다시 얘기했으면 좋겠네. 자네가 해야 할 일은 자네가 하고, 내가 지원해야 할 일은 또 내가 성심껏 지원해서 우리가 정말 기대했던 빛나는 성과를 한번 내 봤으면 좋겠어.

박 팀장 : 저는 솔직히 특판팀에 온 것 자체가 불만스러웠고, 여기 와서 보니 저를 열심히 도와서 같이 가야 하는 각 과의 과장들이 입만 열면 불평불만만 해대고, 저한테만 책임을 미루는 것 같아서요. 그러니까 그 친구들이 영 마음에 안 들고 힘들기만 하다 보니까 하소연을 많이 했던 것 같습니다.

본부장 : 그거야 워낙 답답하고 힘드니까 그런 거지. 그런데 이렇게 생각해 보면 어때? 만약 상사가 무능해 보이면 그렇게 의지하려 할까? 밑에 사람들 때문에 어렵고 힘들었지만, '내가 오니까 나를 믿고 나에게 의지하고 싶어 하는구나!' 하고 넓은 가슴으로 받아들일 수 있으면 좋겠네.

박 팀장 : 오늘 본부장님 말씀을 들으면서 제 생각이 많이 짧았고 너무 제 위주로만 생각했던 것 같아서 반성을 많이 하게 됐습니다. 앞으로 이 친구들을 좀 더 넓은 가슴으로 이해하고, 함께 힘을 합쳐 성과를 낼 수 있도록 열심히 연구도 하고, 다시 한 번 더 부지런히 뛰도록 하겠습니다.

본부장 : 내가 고생하는 사람을 위로하거나 격려는 못해 주고 자꾸 지적만 하는 것 같은데, 불편하진 않나?

박 팀장 : 아닙니다. 오늘 말씀해 주신 걸 들으면서 많은 점들을 배웠습니다. 저도 본부장님처럼 이렇게 과장들을 대했어야 하는 게 아닌가 싶어서 많이 반성도 되고 그렇습니다.

Help

본부장 : 박 팀장을 보면 늘 이런 점이 든든해. 성격이 화끈하고 적극적이니까 금방 이렇게 나를 편하게 받아 주는 거 아니겠어?

박 팀장 : 감사합니다.

본부장 : 그래, 그럼 가서 팀원들하고 혁신적인 아이디어를 모색해 보고 나와 다시 한 번 만날까?

박 팀장 : 네. 그렇게 하겠습니다. 그럼 다음 주에 다시 한 번 팀원

들하고 얘기를 나누어 본 후, 진행 사항을 보고드리겠습니다.

본부장 : 그래, 그러게.

박 팀장 : 그럼 가 보겠습니다. 감사합니다.

본부장과의 면담을 마친 박 팀장은 각 과장들을 예의 관찰하고, 각 과의 구성원들로부터 과장들에 대한 이야기를 들어 보기도 하였으며, 각 과장들을 개별적으로 만나 1 : 1 면담을 가져 보기도 하였다. 약 1달 동안 각 과장들에 대한 관찰 및 면담 결과, 박 팀장 나름대로 각 과장들에 대한 코칭 전략과 방법을 수립하였으며, 그 방안들을 사전에 상의하고자 본부장을 찾아간다.

2) 박팀장의 A 과장 코칭을 위한 본부장의 코칭 사례

Open

박 팀장 : 본부장님 잠깐 시간 괜찮으시겠습니까?

본부장 : 어, 자네 왔나?

박 팀장 : 예. 지난번 말씀드렸던 팀원들하고의 사기 진작, 팀워크 향상과 관련하여 말씀 좀 드리고 싶어서 왔습니다. 그때 본부장님을 찾아뵙고 난 이후 각 과의 과장들하고 개별 면담을 했습니다.

본부장 : 오, 그랬어?

박 팀장 : 네. 나름대로는 본부장님께서 제게 해 주셨던 것처럼 흉내 내 보려고 노력했는데, 각 과장들에 대해 상의드리고 싶습니다.

본부장 : 그래, 좋은 아이디어가 있을 것 같은데?

박 팀장 : 먼저 A 과장에 대해서 말씀드렸으면 하는데요. 이 친구는 업무 처리하는 걸 보니 굉장히 논리적인 사람 같습니다. 아주 합리적이고 이성적이며 여러 가지 업무를 처리하는 면에 있어서 상당히 프로세스도 정확하고 철저하고요. 한번 맡은 바에 대해서는 처음부터 끝까지 정석대로 일 처리를 잘하는 친구입니다.

본부장 : 그렇지, 역시 자네가 정확하게 파악하고 있구먼. 기획력, 논리력, 판단력 같은 면에서는 아주 남다른 친구지.

박 팀장 : 예. 그래서 앞으로의 전략적인 방향 등에 대해서는 말이 잘 통하는 친구였습니다.

본부장 : 그렇지, 거시적이고 전략적인 이야기들은 박 팀장하고 의견이 잘 통할 거야.

박 팀장 : 요즘에는 그런 이야기를 서로 많이 하고 있는 상황입니다. 상당히 두뇌가 명석한 친구라, 좋은 파트너가 될 수 있을 거라는 생각이 듭니다.

Ask

박 팀장 : 그런데 이 친구에게 굉장히 골치를 썩이고 있는 문제가 하나 있었습니다. 다름 아니라 바로 밑에 고참 대리가 하나 있는데요. 제가 볼 때 그 친구가 굉장히 적극적이고 추진력도 뛰어난데, 본인의 생각이나 본인이 가고자 하는 방향에 대해 상사하고의 의견조율은 둘째치고, 자신이 원하는 대로만 밀고 나가는 타입인 것 같습니다.

본부장 : 그게 송 대리의 얘기 같은데? 그래 상황이 어떤가?

박 팀장 : 아, 예. 맞습니다. 어떻게 송 대리 이야기인 줄 알고 계시
네요.

본부장 : 잘 알지…… 한두 해 같이 일한 게 아니잖아. 송 대리가
굉장히 저돌적인 스타일이지. 지난번에 전임 팀장이 있
을 때에도 송 대리가 계속 A 과장을 거치지 않고 직접 팀
장하고 이야기했고…… 지난번 팀장하고 성격도 많이
비슷하잖아?

박 팀장 : 예, 맞습니다.

본부장 : 그래서 둘이 배짱이 맞다 보니까 A 과장을 제쳐 놓고 진
행하는 적이 많아서 지난번 팀장에게도 내가 몇 번 이야
기를 했었지. 이건 이렇게 할 일은 아니라고 말야. 그래
도 상황이 비슷하게 가는 경향이 있었을 텐데…… 송 대
리로서는 A 과장과 성격이 맞지 않아. 그래서 별로 좋아
하거나 그렇진 않지. A 과장이 그런 얘기를 잘 하지 않
고 이야기하기를 싫어하는데, 자네에게 그 정도 속내를
다 털어놨다면 그동안 두 사람의 관계가 굉장히 좋아지
고 깊어진 모양이네. 그런데 무슨 문제가 있는 것 같아?

박 팀장 : 예, 저와 A 과장과의 사이는 많이 좋아진 것 같습니다.
하루는 A 과장이 저를 찾아와서 이야기하기를…… '송
대리는 자신이 얘기하는 것은 전혀 듣지를 않는다'고 단
적으로 이야기하더라고요. 더 중요한 문제는, 송 대리
밑에 후배 사원들 4명 정도가 있는데 그 친구들이 송 대
리하고 딱 붙어 있는가 봅니다.

본부장 : 송 대리는 애들을 꽉 잡고 있다고 늘 이야기하는 사람이

11 S사 영업 본부의 특판팀 이야기

잖아.

박 팀장 : 예. 그 과에서는 송 대리가 마치 대장 격이라 그 밑에 있
는 친구들은 송 대리가 무슨 얘기만 하면 깜빡 죽고, 시
키면 시키는 대로 하는데요. A 과장이 얘기하면 송 대리
뿐 아니라 그 밑에 있는 친구들도 아예 듣지 않는다고
합니다.

본부장 : 내면적으로는 송 대리가 비공식적인 조직의 리더로서
행세하고 있는 상황이다, 그런 소리네?

박 팀장 : 네, 그렇습니다. A 과장 입장에서는 일을 지시해도 후배
사원들이 제대로 따라 주지 않고, 더욱이 다른 후배 사원
들이 있는 자리에서도 송 대리가 좀 대놓고 A 과장에게
거부한다거나 반대의사를 표명한다거나 해서 난처한 모
양입니다. 송 대리하고 이걸 어떻게 풀어 나가야 되는지
고민을 많이 하고 있는 것 같습니다. 그러다 보니 자신
의 실적 문제 등에 관련해서도 사실 고민이 심하고, 제가
보기에는 다른 팀으로 갔으면 하는 눈치도 있는 것 같고,
상당히 곤란을 겪고 있는 것 같습니다.

본부장 : 그래? 그렇다면 자네가 보기에 앞으로 시간이 갈수록 이
문제가 어떻게 될 것 같은가?

박 팀장 : 점점 더 나빠질 것 같고, 그렇게 되면 실적도 기대하기
어려울 것 같습니다.

본부장 : 여러 가지로 많이 어렵게 될 것이라 보고 있군. 그런데
그렇게 문제를 속속들이 파악해 왔으면 박 팀장 나름대
로 무슨 대안이 있을 것 같은데? 그래, 자네는 어떻게 했

으면 좋겠어?

박 팀장 : 글쎄요, 제 생각에는 일차적으로 송 대리를 불러다가 송 대리 입장에서 이야기를 들어 봐야 할 것 같습니다. 지금은 A 과장한테서만 이야기를 들었고, 송 대리는 제가 지켜본 상황으로만 미루어 짐작했기 때문입니다.

본부장 : 자네의 그런 태도는 참 남다른 것 같아. 왜냐하면 대인관계의 문제는 늘 입장 차이가 있기 때문에 한쪽 얘기만 들어서는 우리가 편중되기 쉽고, 문제를 잘 풀어내기 어려울 때가 많거든? 그래서 양측의 이야기를 다 듣고 판단을 내리는 것이 바람직한 자세가 아닌가 하는 생각이 드네.

박 팀장 : 아, 감사합니다. 그래서 일단 송 대리 얘기를 들어 볼 텐데요, 제가 봤을 때는 분명히 송 대리가 문제라고 생각합니다. 송 대리가 아랫사람이기도 하고, 성격이 과격한 편이고 너무나 윗사람을 무시하는 경향이 있기 때문이지요. 송 대리를 따로 불러다 교육도 좀 시키고 지적도 해서 이 친구를 바로잡아야만 하지 않을까 생각합니다.

Comment

본부장 : 그렇게 빠른 시간 내에 문제를 파악하고, 그 문제의 내면까지 들여다보고, 또 이 문제가 어디서 출발되었는지까지 파악하니…… 박 팀장은 이런 점도 참 남다른 것 같아. 그런데 나는 오늘 박 팀장 얘기를 들으면서 조금 염려가 되네. 왜냐하면 박 팀장은 사람문제를 보는 관점과

사실문제를 보는 관점에 차이가 없는 것 같아. 사실에 관련된 문제는 문제가 발생되었을 때, 그 문제를 발생시킨 원인이 무엇이냐를 찾으면 된다 말이야. 그런데 대인관계에서 사람의 문제가 발생하면 이 문제를 누가 발생시켰느냐는 별로 의미가 없어. 그보다는 이 문제를 누가 해결하고자 하는 욕구를 가지고 있느냐와 그 사람을 찾아내는 일이 중요하게 돼. 그런데 박 팀장이 볼 때 이 두 사람 중에 누가 문제해결에 대한 욕구가 더 큰 거 같나?

박 팀장 : 당연히 A 과장이 더 강하지 않을까요?

본부장 : 그러면 A 과장이 해결하고자 하는 욕구가 있는데 왜 해결을 못하고 있는 거 같아?

박 팀장 : 글쎄요. 잘 모르겠습니다만, 첫째는 송 대리가 너무 과격하게 자기 의견을 제시하니까 송 대리의 생각과 반대되는 얘기를 자꾸 하다 보면 송 대리와의 갈등이 자꾸 커질까 걱정이 되고, 그러다 보면 밑에 있는 부하 사원들과의 사이가 멀어지고, 지금 상황보다 더 악화될까 걱정스러워하는 것 같습니다.

본부장 : 그러니까 지금도 사람문제에 대해서 그 원인이 무엇인가를 생각하고 있지 않나? 그런데 사람문제는 원인이 분명해도 해결할 수 없는 것이 많지 않겠어? 그래서 내가 배운 문제해결 방법에서는 사람문제는 원인을 파악하지 말고, 현상만 파악해야 된다는 거야. 그렇다면 A 과장의 현상을 파악해 볼 때, 그가 해결하고자 하는 욕구는 분명히 있는데 해결할 수 있는 능력이 모자라서 이 문제를

해결하지 못하는 것처럼 보인다는 거지.

박 팀장 : 아, 예 ……

본부장 : A 과장이 문제를 해결하려면 무슨 능력을 길러야 할 것 같나?

박 팀장 : 글쎄요.

본부장 : 내가 봤을 때, 커뮤니케이션 능력, 사람의 성격 특성을 파악하는 능력이네. 그리고 송 대리 같은 경우는 칭찬, 인정으로 다스려야 될 친구인데, 그렇게 할 수 있도록 하는 칭찬, 인정능력과 리더십 스타일의 변화 능력 등을 A 과장이 기른다면, 충분히 해결할 수 있는 문제라 보거든. 어때, 박 팀장 생각은?

박 팀장 : 듣고 보니 옳으신 말씀 같습니다. 왜냐하면 A 과장이 저에게 얘기하기를, '지금까지 송 대리에 대해 이런 점이 잘못이고, 이런 점이 문제이고, 그렇기 때문에 결국 이 친구가 문제이다' 라고 얘기해 왔는데, 자신도 문제가 있다는 얘기는 없었습니다.

본부장 : 그렇지? A 과장 입장에서는 송 대리에게 문제가 있다고 보겠지만, 송 대리 입장에서 보면 A 과장이 문제야.

박 팀장 : 예, 맞습니다.

본부장 : 그럴 때, 문제를 찾지 말고, '문제를 해결해 내려면 무슨 역량이 있어야 되는가?' 와 '이 문제를 해결하려면 내가 무엇을 변화시켜야 할 것인가' 에 초점을 맞춰야지, 원인에 초점을 맞추는 것은 바람직하지 않아.

박 팀장 : 예……

본부장 : 그 다음에 또 하나는, 지금 그 문제를 해결하기 위해서
자네가 송 대리를 직접 부르겠다고 했잖아?

박 팀장 : 예.

본부장 : 그것은 문제해결을 돕는 건가? 아니면 대신 문제를 해결
해 주려는 건가?

박 팀장 : 제가 A 과장을 대신해서 얼른 해결하려고 하는 생각이
앞섰던 것 같습니다.

본부장 : 그러니까 그것은 그 부하의 역량을 코칭해서 그 사람이
그것을 해결하도록 지원하는 스타일이 아니라, 내가 뛰
어들어서 문제를 대신 해결해 줘 버리는 스타일이 되거
든. 물론 박 팀장은 A 과장보다 그 문제를 훨씬 더 잘 해
결해 줄 수 있을 거야. 하지만 그렇게 하는 동안 A 과장
의 역량이 자라겠나?

박 팀장 : 아니요, 그렇지 않을 것 같습니다.

본부장 : 나중에 다시 문제가 생겼을 때 A과장이 스스로 해결하
는 힘이 생기겠나, 아니면 박 팀장을 또 찾아오겠나?

박 팀장 : 당연히 또 찾아오지 않겠습니까? 음…… 그러네요. (고
개를 끄덕끄덕)

본부장 : 바로 그런 점들이 코칭할 때 봐야 할 기본적인 관점이
네. 자, 그러면 어떻게 했으면 좋겠나?

박 팀장 : 네, A 과장을 불러다가 이 상황을 어떻게 해결했으면 좋
겠는지 상의하고, 그 사람이 부족한 부분에 대해서는 어
떻게 개선/개발할 수 있을지에 대해 좀 도와줘야 할 거
같습니다.

본부장 : 그렇지, 그렇게 도와주고 A 과장의 능력이 개발된다고
하더라도 송 대리는 지금 자기 밑의 부하 직원들과 힘을
합해서 파워를 형성하고 있기 때문에 A 과장의 파워가
약할 때가 생기겠지. 그럴 때는 자네가 지원해 주더라
도, A 과장 스스로 문제를 풀어내야 그 다음에 그 사람의
말이 부하들에게 영향력을 미칠 수 있지 않을까?

박 팀장 : 네, 그렇습니다. A 과장을 불러서 근본적으로 문제를
해결할 수 있도록 그에게 필요한 것들을 차근차근 논의
하겠습니다. 그리고 아까 말씀하신 것처럼 커뮤니케이
션, 칭찬, 인정 능력 등이 필요하다는 점을 이해시키고,
어떻게 개발할 것인지에 대해 최대한 지원하도록 하겠
습니다.

Help

본부장 : 나는 박 팀장을 보면 참 놀라워. 자네는 굉장히 논리적이
고, 객관적이고, 합리적이면서 끊임없이 잘해야겠다는
열정이 밑바탕에 있잖아? 이 두 가지를 한 사람이 갖춘다
는 것도 참 어렵지만, 박 팀장의 진짜 매력은 이렇게 다
른 사람들의 이야기를 늘 거부하지 않고 열린 마음으로
성실하게 받아들이려는 수용 자세가 갖춰져 있다는 거
야. 이 점이 제일 놀라워. 한 사람이 어떻게 그런 능력들
을 한꺼번에 가지고 있는지…… 참 쉽지 않은 일이잖아.

박 팀장 : 아유, 감사합니다. 부끄럽습니다.

본부장 : 아니야, 그렇기 때문에 내가, 우리 특판팀이 정말 탁월한

슈퍼팀으로 거듭날 수 있는 가능성을 자네한테서 보는 거야.

박 팀장 : 더 열심히 하겠습니다.

본부장 : 그래, 앞으로 해 나가려면 어려움이 없겠어?

박 팀장 : 본부장님께서 상세하게 설명해 주시고, 지도해 주셨으니 열심히 한번 해 보겠습니다. 또 미진한 부분이 있거나 제가 잘하지 못했다고 생각되는 부분이 있으면 또 본부장님께 상의드리겠습니다.

본부장 : 난 늘 박 팀장을 보면 또 무리할까 봐 걱정이야. 그러진 말게.

박 팀장 : 네, 알겠습니다. 하지만 시급히 해결해야 할 문제니까 열심히 해 보겠습니다.

본부장 : 박 팀장을 믿을게.

박 팀장 : 네, 감사합니다.

3) 박팀장의 B 과장 코칭을 위한 본부장의 코칭 사례

Open

박 팀장 : 본부장님, 잠깐 들어가도 될까요?

본부장 : 어, 할 이야기 있나?

박 팀장 : 아, 예. 얼마 전에 B 과장을 만났거든요. 사실은 두 번 만났습니다. 그와 관련해서 상의를 드렸으면 하는데, 시간을 잠시 내주셨으면 합니다.

본부장 : 아무리 바빠도 박 팀장의 얘기부터 들어야 할 거 같은

데?

박 팀장 : 하하, 감사합니다. B 과장을 만나서 이야기해 본 저의
느낌은 한마디로 문제가 많아 보인다는 겁니다.

본부장 : 아, 많이 답답한 모양이네.

박 팀장 : 네. 단적으로 말씀드리면, 저를 포함해서 심지어는 본부
장님에 대한 얘기도 하던데…… 윗사람들에 대한 불만,
주위 환경에 대한 불만, 나아가 밑에 있는 직원들에 대해
서도 불만, 한마디로 불만덩어리입니다. 그리고 성격이
워낙 공격적이고 강압적이다 보니까, 밑에 있는 친구들
도 상당히 힘들어하는 것 같습니다. 어떤 면에서는 A과
의 송 대리하고 조금 비슷하지만, 어떤 면에서는 많이 다
른 점이 B 과장의 경우는 밑에 있는 사람들이 불만이 많
은 것 같습니다. B 과장은 거의 독불장군식으로 생활하
고 있는데…… 제가 많이 답답합니다.

본부장 : 박 팀장의 얘기는, 지금 B 과장은 굉장히 성격이 강하고,
더구나 상사나 후배들에게도 불만이 그득하고, 또 주어
진 환경 자체도 못마땅해하고 있다는 말이군. 그리고 많
은 부분에서 송 대리와 성격이 비슷한 것 같은데 송 대
리는 부하 직원들을 장악하고 있는 반면, B 과장은 부하
직원들의 불만이나 원성도 그득하다는 소리 아냐?

박 팀장 : 그렇습니다.

본부장 : 그렇게 봤다면 자네가 상당히 답답하고 걱정이 많이 되
었겠네.

Ask

본부장 : 그래, 현재 상황이 어떤지 좀 더 구체적으로 이야기해 주
  겠나?

박 팀장 : 예, 사실은 얼마 전에 이야기를 하다가, 지금 실적이 별
  로 안 좋다 보니 이번 분기의 실적이 가능하겠냐고 물었
  는데 너무 걱정하지 말라는 겁니다. 그래서 저는 철석같
  이 믿었죠. 워낙 추진력이 있는 친구니까요. 그런데 분
  기 끝나면서 결산을 해 보니 미달인 거예요. 그럼에도
  이 친구가 한다는 소리는 전혀 반성의 기색도 없이 또
  주변이나 환경이 안 좋고, 고객들이 문제가 있고, 경기가
  안 좋아서 그런 거지 자신이 잘못한 게 아니라는 거죠.

본부장 : 그러니까 박 팀장이 보기에는, B 과장이 자기가 한 말에
  대해 책임지려는 태도도 없고, 환경 탓이나 남의 탓이나
  하고 있는데다, 개선의지도 미약하고, 문제를 직시하고
  있는 것처럼 보이지도 않으니, '이런 사람에게 한 과의
  장을 맡겼을 때 도대체 그 과 전체가 제대로 일을 해내
  겠나? 하는 염려가 된다는 소리 아닌가?

박 팀장 : 예, 보통 염려스런 상황이 아니라서 B 과장에게 실적이
  미달이 된 데 대해 어떻게 생각하냐면서 제가 꾸중을 좀
  했습니다.

본부장 : 아, 그랬군.

박 팀장 : 책임지겠다고 했으면서 미달해 놓고 그 원인을 주변 탓
  으로나 돌리고…… 꾸중을 좀 했지요. 그랬더니 '그럼
  당신이 와서 직접 한번 해 봐라' 하는 식으로 저에게 애

기하는 것 아니겠습니까? 보통 황당했던 게 아닙니다.

본부장 : 그러니까 박 팀장은 그 친구를 보니 하도 답답하고 안타
까워서 알아듣도록 분명하게 얘기를 좀 했더니, 듣고 받
아들이기는커녕 반발이나 하고…… 그런 태도라면, 저
런 사람하고 내가 앞으로 어떻게 문제해결을 해 나가야
할지 이만저만 걱정되는 게 아니겠군. 그렇다면 박 팀장
이 보기에 그 과의 문제가 무엇이라고 생각되는가?

박 팀장 : 예, 보통 걱정이 아닙니다. 그 과는 내부적인 결속력도
없습니다. 이 친구가 너무 강압적이고 지시하는 스타일
이라서 그런지, 그 친구 이야기만 나오면 모두들 고개를
절레절레 흔드니까요. 도대체 B 과장을 어떻게 해야 할
지 정말 고민스럽습니다.

본부장 : 그러니까 B 과장의 리더십 스타일도 문제가 되지만, 더
문제가 되는 것은 B 과장이 부하들의 지지나 존경도 못
받아 내고 있다는 거 아닌가?

박 팀장 : 예, 맞습니다.

본부장 : 그렇다면 시간이 갈수록 어떻게 될 것 같은가?

박 팀장 : 그 과는 실적도 기대하기 어렵고 정말 어려워질 것 같습
니다.

본부장 : 그렇게 되면 박 팀장 개인에게는 어떤 영향이 미칠 것
같은가?

박 팀장 : 우리 팀의 목표 달성도 어렵겠지만 저 개인도 아주 안
좋아질 것 같습니다.

본부장 : 그렇게까지 생각했다면 박 팀장이 이 문제에 대해 이만

저만 고민했을 것 같지 않은데…… 박 팀장 생각에는 어떻게 했으면 좋겠나?

박 팀장 : 이 친구의 기본적인 사고방식이 너무 자기 위주이고, 또 너무 외부로만 탓을 돌리는 성격인 것 같습니다. 이런 스타일이라면 앞으로도 조직에서 문제를 계속 일으킬 것이 분명하기 때문에 그런 문제들을 뜯어 고치도록 불러다가 따끔하게 얘기해야 할 거 같습니다.

본부장 : 그렇다면 박 팀장의 목표는 분명하게 섰네.

박 팀장 : 예.

본부장 : 박 팀장 생각으로는 어떻게 하면 그 친구가 달라질 수 있을 것 같은가?

박 팀장 : 글쎄요. 다음 분기에도 무조건 자신 있어 하니깐 일단은 좀 더 기회를 주면서…… 피드백을 많이 해야 될 것 같습니다.

본부장 : 피드백을 많이 해야 되겠다?

박 팀장 : 예, 자신이 무엇을 얼마나 잘 못하고 있고 다른 사람들을 힘들게 하고 불편하게 하고 있는지, 조직 전체에 얼마나 부정적인 영향을 미치고 있는지에 대해 인식을 시키고, 그것을 고칠 수 있도록 명확히 얘기해야 될 거 같습니다. 제가 볼 때는 여태껏 다른 사람들이 이 친구의 성격이 워낙 강하다 보니까 그런 얘기를 잘 하지 않았던 것 같아요. 그런 면에서 피드백을 많이 해 줄 생각입니다.

본부장 : 그런데 박 팀장이 그런 피드백을 하면 B 과장이 잘 받아

들일 것 같은가?

박 팀장 : 글쎄요…… 받아들이길 바라야죠.

본부장 : 그렇게 된다면 그것이 가장 좋을 수도 있을 텐데……

Comment

본부장 : 지금 B 과장 얘기를 하면서 박 팀장의 문제 파악능력, 문제해결의 의지 같은 것은 참 좋거든? 그런데도 그렇게 하면 문제가 해결되기보다는 오히려 더 어려워질까 봐 염려되어서 이야기를 좀 하고 싶은데, 들을 여유가 있나?

박 팀장 : 네, 괜찮습니다.

본부장 : 그렇다면 말이야. 우선 첫 번째로 박 팀장이 볼 때에 그 친구의 성격이 어떤 것 같아?

박 팀장 : 한마디로 '내가 옳고, 너희들은 아니다.' 이런 식이죠. 그건 상하관계를 떠나서 모든 주변 사람들이 자기와 의견이 다를 경우에는 모두 다 틀린 거라고 생각하는 스타일인 것 같습니다.

본부장 : 그러니까 I'm OK, You're not OK 스타일이란 말이지?

박 팀장 : 아, 아주 정확한 표현이세요.

본부장 : 그게 에고그램에서 CP라는 유형인데, 그런 특성이 왜 생기는지 이해하나?

박 팀장 : 글쎄요. 자기가 여태까지 해 왔던 방식이 옳았다고 믿어서 그럴까요? 솔직히 잘 모르겠습니다.

본부장 : 그런 성격이 형성되는 것이 보통 3세에서 5세 사이지.

11 S사 영업 본부의 특판팀 이야기

그때 대인관계의 원형이 형성되거든. 그런 친구들은 부친에게서 인정받고자 하는 욕구가 계속 결핍되어 있을 때 일생 동안 누구한테든지 인정받으려는 욕구가 강하단 말이야. 그리고 과업을 성취하고 성공하는 데 굉장히 관심이 높고, 만약 성공하지 못했다 하더라도 그걸 자기 탓으로 돌린다는 것은 자존심이 상해서 도저히 그렇게 할 수 있는 여유가 없어. 그런데 그런 친구들을 대할 때 리더로서 박 팀장이 참 조심해야 할 것이 몇 가지 있네. 우선, 박 팀장이 그 친구에 대해서 얘기할 때, 내가 듣기로는 모든 표현들이 부정적으로만 들려.

박 팀장 : 아, 예…… 그랬습니까?

본부장 : 뭐를 잘못하고, 성격이 뭐가 나쁘고, 대인관계에서 뭐가 부족하고, 계속 그런 식이 된단 말이야. 그런데 박 팀장의 성격은 내가 보면 굉장히 객관적이고, 논리적이고, 합리적이면서도 저력이 있어. 그런 사람들하고 B 과장 같은 스타일은 제일 불편한 관계가 되기 쉽지.

박 팀장 : 예, 맞습니다

본부장 : 자넨 그 사람들이 잘못한다고 생각하는 부분에 대해서 긍정적으로 봐 주기가 참으로 어렵단 말이야. 그런데 그 친구들은 자기를 인정해 주는 사람을 위해서는 목숨도 바칠 수 있거든. 그래서 같은 표현이라도 '강압적이다가 아니라 파워풀 하다', '저돌적이다가 아니라 일에 대한 열정이 탁월하다', '남을 무시한다가 아니라 자신감이 넘친다' 등등 자기를 긍정화해서 봐 주는 사람을 찾아다

니지. 그 사람을 위해서는 목숨을 바치고 존경할 수 있는 점이 이런 유형의 특성이야. 그런데 그런 사람들에게 '네가 잘못되었다'고 하면 그것을 받아들이는 것이 아니라, '그러면 너는 도대체 뭘 잘했냐' 하며 반발하는 게 특성이지.

박 팀장 : 아, 듣고 보니 B 과장 이 친구가 딱 그랬습니다.

본부장 : B 과장하고 박 팀장 중에 누가 리던가?

박 팀장 : 제가 리더죠.

본부장 : 그렇지, 그럼 누가 상대방을 먼저 이해하고 인정해 줘야 될 거 같나?

박 팀장 : 당연히 윗사람이고 리더인 제가 해야죠.

본부장 : 쉽지는 않을 거야. 그래서 그 친구를 대할 때 박 팀장에게 필요한 역량이 몇 가지 있네. 성격 특성을 이해하는 것 그리고 그 친구의 말을 듣는 것. 그 친구의 말은 통역해서 들어야 해. 종종 '팀장님은 그것도 모릅니까?'라는 식으로 나오잖아? 그것은 '팀장님 왜 저를 인정해 주지 않으십니까?'라는 소리인 거지.

박 팀장 : 아, 이 친구가 그런 소리를 자주 하거든요. 그럴 때마다 저는 '이게 지금 기어오르는 건가' 하는 생각이 들면서……

본부장 : 그게 아니라, 그런 친구들은 상사에게 칭찬받고 싶을 때 기어오르는 것처럼 보이는 행동을 한다네. 대드는 것처럼 보이지? 그때 그걸 대드는 것으로 알고 눌러 버리면 오랫동안 불만을 갖게 되는 거지.

박 팀장 : 예…… 실제로 제가 그랬지요.

본부장 : 그럴 때 '네가 소신 있고, 배짱 있고, 남자답고, 누구 앞
에서든 할 말 하는 친구니까, 나한테 이런 소리를 하는
게 아니냐' 하며 인정해 준다면, 그런 친구들은 '예' 라고
대답한다고. 그렇듯 말을 듣는 요령이 필요하지.
그 다음에 그런 친구들한테 말하는 요령도 필요해. 그
친구들에게는 '열심히 일해라' 라고 하기보다는 '무리
하지 마라' 라고 하는 게 효과적이야. 왜 그렇겠어? 그 친
구들은 인정받고 싶은 욕구가 강한데, 열심히 하라고 하
면 마치 '지금 열심히 하지 않고 있으니, 열심히 하라' 라
는 말처럼 들려서 인정해 주지 않는 것으로 받아들이게
돼. 하지만 '무리하지 마라' 라고 한다면 '지금 네가 너
무 열심히 하고 있으니 무리하고 있다. 그러니까 무리하
지 마라' 라고 인정해 주는 게 되거든. 그러니까 이런 친
구들과 이야기할 때는 계속 인정화법을 사용해야 해. 평
소 일반인과 같은 대화를 해서는 안 되는 거지.

박 팀장 : 같은 의미인데 전혀 다르네요.

본부장 : 그 다음으로 특히 그런 친구들에게 써야 할 기술은 칭찬
기술이지. 칭찬 요령에 대한 훈련이 좀 되었으면 좋겠
어. 언제라도 칭찬하고 인정할 수 있는 역량들과 더불어
그런 친구들이 잘못해서 지적할 때는 조심해야 할 것이
있네. 어때? 여러 사람이 있는 데서 지적해도 괜찮겠어?

박 팀장 : 아니요. 아까 말씀드렸던 대로, 저에게 대들듯 이야기
했을 때 직원들 있는 자리에서 지적을 했더니 그 다음

부터 저하고 얘기를 하지 않으며 지낸 시간이 꽤 오래 갔었지요.

본부장 : '비록 제가 잘못했다 하더라도 애들 앞에서 그렇게 하시면 제 위신이 뭐가 됩니까? 제 체면이 어떻게 됩니까? 하고 몹시 자존심이 상해할 거야. 그래서 이 친구들은 지적할 때 혼자 있을 때에만 하고, 한 번 지적을 하려면 여러 가지 칭찬을 하고 '모든 점이 다 좋은데 자네는 이거 하나가 아쉽다' 는 식으로 해야 하거든. 이처럼 지적하는 요령을 비롯한 요령들 하나하나가 훈련이 되면 어떨까?

박 팀장 : 제가 훈련이 많이 필요할 거 같네요, 그 친구하고도 훨씬 관계가 개선될 수 있을 거 같습니다.

본부장 : 박 팀장처럼 객관성, 합리성과 논리성을 가진 사람의 눈으로 봤을 때는 B 과장처럼 적극성이나 추진력이나 박력이 넘치는 친구가 굉장히 맹목적인 적극성만 가진 친구로 보인단 말이야. 그래서 문제가 있는 것 같고, 부족한 것 같고, 고쳐 주고 싶은 욕구가 강해지지?

박 팀장 : 네, 맞습니다.

본부장 : 저런 친구를 내가 어떻게 맹장/용장으로 만들고, 정말 뛰어난 전투 성과를 내도록 리드하고, 코칭할 것인가 하는 데 대해서는 생각이 좀 미흡했던 거 아닌가?

박 팀장 : 맞습니다. 그런 친구들이야말로 잘만 활용하면, 물불 안 가리고 누구보다 앞장서서 어떤 어려움이 있더라도 극복해 나가고 이겨 낼 만한 힘이 있다는 생각이 드는데,

제가 너무 나쁜 쪽으로만 생각하고 말씀드렸나 봅니다.

본부장 : 아니네. 자네 입장에서는 그렇게 볼 수 있는 거지. 그러
나 그렇게만 봐서는 그런 친구들을 잘 활용할 수 없단
말이야. 훨씬 더 긍정적으로 봐 줘야만 존경과 신뢰를
얻어 낼 수 있지.

박 팀장 : 예, 잘 알겠습니다.

본부장 : 그 다음에, 그 친구에 대해 부하들의 불만이 참 많을 텐
데 그런 불만들은 누가 감싸 줘야 되겠나?

박 팀장 : 그야 제가 감싸 줘야 할 거 같습니다.

본부장 : 그렇지? B 과장이 태도를 변화시켜서 부하들에게 존경
을 받아 내기까지는 많은 시간이 걸릴 거야. 그러니 자
네가 그 친구를 위해 뭘 도와주고, 뭘 가르치고, 어떻게
대해야 할지를 생각하는 것이 B 과장을 대하는 올바른
지름길이 아닌가 생각되네.

박 팀장 : 예. 말씀을 듣고 보니까 결과적으로 그 친구가 잘못되고
나쁘다기보다는, 앞으로 제가 좀 더 키워야 할 능력들이
많이 있는 것 같습니다.

Help

본부장 : 우리 코치들의 사전에 이런 말이 있어. '같은 물을 먹고
도 뱀은 독을 만들고, 소는 젖을 만든다.' 그처럼 같은
부하 직원을 놓고도 용장/맹장을 만들 수도 있고, 완전
히 반항아를 만들 수도 있다는 거지.
사실 내가 볼 때, 박 팀장에게는 B 과장이 굉장히 좋은

선생도 되고, 기회도 될 거라고 생각하네. 앞으로 우리나라에 B 과장 같은 특성을 가진 사원들의 숫자가 점점 늘어나리라고 보거든. 그런 사원들을 용장/맹장으로 만들고, 팀워크를 이뤄서 죽기살기로 일했을 때, 그 팀으로부터 우리가 정말 상상할 수 없는 훌륭한 성과들이 만들지는 걸 나는 여러 번 봤네.

그래서 그런 친구들을 어떻게 잘 리드하느냐 하는 방법을 학습할 때, 박 팀장이 B 과장하고 실습을 한번 해 본다는 생각으로 임한다면, 정말 절호의 기회가 될 수 있겠다는 생각이 든다네. 또 하나는 자네가 그런 친구들을 잘 리드해 내야만, 어렵고 다루기 힘든 사람들이 박 팀장한테만 가면 정말 사람이 되고 뛰어난 성과를 낸다는 소리를 들을 수 있을 거 아닌가?

박 팀장 : 네, 솔직히 지금까지는 이 친구가 가장 골칫덩어리라 어떻게 해야 하나 고민이 컸었는데, 지금 말씀해 주신 대로, 이제는 골칫덩어리가 아니라 복덩어리가 될 수도 있다는 생각이 드네요. 어떻게 하면 이 친구를 복덩이로 만들 수 있을까를 열심히 고민해서, 이 친구를 한번 우리 팀에서 가장 앞장서서 달려 나갈 수 있는 용장으로 만들도록 노력해 보겠습니다.

본부장 : 그런 게 바로 내가 박 팀장을 믿을 수 있는 제일 큰 장점 아니겠어?

박 팀장 : 이렇게 힘든 친구를 제가 잘 변화시킬 수 있다면, 저한테도 앞으로 상당히 큰 힘이 될 수 있고, 보람도 있을 것 같

습니다.

본부장 : 앞으로 직장 생활을 계속하게 되면 점점 더 다양한 특성
을 가진 사람들을 만나게 될 것 아닌가?

박 팀장 : 네, 그렇지요.

본부장 : 그래, 결심이 단단히 선 것 같구먼.

박 팀장 : 예, 열심히 해 보겠습니다.

본부장 : 그래.

4) 박팀장의 C 과장 코칭을 위한 본부장의 코칭 사례

Open

박 팀장 : 본부장님, 잠시 들어가도 되겠습니까?

본부장 : 어서 오게.

박 팀장 : 저…… C 과장 있지 않습니까?

본부장 : C 과장 말이지?

박 팀장 : 예. 지금까지 이쪽 경험도 많고 일도 잘합니다. 여자지
만 여러 가지로 수완도 있는 것 같고, 그래서 그런지 다
른 과장들보다는 단골도 꽤 많은 것 같습니다.

본부장 : 그럼. 영업에서 베테랑이야.

박 팀장 : 아주 큰 고객들도 많이 확보하고 있다 보니까 다른 과장
들과 비교했을 때 실적은 상당히 좋은 편입니다. 밖에서
따 오는 것도 많다 보니 팀원들한테도 많이 분배해 주는
것 같고요.

본부장 : 그럴 거야.

박 팀장 : C과를 보면 분위기도 상당히 괜찮은 거 같고, 다들 행복
해 보이긴 하는데…… 제가 만나서 얘기해 보면 한마디
로 '나는 지금 잘하고 있으니까 그냥 가만히 두라' 는 식
이고, '다른 과장들이나 나만큼 하라고 해라' 라는 식이
죠. 지금 잘하고 있기 때문에 그 이상 특별한 노력은 안
하는 것 같은데, 제 딴에는 더욱 분발하게 해야 하는 것
인지, 아니면 그냥 두어도 되는 것인지, 사실 판단이 좀
안 서거든요. 그래서 본부장님께 상의 좀 드렸으면 해서
찾아뵈었습니다.

본부장 : 갈등을 느끼겠군. 그런데 박 팀장 생각에는 어떻게 하고
싶은가?

박 팀장 : 다른 과장들이 그만큼 실적을 올리지 못하고 있는 것은
사실입니다. 그렇지만 전체적으로 보면, 제 입장에서 플
러스와 마이너스를 따져 봤을 때, 실적이 저조한 팀은 사
실 좀 더 분발하게 하고 더 열심히 하더라도 성과를 낼
수 있는 데에 한계가 있지요. 때문에 그 부족한 만큼을
다른 과에서 좀 보완해 줄 필요가 있지 않을까 싶습니다.
솔직히 C 과장 같은 경우에 조금만 더 노력해 주면 다른
과의 부족한 부분을 보완할 수 있을 정도의 실적을 만들
어 줄 수 있을 텐데…… 그러면 팀 전체적인 차원에서는
상당히 좋겠습니다만, 이 친구가 잘 안 움직인다는 거
죠. 그래서 그 부분이 조금 아쉽습니다.

본부장 : 박 팀장의 이야기를 내가 이해하기로는, 박 팀장은 C 과
장이 조금 더 뛰어 줬으면 좋겠는데, 뾰족한 묘안이 없

11 S사 영업 본부의 특판팀 이야기

다. 그래서 답답해서 날 찾아왔다. 그런 이야기로 이해
되는데, 그런가?

박 팀장 : 예. 제가 슬쩍 지나는 말로 '좀 더 뛰어 주면 전체적으로
좋지 않겠느냐'는 이야기를 했는데, C 과장은 '나는 나
대로 할 만큼 하고 있다. 더 이상 할 필요 없지 않느냐,
내 정량만 채우면 되는 거 아니냐'는 식이고, 조직 전체
보다는 자기가 맡고 있는 일에 대해서만 늘 얘기하니까
조금 아쉽습니다. 그 부분에 대해서 솔직히 말씀드리면,
C 과장에게 일을 좀 더 주면 좋겠지요.

본부장 : 그래, 일을 좀 더 줄 수 있는 아이디어가 있나?

박 팀장 : 사실 그게 좀 답답해서 찾아뵙게 되었습니다.

본부장 : 나름대로 생각한 것이 있을 것 같은데……

박 팀장 : 글쎄요. 사실 어떤 면에서 볼 때, 이 친구가 남자라면 서
로 터놓고 여러 가지 사정도 이야기하면서 방법을 모색
해 볼 수 있을 것 같은데요. 여자인데다가 성격도 보통
깐깐한 편이 아니지 않습니까? 그러다 보니 어떻게 다가
가야 할지 막막하기도 하고, 그런 면에서 어려움이 좀 있
습니다.

본부장 : 그렇다면 자네가 정말 답답하겠구먼.

박 팀장 : 예, 그렇습니다.

Ask

본부장 : 그래, 박 팀장 생각에 그 친구의 지금 상황이나 처지가
어떻다고 생각하는가?

박 팀장 : 그 친구는 여러 가지로 그냥 지금까지 해 오던 대로 무
리 없이 잘 해내고 있다는 생각으로 만족스러워하는 것
같고, 현실에 안주하면서 특별한 불편을 가지고 있거나
하지 않는 것 같습니다.

본부장 : 그러면 박 팀장이 보기에 뭐가 문제인 것 같은가?

박 팀장 : 제가 볼 때는 그 이상도 할 수 있는데 그냥 이 정도에서
안주하고, '그냥 우리끼리 잘 먹고 잘 살면 되는 거 아니
냐', '내 목표만 달성하면 됐지 그 이상까지 신경을 써야
하느냐.' 하는 생각인 것 같습니다. 이제 과장 정도 됐으
면 조직 전체 차원에서 봤으면 좋겠는데 그게 아닌 것
같아서 그 부분이 조금 아쉽고 그렇습니다.

본부장 : 그러한 생각을 가지고 지금과 같은 상태가 계속 지속되
면 팀 전체나 그 과는 어떻게 될 것 같나?

박 팀장 : 이대로 계속 가면 각 과별로 따로 노는 격이죠. 각각의
과 차원에서 자기네 것만 챙기고, 조직 내의 벽도 더 높
아질 테죠. 그러다 보면 커뮤니케이션도 안 되고 서로서
로 도와주기는커녕 경쟁하고, 전체적으로 분위기도 좋
지 않고, 당연히 실적 차원에서도 상호 간의 시너지가 창
출되지 않을 테니 이만저만 어렵지 않을 것 같습니다.

본부장 : 그렇다면 굉장히 안 좋아질 거고, 심각한 문제로 보고 있
다는 이야기지?

박 팀장 : 네. 그렇습니다.

본부장 : 그러면 해결 방안들이 나와 줘야 되는데…… 내가 박 팀
장 얘기를 들어 보면, 자넨 어떡하든지 C 과장을 뛰게 하

11 S사 영업 본부의 특판팀 이야기

고 싶단 말이지? 박 팀장이 외부 조건으로 자극을 줘서 뛰게 해야 되나, 아니면 그 친구의 동기가 육성되어야 하는 건가?

박 팀장 : 외부 작업도 필요할 수 있겠지만, 스스로 동기가 있어야 움직이지 않을까요?

본부장 : 그 친구를 동기 육성할 방법이 뭐가 있을까?

박 팀장 : 글쎄요. 그 친구가 지금 잘해 왔기 때문에 조직적으로 그런 부분에 있어서 인정보상을 해 주는 등의 지원이 된다면, 좀 더 잘할 수 있는 여지가 있지 않을까 하는 생각이 듭니다. 왜냐하면 지금까지 이 친구가 잘해 왔음에도, 조직적으로는 자신이 인정받고 보상받고 있지 않다는 얘기를 지난번에 얼핏 한 것 같기도 하네요.

본부장 : 그건 조금 더 생각해 보고…… 박 팀장도 아이디어를 내야 할 문제이고, 나도 아이디어를 내야 할 문제인 것 같군. 그런데 나는 다른 관점으로 보는 게 있거든. 뭐냐 하면, 그 친구의 욕구가 고도 성장 같은 욕구가 아니라 안정의 욕구잖아. 나의 지금 이 상태가 지속적으로 유지되었으면 좋겠다 하는 그런 욕구 아닌가?

박 팀장 : 그렇죠.

본부장 : : 그 친구는 단골고객 관리를 잘해서 지금까지 유지해 왔어. 그런데 그 대신 뭐가 잘 안 돼 왔지? 바로 신시장 개척이 안 됐잖아.

박 팀장 : 그렇죠. 신규는 거의 없습니다.

본부장 : 신규개척이 없고 단골고객만 관리하면 일 년에 자연적

으로 소멸되는 고객의 숫자는 보통 15~30% 정도가 세계적인 평균이거든. 그동안 그 친구가 성장 상태의 시장에 있었기 때문에 지금까지 고객이 줄어들어도 별 문제없이 여기까지 왔지만, 지금 상태가 앞으로도 계속 지속될 수 있을 것인가 아닐 것인가에 대해 자료나 데이터만 잘 조사한다면 그 친구가 위기감을 갖고 실행의지를 불러일으키도록 할 수 있지 않을까?

박 팀장 : 네, 그럴 수 있겠네요. 지금 전체적인 트렌드는 당연히 성장세가 둔화되면서 좀 걱정스러운 국면으로 들어가기 때문이지요.

본부장 : 또 하나, C 과장이 자기는 목표를 초과 달성하니까 실적들을 가지고 와서 부하들에게 나누어 주었을 때, 과원들에겐 어떠한 장점이 있나?

박 팀장 : 당연히 그들 입장에서는 직접 뛰지 않아도 먹이를 물어다 주니까 수고를 덜 수 있고, 앉아서 받아 먹기만 해도 되니까 하나의 장점이 될 수 있겠네요.

본부장 : 대신 그 친구들은 어떤 약점이 있나?

박 팀장 : 그만큼 직접 발로 뛰지 않으니까 자신들이 신규시장을 발굴한다거나, 기존의 고객들을 관리하는 차원에서의 능력이라든가, 외부 사정에 대해 둔감해질 수 있을 것 같습니다. 한마디로 자신들의 개인적, 조직적인 역량을 향상시키는 데에는 문제가 있을 수 있겠네요.

본부장 : 그러니까 바꿔서 이야기하면, C 과장이 안정 전략을 추구하고 있기 때문에 그 부하 직원들은 자기의 역량이 자

라질 못해서 자생능력이 없어지네. 그럴 때 만약 C 과장
한 사람의 목표가 미달이라도 된다면 C과는 죽어 버리
겠지.

박 팀장 : 그렇죠.

본부장 : 이런 위기를 지금 눈앞에 두고 있으면서도 C 과장은 모
르고 있는 거 같아.

박 팀장 : 예. C 과장은 '내가 무슨 문제가 있느냐? 나는 잘하고 있
는데……' 항상 그런 생각이었습니다.

본부장 : 그런 부분들을 C 과장에게 납득시켜야 할 사람이 누굴
까?

박 팀장 : 바로 제가 해야 될 일 같습니다.

본부장 : 상당히 많은 자료조사가 필요할 테고…… 워낙 C 과장
도 합리적인 사람이라서 구체적이고 객관적인 자료와
근거가 없이는 납득하지 않을 거야. 사원들 한 사람 한
사람이 시장 개척해 온 것, 시장 트렌드나 사원들의 실적
추이 같은 것들을 놓고 납득시켜야 할 거야. 그래서 목
표 관리가 제대로 되고 있는지 체크도 해 줘야 하고. 또
하나가 목표 이야기인데, 현재 목표 달성을 하고 있다고
해서 새로운 목표에 도전하지 않으면 그 조직은 죽는 건
데, 그런 부분에 대한 코칭이 필요한 경우 같네.

박 팀장 : 예, 그러네요.

Comment

본부장 : 이와 같이 조직이 안정되어 있고, 지금 당장 목표를 달성

하고 있기 때문에 자칫 문제가 없는 것으로 넘어갈 수
있는데 제일 심각한 문제가 바로 눈앞에 대두되고 있는
거지. 그래서 이런 것을 선행해서 관리할 수 있는 안목
있는 리더가 훌륭한 리더가 되는 거지.

박 팀장 : 야…… 솔직히 그 정도는 생각을 전혀 못했는데요. 그
정도면 잘 가고 있으니까, 그냥 제 개인적으로 봤을 때
전체적인 차원에서 C 과장이 좀 더 지원을 해 줬으면 좋
겠다는 생각만 있었는데, 말씀을 듣고 보니 보통 문제가
아니네요.

본부장 : 그러니까 지금 박 팀장 얘기처럼 한다면, 자칫 '내가 실적
을 높이고 목표를 달성해야 되겠으니 C 과장 자네가 수고
를 해 다오.' 하고 부하에게 부탁하는 리더가 된다고.

박 팀장 : 아, 네.

본부장 : 그게 아니라 '네가 지금 위기에 대처하고 있으니까 내가
너를 보호하고 돌봐 줘야 하겠다.' 는 리더로 위치를 바
꾸는 게 어떨까?

박 팀장 : 아유, 당연히 본부장님 말씀대로 후자로 가는 것이 옳겠
죠.

본부장 : 그렇지? '내 목표 달성을 위해서 네가 날 좀 봐 다오.'
하면 그건 리더가 아니고 거지가 되는 거지?

박 팀장 : 아, 예.

Help

본부장 : 오늘 보니까 박 팀장이 여러 과의 문제들을 예리하게 꿰

뚫어 보고 있고, 해결의 욕구가 아주 강하고, 또 해결 방안을 합리적으로 채택할 수 있는 능력이 있군. 남은 것은 박 팀장이 얼마나 실천하느냐 하는 것인데, 박 팀장의 실천력이나 행동력 같은 부분들은 이미 우리 본부 내에서 소문이 나 있지 않은가? 그런 점에서 참 박 팀장이 든든하네.

박 팀장 : 예, 감사합니다. 오늘 말씀을 듣고 보니까 C 과장의 경우 어떤 부분에 요점을 가지고 얘기를 해야 되고, 어떤 면에서 그 사람의 문제를 풀어 가야 하는지를 확실하게 이해했습니다.

본부장 : 그래, C 과장이 아주 합리적이라서 충분한 백데이터만 갖다 대면 행동변화는 금방 이루어질 수 있는 사람이라고 알고 있어.

박 팀장 : 예. 그러면 제가 본부장님 말씀대로 다른 팀하고의 비교 자료라든지, 내부적인 구성원의 자료들을 심층분석하고 자료 준비를 잘해서, 미팅하는 데 소홀함이 없도록 준비하겠습니다. 그리고 그 친구하고 한번 얘기를 잘 해서…….

본부장 : 아니야, 자료 준비가 다 되면 C 과장 만나기 전에 나하고 한 번 더 만나세. 그래서 C 과장과 만나 구체적으로 무슨 이야기를 어떻게 할 건지 한 번 더 이야기할 수 있는 기회가 있었으면 좋겠네.

박 팀장 : 예, 알겠습니다. 제가 다음 주에는 부사장 보고가 있으니, 그걸 마무리하는 대로 곧바로 준비해서 금요일까지

한번 조사해 본 후 다시 상의드리겠습니다.

본부장 : 그래, 그렇게 하지.

박 팀장 : 감사합니다.

5) 박팀장의 D 과장 코칭을 위한 본부장의 코칭 사례

Open

박 팀장 : 본부장님, 시간 괜찮으시면 차 한 잔 어떠세요?

본부장 : 그러세. 요새 애 많이 쓰지?

박 팀장 : 예. 열심히 하고 있습니다. 저기 우리 D 과장이 있잖습
니까? 그 친구가 성격이 상당히 소심하고 좋게 보면 꼼
꼼한 거 같은데요. 제가 볼 때는 너무 작은 것에 매달리
는 것 같습니다. 그리고 지난 해에도 승진에서 누락되었
는데 듣자 하니까 계속 누락되고 있는 것 같습니다. 그
에 대해서 상당히 불만이 많은 거 같아요. 본인은 "나는
항상 열심히 일하고 누구보다 최선을 다하는데 왜 자꾸
누락이 되어야 하느냐? 지난번에도 실적 면에서 비슷했
던 모 과장은 승진이 되었는데, 왜 나만 안 되었는지 도
대체 모르겠다."는 얘기도 하고요. 아무튼 승진에 대한
욕구는 상당히 강했습니다. 그러다 보니 조직에 대한 불
만도 굉장히 큽니다. 또한 성격적인 문제도 있다고 보는
데, 팀원들을 상당히 많이 챙기는가 봅니다. 이것저것
시켜 놓았을 땐 믿어 주고 나름대로 열심히 할 수 있도
록 기회를 주어야 되는데, 늘 가서 묻고 확인하고 챙기는

데다, 일이 잘 안 됐으면 안 된 것에 대해서 심하게 얘기
도 하고요. 그래서 그런지 부하들의 불만이 이만저만 아
닌 것 같습니다.

그래서 이 친구는 조직에 대한 불만이 엄청 크고, 밑에
있는 직원들은 또 이 친구에게 불만이 크고, 실적도 다른
과에 비해 가장 저조해 보이고, 앞으로 연말까지 고려해
보면 상당히 걱정됩니다.

본부장 : 그래서 걱정이 많이 되는 모양이군.

박 팀장 : 예. 이 친구에게 그런 문제를 얘기하면 "잘되겠죠, 뭐."
하면서 그냥 넘기려 하고, 나중에 어떤 일을 하고 싶은지
장래 개인의 비전 등에 대해 물어보면 특별한 생각도 없
는 것 같고…… 그래서 많이 답답하거든요. 이 친구의
문제도 하루빨리 해결해서 연말까지는 뭔가 괄목할 만한
성과가 나올 수 있도록 해 줘야 이 친구가 내년에 승진이
되지 않을까 싶은데, 그런 것이 많이 걱정스럽습니다.

Ask

본부장 : 박 팀장이 보기에는 D 과장이 승진에 대한 불만이 그득
하고, 그에 대한 불만이 해소되지 않고서는 일을 제대로
하기가 참으로 어려울 것 같다는 말이군. 또 하나는 부
하들과의 사이에서 리더십에 대한 문제가 있어서 부하
들의 불만이 팽배해 있기 때문에 이 친구가 리더십이 개
선되지 않으면 이 문제가 해결되기 어렵겠다는 것이군.
이 두 가지 문제가 제일 핵심이라고 파악한 모양이네?

박 팀장 : 그렇습니다.

본부장 : 그렇다면 박 팀장이 보기에 그 두 문제 중 어느 문제를 우선적으로 해결해야 할 것 같은가?

박 팀장 : 글쎄요, 일단 본인의 문제를 먼저 해결해야 될 것 같은데요.

본부장 : 그것이 해결된다면 본인이 리더십을 바꾼다든지 하는 유연성이 생길 것 같다고 본다는 말이지?

박 팀장 : 예, 맞습니다.

본부장 : 오케이. 그렇게 문제를 보면 탁탁 핵심을 짚어 내는 게 박 팀장의 정말 남다른 점 같아.

박 팀장 : 감사합니다.

본부장 : 그렇다면 D 과장 본인의 문제를 어떻게 해결했으면 좋겠다고 생각하나?

박 팀장 : 글쎄요, 이 친구가 모든 면에서 불만이 많은 상태이고 성격이 엄청 소심합니다. 얘기를 잘 하지 않고 표현도 잘 하지 않는 스타일이거든요. 그래서 저는 일단 이 친구를 도와주는 측면에서 얘기를 많이 들어 보려 합니다. 그러면서 문제가 무엇인지, 어떤 게 가장 불만인지를 살펴보며, 제가 해 줄 수 있는 것들은 최대한 도와주고, 혹시 조직적으로나 제도적으로 해 줄 수 있는 부분은 지원해 주어야 하지 않을까 생각하고 있습니다.

본부장 : 그 친구 문제에 대해서 굉장히 생각을 많이 한 모양이네. 그런데 궁금해서 묻는데 조직적으로나 제도적으로 돕는다는 건 어떤 걸 얘기하지?

박 팀장 : 예를 들어서, 밑에 있는 과원들이 자기를 너무 안 따라
         준다고 얘기하곤 하는데요. 사실은 제가 볼 때도 그 밑
         에 부하 직원들 중에 과격하고 문제가 있어 보이는 친구
         들이 있거든요. 그중에서도 가장 트러블을 많이 만드는
         과원 때문에 많이 속상해하고 있던데, 그런 친구 같은 경
         우에는 다른 과원들과 좀 교체해 준다거나 하는 방법도
         생각해 봤습니다.

본부장 : 그러면 개인의 승진 불만에 대한 것은 어떻게 할 생각인
        가?

박 팀장 : 승진 불만에 대한 건은 일단 인간적으로 친하게 지내면
         서, 감정적인 불만들을 많이 해소시켜 주고, 어쨌든 본인
         이 목표 달성을 할 수 있도록 제가 측면 지원을 해 주면
         어떨까 싶습니다.

본부장 : 지금 우선 두 가지가 문제잖아? 승진에 대한 불만, 또 하
        나는 부하들에 대한 리더십이 있는데…… 승진에 대한
        불만을 해결할 수 있는 방법들을 볼 때, 우선 그 친구가
        성격적으로 속마음을 잘 털어놓지 않는다고 했잖아. 그
        럴 때 박 팀장에겐 대인관계 스킬 중에서 상대방의 마음
        을 열어 주는 스킬들이 많이 필요할 거야. 그래서 그 친
        구가 터놓고 이야기하게 하고 안심하게 하고, 공감 수용
        하고, 칭찬, 인정하는 기술도 필요할 거야. 그러려면 부
        하의 입장에 서야 할 테고, 허용적인 태도도 가져야겠지.
        그 다음 두 번째로, 나는 그 친구가 그동안 승진하지 못한
        제일 큰 이유가 있을 거라고 생각해. 그 이유를 분명하게

찾아내서 이 친구가 승진할 수 있는 사람으로 성장하고 변화할 수 있도록 돕는 일, 이 일이 하나의 방법이지.

또 하나는 그런 것을 하지 않고, 제도나 다른 것으로 이 사람에게 가점을 준다든지 해서 승진시켜 줘 버린다든가 하는 방법이 있을 텐데, 이럴 경우엔 그 사람을 기르는 것이 아니라 오히려 그 사람을 죽이는 거라고 생각해. 그 사람만 죽이는 게 아니라 조직에 굉장히 부정적인 영향을 미칠 거야. 역량이 부족한 사람이 승진했을 때 그 밑에 있는 많은 사람들이 엄청난 고통을 겪게 되잖아. 나는 그런 일은 없어야 한다고 생각하네.

그래서 박 팀장이 어떻게 하든 그 친구로 하여금 스스로 올바른 의사 결정을 하도록 하고, 자신의 능력을 개발하며, 자기 태도변화를 어떻게 할 것인지에 대하여 목표를 완벽하게 설정하고, 그것을 해내도록 도와주는 방안 등이 정리되었으면 좋겠네. 박 팀장 생각은 어떤가?

박 팀장 : 제가 사실 생각했던 것들은 조직적으로나 제도적 차원에서 지원해 준다거나, 인간적으로 이 친구가 워낙 소심하기 때문에 제가 좀 더 친근하게 제 경험 등을 많이 얘기해 주면서 다독거려 주고, 그러면서 지원해 주는 방향이었는데…… 그렇게 하면 단기적으로는 도움이 될 수 있겠으나, 앞으로의 그 친구를 보나 전체 조직 입장에서 보나 본부장님의 말씀처럼 바람직한 모습은 아닐 것 같습니다.

11 S사 영업 본부의 특판팀 이야기

Comment

본부장 : 그래. 내가 아까 얘기를 들어 보니까, D 과장 밑에 성격
이 아주 강한 친구가 있다며? 그 친구를 다른 곳으로 보
내서 D 과장을 좀 돕겠다는 식의 의도로 얘기하는 것 같
았어. 나는 아까 그 얘기를 듣고 깜짝 놀랐거든.

박 팀장 : 아유, 그러셨습니까?

본부장 : 왜냐하면 그런 친구가 있음으로 해서, D 과장이 리더십
을 확립할 수 있는 훈련이 되고, 앞으로 그 이상으로 더
강한 친구들을 만나더라도 그 사람들을 리드할 수 있는
역량을 기를 훈련 기회로 삼아야 될 텐데 말이야. 힘든
친구가 있으면 다른 데로 보내 버리고, 또 그런 일이 계
속 반복된다면, 이 친구를 기르는 건가, 아니면 망치는
건가?

박 팀장 : 똑같은 문제가 반복되고 그 친구에게도 도움이 안 될 것
같습니다.

본부장 : 조직 내에서 직급이 올라가면 올라갈수록 더 힘든 부하
를 만날 가능성이 커질 텐데, 그것을 상사의 리더십 역량
을 기를 기회로 생각지 않고 부하를 인사 이동시켜서 문
제를 해결하려 드는 것 같아 나는 참 염려스럽더라고.

박 팀장 : 제가 한시라도 빨리 D 과장을 도와주고 싶은 마음이 앞
서서 D과 내의 골치 아픈 과원을 바꿔 주면, D 과장이
한결 더 편안히 일할 수 있지 않을까 하는 생각에 그
만⋯⋯

본부장 : 그러니까 어떤 문제가 생겼을 때 그 사람의 역량을 개발

해서 문제를 해결하고, 또 문제가 풀어질 수 있도록 돕는
일, 이런 게 바로 코칭 리더십이거든.

박 팀장 : 예. 알겠습니다.

Help

본부장 : 그렇게 하려면 힘이 들지 않겠나?

박 팀장 : 지금까지 제가 부족한 부분에 대해서 많이 말씀해 주셨
습니다. 저 스스로 그런 부족한 부분들을 개발하면서 동
시에 다른 사람을 돕는 일이 힘들 것은 분명하겠지만, D
과장을 돕는 일이 저 자신을 돕는 일이라 생각하고 열심
히 하겠습니다.

본부장 : 그렇지. 지금 박 팀장이 나에게 보이는 이런 태도가 바
로 D 과장이 배워야 될 태도 아니겠어?

박 팀장 : 예. 감사합니다.

6) 박팀장의 E 과장 코칭을 위한 본부장의 코칭 사례

Open

박 팀장 : 본부장님, 바쁘시죠?

본부장 : 오늘은 E 과장 얘기를 하려고?

박 팀장 : 앗, 어떻게 아셨습니까?

본부장 : 하하, 이제 5명 과장 중에 마지막 한 명만 남았지 않나?

박 팀장 : 하하하, 예. 그 부분에 대해 상의 좀 드리고 싶어서 찾아
뵈었습니다. 이 과 역시 문제가 많이 있는 것 같습니다.

제가 늘 문제만 가지고 말씀드리는 것 같아서 송구스럽
습니다.

Ask

본부장 : 아니야, 아니야. 그래, 상황이 어떤가?

박 팀장 : E 과장도 참 갑갑한데요. 본부장님께서 아시다시피, 이
친구가 워낙 놀기를 좋아하지 않습니까? 그래도 이 친구
가 워낙 분위기 띄우기도 잘하고, 회식 가서도 잘 놀고,
재미있으면서 아주 활발해서 보기에는 참 좋습니다.

본부장 : 그렇지. 또 순발력도 있고, 샤프하고, 눈치 빠르고.

박 팀장 : 예, 아이디어도 많고요. 그런데 중요한 것은 뭔가 많이
얘기하고 아이디어는 제시하는데, 그 다음에 어떻게 할
거냐고 물으면 그에 대한 답이 안 나온다는 겁니다. 게
다가 본인이 한다고 약속해 놓고 실천도 잘 안 되고, 어
쩌다가 회식 때 기분을 낼 때면 사실 그 다음 날 업무에
지장도 많이 받는 것 같습니다.

본부장 : 오, 그런가? 그런데 무슨 문제가 있는가?

박 팀장 : 예, 업무를 하다 보면, 심사숙고하거나 사려 깊게 생각하
지 않고 즉흥적으로 그냥 답변한다거나, 팀 내에서도 그
런 식으로 의사 결정을 하는 부분이 많습니다. 그런데다
가 사실 이 친구가 요새 생각이 좀 많습니다. 워낙 넋을
놓고 다니는 것 같아서 어떤 일이 있느냐 물어보니까 대
뜸 다른 팀으로 보내 달라는 겁니다.

본부장 : 오, 그래?

박 팀장 : 예. 그래서 왜 그러냐고 물었더니, 지금 하고 있는 일은 적성에도 안 맞는 것 같고, 솔직히 재미도 없는데다가 과원들하고도 잘 안 맞으니, 지금의 업무에 집중을 못하겠답니다. 그러다 보니 당연히 재미도 없을 것이고, 지금 하고 있는 일에 대해 애정이 많이 떨어지다 보니 실적이 안 좋을 수 밖에 없고요. 악순환인 거 같습니다.

본부장 : 그러니까 박 팀장이 볼 때 이 친구가 특판팀에서 마음이 떠났다고 본다는 소리지?

박 팀장 : 네, 그렇습니다.

본부장 : 그러면 많이 걱정되겠네.

박 팀장 : 예. 그렇습니다. 그래서 어디로 가고 싶은지 물으니까 자기는 발로 뛰며 나가서 홍보하는 쪽에서 일하고 싶다고 합니다. 그래서 이미 그쪽하고도 접촉하고 있는 눈치였습니다.

본부장 : 벌써?

박 팀장 : 예. 지금 현재 E 과장을 보면, 저희 팀에 있는 친구인지, 홍보팀에 있는 친구인지 도대체 구분이 안 될 정도로 마음이 이미 떠나 있다고 봐도 될 정도입니다. 그래서 상당히 걱정스럽고, 당연히 그 밑에 있는 친구들에게도 영향을 미칠 것이기 때문에 지금 답답한 상황입니다.

본부장 : 그렇다면 이런 상태가 계속되면 어떤 일이 생길 것 같나?

박 팀장 : 팀의 실적은 엉망이 될 테고, 저도 아주 어려워질 것 같습니다.

본부장 : 자네가 걱정을 많이 한 거 같군. 더구나 다른 팀 관리자
        들 하고 미리 사전 조율까지 하고 있는 것처럼 느껴진다
        면 많이 걱정스러울 것 같아. 그런데 박 팀장이 그만큼
        생각을 했으면 앞으로 어떻게 하는 게 좋겠어?

박 팀장 : 제 생각에는 자신이 원하는 팀으로 보내 주는 게 본인을
        위해서나 그 과의 부하 직원들을 위해서나 또 저를 위해
        서도 그렇고요. 모든 사람들이 다 승리하는 것이 아닌가
        싶어서…… 차라리 원하는 대로 보내 줄까 싶습니다.

본부장 : 그런 생각을 했군. 그런데 나는 생각이나 관점에 차이가
        있거든. 박 팀장은 본인을 위해서나 E 과장 자신을 위해
        서 이것이 바람직한 방법이고, 윈윈 하는 방법이라고 얘
        기하는 거 아닌가?

박 팀장 : 네, 그렇습니다.

Comment

본부장 : 내가 봤을 때는 그게 모두가 패배하는 방법 같아.

박 팀장 : 그렇습니까?

본부장 : 첫 번째로는 박 팀장이 볼 때, 여기서 그 친구의 지금 실
        적이 어때?

박 팀장 : 별로 안 좋죠.

본부장 : 그렇지? 그 친구가 여기서 탁월한 성과를 내고, 홍보팀
        에서 정말 필요한 사람이라고 인정받아 그쪽에서 스카
        우트해 가다시피 하게 됐을 때 이 친구가 승리하는 걸까,
        아니면 이 친구가 여기서 제대로 일도 못하는데 홍보 쪽

에서 혹시 필요할지 모르니까 데려가라든지 또는 그 친
구 본인이 직접 그쪽에 부탁해서 옮겨 가는 것이 맞는
걸까?

박 팀장 : 당연히 여기서 충분히 인정받고, 저쪽에서 보내 달라 요
청했을 때 마지못해서 보내 주는 것이 본인도 좋고 그쪽
도 좋을 것 같습니다.

본부장 : 그렇지? 박 팀장이 봤을 때, 이 친구는 박 팀장이 팀장으
로 오고 난 다음에도 마음을 못 잡고, 일도 제대로 못했
네. 이 친구가 여기에 근무하고 있으면서 홍보 맨이라고
자처하고 다닐 때, 박 팀장이 코칭을 통해 새 사람으로
키웠다고 가정해 보세. 다른 사람들이 '아! 박 팀장이 정
말 훌륭한 리더십이 있어서 저 속 썩이는 문제아를 진짜
사람 만들었다. 그래서 뛰어난 실적을 나오게 만들었다'
했을 때 박 팀장이 승리하는 건가, 아니면 문제가 많은
사람을 박 팀장이 다루지 못하니까 다른 팀으로 보내 버
렸다는 소리를 들었을 때 승리하는 건가?

박 팀장 : 그야 당연히 앞서서 말씀하셨던 부분이 저한테 이익이
되고, 인정받는 길이겠죠.

본부장 : 그렇지. 나로선 지금 E 과장을 보내는 방법이 서로 승리
하는 방법이라는 생각이 안 드네. 박 팀장이 그저 쉽게
가려고 그랬던 것 같아.

박 팀장 : 아, 예.

본부장 : 그게 코칭 리더의 태도로 보이지 않는단 말이야. 부하들
의 잘못이 있으면 그들의 잘못을 고쳐 주고, 역량을 개발

11 S사 영업 본부의 특판팀 이야기

시키고 길러서 조직에 정말 공헌할 수 있는 인재로 키워
낸 후 그 사람이 공헌할 수 있는 자리로 보내는 일이 코
칭 리더로서의 기본 자세거든.

박 팀장 : 예. 그 말씀을 들으면서 다시 한 번 생각해 보니, 그 친구
를 위해서 보내 주기보다는 제 머리가 아프니까 보내는
편이 차라리 낫지 싶어서 그랬던 게 아닌가 하는 생각이
듭니다.

본부장 : 그렇지. 그런 솔직함이 정말 박 팀장의 남다른 점 아닌
가? 그런데 말이야, 만일 내가 골치 아파서 박 팀장을 다
른 곳으로 보낸다고 생각하면 자네는 나를 믿고 따를 수
있을까?

박 팀장 : 아니겠죠. 원망하고 본부장님을 미워할 거 같습니다.

본부장 : 그러니까 자기 부하로 맡은 이상 그 사람 때문에 우리가
마음이 아프고, 머리도 아프고, 골치까지 아파도 그 사람
과 함께 고뇌할 수 있어야 할 거 같네.

박 팀장 : 예. 그런데 사실 그 친구와 얘기하다 보면, 아무리 제가
할 수 있는 모든 것을 동원해서 그 친구를 설득하고 같
이 열심히 일해 보자고 하더라도, 이 친구가 워낙 처음부
터 소 귀에 경 읽기처럼 한 귀로 흘리면서 자꾸 자기가
가고 싶은 쪽으로만 생각을 하니까요.

본부장 : 내가 박 팀장의 얘기를 들으면서 그게 박 팀장의 리더십
스타일이라고 생각되는데 말이야. E 과장이 홍보팀으로
가겠다 했을 때, 자네는 그저 가지 말라는 식으로 말하니
까 상황이 자꾸 그렇게 되는 거 아니겠어?

"내가 보기에도 E 과장은 홍보팀의 적임자일 수 있다. 그런데 자네가 가려면 어떻게 해야 되느냐? 비실비실하고, 능력이 모자라고 쓸모가 없기 때문에 내가 퇴출시켜서 홍보팀으로 갔을 때 진짜 유능한 홍보 맨이 될 수 있겠느냐? 아니면 여기서 정말 탁월한 성과를 내고, 이쪽에서는 절대 못 보내겠다 하고, 저쪽에서는 어떻게든지 데려가겠다 해서 모셔 갔을 때 유능한 홍보 맨이 될 수 있겠느냐? 어느 쪽을 선택하겠느냐? 나는 지금 자네가 내고 있는 그 정도 실적으로는 누구에게도 보낼 수가 없다."

박 팀장이 이처럼 단호한 태도를 보여 줬어야 하는데, 박 팀장 마음이 약하게 보이니까, 그 친구는 자기가 고집을 부리면 갈 수 있다고 생각하는 것이지.

"만약에 E 과장이 가겠다고 하면, 난 본부장한테 얘기를 하든, 누구에게 얘기를 하든, 사장님께 얘기를 해서라도 절대 못 보낸다. E 과장같이 유능하고 머리 좋고, 순발력 있고, 적극성이 뛰어난 사람이 끈기 하나 모자라서 여기서 비실비실대다가 놀기만 좋아하는 사람으로 인식되고…… 그래서는 내가 자네를 다른 데로 보낼 수가 없다." 이런 단호한 태도가 있어야 하지 않을까?

박 팀장 : 지금 그렇게 본부장님께서 말씀해 주신 것처럼 해야만, 본인 입장에서도 정말 본인을 위해 이야기해 주는 거라고 이해할 수 있을 것 같습니다.

본부장 : 그게 진심이어야 할 테고……

박 팀장 : 예. 저도 사실 그 친구를 아끼는 마음에…… 워낙 재능이
　　　　많은 친구인데 실적이 안 좋다 보니까 자꾸 옮기겠다고
　　　　하는 게 아닌가 싶어서요. 그래서 단순하게 그 친구가 원
　　　　하는 곳으로 보내 주는 것이 맞지 않겠나 생각했습니다.
본부장 : 내가 믿는 것은 집에서 새는 바가지가 밖에 나가서도 샌
　　　　다는 거지. 여기서 적당히 일하는 태도를 가지고서는 홍
　　　　보팀처럼 바쁜 팀에 가서 또 바보 노릇하기 딱 좋지 않
　　　　겠나? 나는 나하고 함께 일했던 친구들을 그렇게 어렵고
　　　　힘들어지는 자리로 그냥 보내고 싶진 않아. 거기 가서
　　　　정말 멋진 홍보 맨이 될 수 있도록 우리가 한번 길러 보
　　　　자고.

Help

박 팀장 : 본부장님, 그러면 이 친구를 제가 따로 만나서 얘기할
　　　　때, 지금 본부장님이 말씀해 주신 내용들을 중심으로 얘
　　　　기하겠습니다. 예를 들어서, 제가 한시적으로 기한을 정
　　　　해 놓고, "그때까지 열심히 해서 자네 능력을 입증해 보
　　　　이고, 그러고 나서 정말 홍보팀 쪽에서 보내 달라고 부탁
　　　　을 해 오면 그때는 얼마든지 자네가 가서 본인의 능력을
　　　　마음껏 펼쳐 봐라"라고 이야기해도 괜찮을까요?
본부장 : 글쎄, 자네 생각에는 어떤가?
박 팀장 : 여기서 얼마든지 자기 능력을 펼쳐 보이고 인정받는다
　　　　면 어디 가서든 잘할 수 있을 거라고 생각합니다. 그때
　　　　에 본인이 원하는 것을 하게 된다면 본인에게도 좋을 테

고, 자신이 원하는 일은 더 잘할 수 있기 때문에 탁월한
성과를 낼 수 있으리라 생각합니다.

본부장 : 나도 그때는 우리가 윈윈 하는 거라고 생각해. 그리고
우리 본부를 위해서, 우리 회사를 위해서, 우리 본부에
있는 어떤 인재라도 자기의 능력을 최대한 발휘할 수 있
는 자리가 있다면 보내야 한다고 생각하지. 그 생각에
나는 추호도 의심이 없어. 다만, 여기서도 성공하지 못
했고 다른 곳에 가서도 실패할 수 있는 태도를 가진 사
람을 다른 쪽에 보낸다면, 나는 그쪽의 본부장에게 무책
임한 거야. 나는 그런 태도를 갖고 싶지 않다는 거지.

박 팀장 : 기본적으로는 얼마든지 더 잘할 수 있도록, 자기가 좋아
하는 일을 할 수 있도록 지원해 주는 것은 당연하되, 그
친구가 그만한 능력을 쌓아 놓고 다른 곳으로 갈 수 있
도록 해 주는 것이 또 제가 해야 할 일이라는 말씀이시
죠?

본부장 : 그렇지. 그건 우리 임무라고 생각해. 그런 부분에 있어
서, 언제 어떠한 경우라도 만약 박 팀장이 내 이름을 팔
아야 될 경우가 있다면, 내 이름을 들먹이면서라도 그런
이야기를 단호하게 해도 좋다고 생각하네.

박 팀장 : 예, 잘 알겠습니다. 제가 분명하게 얘기했을 때, 혹시 단
기적으로 그 친구하고 부딪치는 것을 좀 우려했던 게 아
닌가 싶네요.

본부장 : 그래, 그 친구가 성격이 강해서 누가 통제하거나 장악하
려고 들면 엄청 튀잖아? 그것을 다룰 수 있는 방법이, 사

실은 박 팀장이 공부해야 할 칭찬 리더십이야.

박 팀장 : 알겠습니다. 오늘 말씀해 주신 것들은 필히 명심해서 E 과장을 한번 훌륭한 인재로 키워서, 자기 원하는 곳으로 갈 수 있도록 해 보겠습니다.

본부장 : 그래야 그 친구가 일생을 두고 박 팀장을 좋아하며, 믿고 따를 수 있지 않겠나?

박 팀장 : 그렇습니다.

본부장 : 순간에 헤어져서 다시 안 보는 상황은 만들지 않았으면 좋겠네.

박 팀장 : 잘 알겠습니다.

본부장 : 나한테 오면 늘 어려운 과제만 받게 되지?

박 팀장 : 아닙니다. 항상 와서 많이 반성도 하고, 많이 배우고, 저도 본부장님처럼 그런 리더십을 발휘할 수 있도록 열심히 하겠습니다.

본부장 : 하하, 벌써 하고 있잖아.

박 팀장 : 아유, 감사합니다.

3. 박 팀장의 코칭 사례

1) A 과장에 대한 '대인관계' 코칭 사례

 상 황

A과의 현재 영업 실적은 무난한 편이지만, A 과장은 함께 일하는 고참 송 대리와의 사이가 안 좋아서 큰 어려움을 겪고 있는데, 앞으로

어떻게 A과를 이끌어 나가야 할지 걱정이 크다. A 과장이 보기에 송 대리는 매우 적극적이고 업무 추진력은 높으나 고집이 너무 세고, 매사에 불평 불만이 많으며, 항상 믿고 맡겨 달라고 큰소리는 치지만, 이전에도 일을 믿고 맡겼다가 결과가 좋지 않았던 적이 있는 터라 그에게 일을 일임하기는 미덥지가 않다. 그런 차에 송 대리는 부하직원들과 똘똘 뭉쳐 자신의 파워를 키워 가면서 A 과장을 무시하는 경향이 있는 것 같아 보인다.

코칭 포커스

사실 문제와는 달리, 대인관계에서의 문제는 그 문제를 발생시킨 원인행위자가 누구인지 (그 원인 및 누가 문제인지를) 파악하기보다, 정확한 현상 파악 후 누가 그 문제를 해결할 욕구를 가지고 있는가를 파악하고, 문제해결 욕구가 강한 A 과장을 코칭해야 한다.

A 과장에게는 다음과 같은 능력들을 키워 주어야 한다.

첫째, 커뮤니케이션 능력

둘째, 칭찬/인정 능력

셋째, 상대방 성격 특성 파악 능력

넷째, 상대 특성에 따라 리더십 스타일을 변화시킬 수 있는 능력

Check

- A 과장은 A타입으로서 머리가 좋고, 매우 논리적이며 합리성이 높지만, 마음은 상당히 여린 편이다. 그래서 타인과 갈등이 발생하면 적극적으로 나서서 해결하려 하기보다는 가급적 본인이 많이 참으면서 갈등 상황을 아예 만들지 않거나 피하려 한다. 고민 사항이 있을 때에

는 주로 혼자 깊이 고민하고 알아서 의사 결정을 하는 타입이다. 주변에서는 그에 대하여 책임감 있고 자신의 업무 처리는 빈틈없이 잘한다고 한다.

팀장이 송 대리로부터 A 과장과의 관계 및 힘든 점 등에 대하여 들은 내용을 요약해 보면 다음과 같다.

- "A 과장과 잘 지내고 싶은 마음이 없는 것은 아닙니다. 그런데 A 과장은 일을 좀 시작하려고 하면 도와주지는 못할망정 꼭 근거를 내놔라, 왜 이래야만 하느냐 등등 사사건건 딴지만 걸고 기분을 잡치게 합니다. 그래서 그렇게도 나를 못 믿나 싶어서 (기분도 나쁘고, 그래서 이런 점들에 대해) 이야기를 좀 하려고 하면 그때는 또 감정적으로만 이야기하지 말고, 논리적으로 이야기하라고 하더군요. 물론 논리적인 것이 필요하지만 영업이 논리적으로만 되는 건 아니지 않습니까? 그리고 결정적으로 말이죠. 제가 최선을 다해서 성과를 내도 그건 그냥 기본이라는 식으로 알아주지도 않다가, 작은 거 하나라도 잘못하면 마치 기다렸다는 듯이 사람을 쑤셔대서 같이 일하기가 너무 힘듭니다."

Open

박 팀장 : A 과장, 지금 많이 바쁜가? 시간 있으면 한 30분쯤 이야기 좀 할 수 있을까?

A 과장 : 아, 예 괜찮습니다.

박 팀장 : 그래, 마침 시간이 좀 있는 모양이구먼. 요즈음 경기가 안 좋아서 기존 고객 관리도 어렵고, 신규 고객 발굴도 많

이 힘들 것 같아서 자네 이야기 좀 듣고 싶어서 말이야.

A 과장 : 예, 팀장님. 경기도 그렇습니다만, 지난번 잠시 말씀드렸던 송 대리 있지 않습니까?

박 팀장 : 음~ 지난번에 한 번 송대리 이야기를 하더니 여전히 어려움이 많은가 보네.

A 과장 : 예 …… 생각보다 어렵네요. 그렇다고 어디 가서 후배 때문에 고생한다고 이야기할 수도 없고, 속 시원하게 이야기할 만한 사람도 없는 것 같고요.

박 팀장 : 그렇다면 더욱 힘들었겠군.

A 과장 : 예! 정말 힘들어 죽겠습니다.

박 팀장 : A 과장이 이런 소리를 할 정도면 이만저만 답답한 게 아닌 모양이군.

A 과장 : 팀장님께서 그렇게 알아주시니 말씀드립니다만, 지난 분기엔 이 친구가 목표 달성은 염려하지 말라고 큰소리를 뻥뻥 쳤습니다. 그런데 결과가 미달해도 한참을 미달했지 뭡니까? 그래서 제가 이번 분기뿐만 아니라 연말까지의 영업 계획을 철저히 수립하고 근거 자료를 가져오라고 했습니다. 그랬더니 일을 하다 보면 한 번쯤은 그럴 수도 있지 뭘 그러냐면서, 아무튼 연간 목표만 달성하면 될 것 아니냐며 대드는 겁니다.

박 팀장 : 계획도 없이 말만 앞세운다고 생각하니까 답답하기 짝이 없는데, 대들기까지 한다고 느꼈다면 정말 황당하고 화도 나고 그랬겠네.

A 과장 : 예…… 이젠 아주 한술 더 떠서 송 대리 밑에 있는 친구

들까지 송 대리 영향을 받은 것 같습니다. 한번은 점심 시간에 자기들끼리 밖에서 약속이 있다면서 우르르 나가 버리더라니까요.

박 팀장 : 거기다 다른 후배 사원들마저 송 대리를 따라 한다는 생각이 들었다면 앞으로 과 전체에 안 좋은 영향을 미칠 것 같아서 걱정이 된다는 얘기가 아닌가?

A 과장 : 맞습니다. 그래도 저는 어떻게 하든 지난 분기 펑크 난 거 메워 보려고 백방으로 노력하고 있는데 말이죠.

박 팀장 : 그래, 자네가 그렇게 힘들고 어려운 상황에서도 최선을 다하고 있는데 후배들이 하나같이 자네의 그런 노력은 알아주지도 않는다는 생각이 들었다면 많이 야속하고 서운하기까지도 하겠군.

A 과장 : 예, 그렇죠. 이렇게 제 처지를 이해해 주시니 고맙습니다.

박 팀장 : 자네야 샤프하고, 논리적이고, 이성적이기까지 하면서 목표 의식도 뚜렷하고 책임감이 강한 사람 아닌가?

A 과장 : 아유, 감사합니다. 팀장님과 이야기하다 보니 기분이 많이 좋아진 것 같습니다. 이럴 줄 알았으면 진작 찾아뵙고 상의드릴 걸 그랬네요.

박 팀장 : 그야 자네가 책임감이 워낙 강하다 보니까 어떻게든 혼자서 문제를 해결해 보려고 그랬던 것 아니겠는가?

Ask

 상황 질문

박 팀장 : 그래, 그런데 자네는 요즈음 과 전체 상황을 어떻게 보고

있는지 이야기해 줄 수 있겠나?

A 과장 : 이대로 가면 이번 분기 목표 달성은 가능할 것도 같습니
다만 올해 남은 기간이 걱정됩니다. 아무리 열심히 해도
목표 달성은 어려울 것 같다고 모두들 회의적으로 생각
하는 분위기이고, 팀원들의 사기가 많이 저하되어 있습
니다.

박 팀장 : 그렇다면 걱정도 되고, 고민이 많겠는데……?

A 과장 : 예, 걱정이 많이 됩니다.

문제 질문

박 팀장 : 그렇다면 자네가 볼 때, 어떻게 해서 상황이 여기까지 오
게 된 거라고 생각하나?

A 과장 : 여러 가지 문제가 복합적으로 작용했겠지만, 저와 송 대
리와의 관계가 매끄럽지 못한 점이 가장 큰 이유인 것 같
습니다. 둘이서 업무상 꼭 필요한 이야기만 하고, '너는
너, 나는 나' 이런 식으로 지내고 있습니다. 그래서 사실
2주 전에는 술 한 잔 하며 풀어 보려고 과원들과 함께 회
식을 했는데, 도저히 대화가 안 되는 분위기라서 저는 그
냥 중간에 나왔습니다.

박 팀장 : 저런, 일부러 자리까지 마련했는데도 대화가 되지 않았
다면 많이 답답했겠는데……

A 과장 : 예, 솔직히 또 다른 시도를 해도 받아 주지 않을 것 같으
니까 그 점이 답답하고, 송 대리가 먼저 다가올 거 같지
도 않고요.

박 팀장 : 음, 그랬군. 그렇다면 송 대리와의 관계 이외에 다른 문
제는 없나?

A 과장 : 연간 목표 또한 너무 높게 설정되어 있습니다. 전임 팀
장이 작년도 실적을 스트레치하여 잡아야 된다면서 전
년 대비 20%나 높게 책정해 놓은 상태거든요.

박 팀장 : 목표 자체가 좀 무리라는 말이군.

A 과장 : 목표도 무리긴 하지만 송 대리와의 관계가 더 문제입니
다. 사실, 제가 좀 더 적극적으로 커뮤니케이션하려고
노력했어야 했는데, 송 대리가 뭘 해도 자꾸 밉게만 보이
더라고요. 그러다 보니 얼굴 마주치고 이야기하기도 싫
어지고, 자꾸 잘못한 부분만 지적하게 되고요.

박 팀장 : 나는 자네에게 놀라운 것이, 송 대리 때문에 그렇게 속이
썩고 불만을 가지고 있으면서도 혹시 자신한테는 문제
가 없었는지 되돌아볼 줄 아는 여유까지 가지고 있다는
점이네. 그런 점은 자네가 항상 자기 자신을 객관화해서
보고 있기 때문이라고 생각되는데, 그런 점은 다른 사람
들에게서는 찾아보기 어려운 장점이지.

☁ 확대 질문

박 팀장 : 그런데 이런 상황이 앞으로도 계속 지속된다면 어떻게
될 것 같나?

A 과장 : 그야 물론, 실적 달성은 당연히 물 건너가고, 팀 분위기
도 더욱 안 좋아지겠죠. 본부 전체에도 적지 않은 영향
을 미칠 수밖에 없을 것 같습니다.

박 팀장 : 본부에까지 영향을 미친다면 분명 작은 문제는 아닌 것
같은데…… 그럼 자네 개인에게는 어떨 것 같나?

A 과장 : 앞으로 최고의 영업 맨이자, 관리 임원이 되고자 하는 저
의 앞길에 큰 장애가 되겠지요. 당장에 내년 성과급에도
타격이 클 테고…… 사실 지난번에 집 장만하느라 부채
가 좀 크거든요. 그리고 다른 팀 과장들 보기도 그렇
고…… 솔직히 자존심이 상하네요.

박 팀장 : 자네 얘기는 조직 전체로 보나 개인으로 보나 엄청난 타
격을 입을 것이 뻔하다는 말 아닌가?

A 과장 : 예, 그렇습니다.

 **대안 질문**

박 팀장 : 자네가 이 문제를 그 정도로 심각하게 생각하고 있다면
어떻게 해결했으면 좋겠는지 나름대로 생각이 있을 것
같은데?

A 과장 : 예, 좀 생각해 보았는데요. 팀장님께서 송 대리를 불러
서 한번 이야기해 주시면 어떻겠습니까?

박 팀장 : 자네는 송 대리와 직접 해결해 보려고 시도해 보았지만
잘 되지 않으니까 내가 나서 주면 좋겠다는 생각인가?

A 과장 : 그렇습니다. 그리고 평소에 송 대리가 팀장님 말씀은 잘
듣는 편 아닙니까? 그래서 그런 생각을 해 보았습니다.

박 팀장 : 그러니까 자네 얘기는 내가 송 대리를 만나서 이야기를
해 주면 좋겠다는 말이지?

A 과장 : 그렇습니다.

박 팀장 : 그래. 그런데 그렇게 했을 때는 어떤 장점이 있을 것 같
　　　　　은가?

A 과장 : 우선 송 대리가 팀장님 말씀을 잘 들으니까 변화가 좀 쉬
　　　　　울 것 같고, 저와 만나서 이야기하다가 마찰이 더욱 심해
　　　　　지는 부작용도 없을 것 같습니다. 또 팀 내부적인 이야
　　　　　기인 만큼 팀장님이 나서만 주신다면 곧바로 상황이 나
　　　　　아질 것 같은데요. 그러면 그 밑에 있는 친구들까지도
　　　　　좋아질 것 같고…… 다 좋을 것 같습니다.

박 팀장 : 그럴 수도 있겠지. 그런데 혹시 단점은 없겠는가?

A 과장 : 혹시 송 대리가 우리 일을 팀장님한테 일러 바쳤다고 생
　　　　　각한다면 더욱 불편해질 것도 같습니다.

박 팀장 : 실은 나도 그 점이 염려되거든. 차후 또 이와 같은 상황
　　　　　이 벌어졌을 때, 그땐 어쩌나 하는 생각도 들고……

A 과장 : 음…… 팀장님 말씀을 듣고 보니 아무래도 제가 직접 송
　　　　　대리와 이야기해 보는 것이 좋겠습니다.

박 팀장 : 그래도 끝까지 후배인 송 대리하고 잘해 보려 하고, 또
　　　　　힘들어도 그렇게 혼자 해결하겠다는 생각까지 하는 걸
　　　　　보면, 자넨 역시 합리적이고 사려 깊은 사람이야.

Comment

박 팀장 : 그런데 A 과장, 오늘 자네와 이야기하다 보니까 좀 아쉬
　　　　　운 부분이 있어서 그 이야기를 조금 했으면 하는데……
　　　　　어때? 잠시 들어 줄 여유가 있나?

A 과장 : 그럼요, 팀장님 말씀이라면 뭐든지 좋습니다.

박 팀장 : 그래…… 자네가 아까 가장 큰 문제는 송 대리와의 관계
라고 하면서도 정작 그 해결은 내가 해 주었으면 좋겠다
고 말하지 않았는가? 그 얘길 들으면서 나는 솔직히 가
슴이 갑갑해지면서 자네에게 실망스럽더라고…… 왜냐
하면 내가 아는 자네는 말이야, 평소에 어떤 어려움이 있
어도 합리적으로 판단하고, 적극적으로 문제를 해결하
려고 노력하는 사람이잖아. 그런데 오늘은 왠지 힘들다
고 해서 다른 사람이 대신 해결해 주기만을 바라는 사람
으로 보이네.

A 과장 : 아유, 죄송합니다. 제가 너무 못난 모습을 보여 드린 것
같아 죄송스럽네요.

박 팀장 : 그야 상황이 너무 힘들고 막막하니까 그랬겠지. 그렇지
않았으면 그럴 사람은 아니잖아. 그렇다면 앞으로는 어
떻게 했으면 좋겠나?

A 과장 : 예, 앞으로는 피하지 않고 제가 직접 해결하기 위해 노력
하겠습니다.

박 팀장 : 자네는 여러 가지로 참 장점을 많이 가지고 있는 사람이
야. 특히 이렇게 다른 사람의 이야기를 귀담아 듣고, 어
떻게든 반영해서 개선하겠다는 그 자세가 정말 대단해.
그리고 자넨 한 번 마음먹으면 꼭 해내고야 마는 사람이
니까 잘하리라 믿네.

A 과장 : 예, 앞으로 더 잘할 수 있도록 노력하겠습니다.

박 팀장 : 그런데 말이야. 자네가 앞으로 대화로서 문제를 풀어 가
겠다고 했는데…… 어떤가? 자네의 커뮤니케이션 방식

이나 스타일에 대해서는 어떻게 생각하나?

A 과장 : 솔직히 커뮤니케이션은 자신 없는 부분입니다.

박 팀장 : 왜 그렇다고 생각하지?

A 과장 : 예…… 일단, 제가 사실 고집이 좀 세지 않습니까? 그러다 보니 제 말을 들으라고 밀어붙이기에만 급급했던 것 같습니다.

박 팀장 : 하하, 그랬나?

A 과장 : 예, 그렇게 생각해 본 적은 없었거든요. 그래서 앞으로는 상대방 입장에서 먼저 생각해 보고, 이야기를 들어 주면서 상대를 이해하는 노력부터 한 다음에 제 입장을 잘 전달할 수 있도록 노력하겠습니다.

박 팀장 : 음, 역시 샤프하고 현명한 사람이다 보니 자신의 부족한 점과 보완 방법까지 아주 잘 알고 있구먼. 그런데 일전에 내가 송 대리와 이야기하다 보니까, 자네로부터 전혀 신뢰받지 못하고, 능력을 인정받지도 못하고 있다고 생각하는 것 같던데, 이 점에 대해서는 어떻게 생각하나?

A 과장 : 글쎄요…… 혹시 제가 너무 송 대리가 잘못한 부분만 가지고 이야기해서 그런 거 아닐까요?

박 팀장 : 내가 만약 자네에게도 똑같이 그렇게 한다면, 내가 자네를 전적으로 믿고 인정한다는 생각이 들겠나?

A 과장 : 물론…… 아닐 것 같습니다.

박 팀장 : 그럼, 어떻게 하는 게 좋을까?

A 과장 : 가급적 잘못한 부분에 대한 지적은 최소화하고, 잘한 일에 대해 더 많이 칭찬하겠습니다.

박 팀장 : 그래, 앞으로는 지적보단 칭찬을 더 많이 하겠다는 말이
　　　　　지? 내가 볼 때에도 송 대리는 다른 사람들로부터 인정
　　　　　받고자 하는 욕구가 특히 강한 친구거든. 그런 사람은
　　　　　자기가 칭찬을 받으면 받을수록 더욱 잘하려고 노력하
　　　　　고, 인정해 주는 사람에게는 충성을 다하는 스타일이지.
　　　　　자네가 더욱 자주, 많은 칭찬을 해 준다면 자네와의 관계
　　　　　는 물론 팀 전체에도 굉장히 긍정적인 효과가 있을 거라
　　　　　고 생각되네.

A 과장 : 예. 잘 알겠습니다.

박 팀장 : 좋았어. 자넨 항상 열린 사고를 하고, 어떻게든 더 잘하
　　　　　기 위해서 끊임없이 노력하는 모습이 참 훌륭해.

A 과장 : 아유, 감사합니다.

박 팀장 : 그런데, 오늘 이야기를 잘하다가 갑자기 지적받는 것 같
　　　　　아서 기분이 언짢거나 하진 않나?

A 과장 : 아유, 무슨 말씀을요. 오히려 제가 미처 깨닫지 못했던
　　　　　부분까지 말씀해 주서서 너무 감사합니다.

박 팀장 : 하하, 이렇게 상대방에 대한 예의까지 갖추고 있다니!

Help

박 팀장 : 그래, 송 대리는 언제 만나 볼 생각인가?

A 과장 : 이번 주는 프로젝트 중간 보고가 있어서 바쁘니까 다음
　　　　　주 수요일쯤 소주 한 잔 하자고 해서 이런저런 이야기를
　　　　　하다가 솔직하게 심정을 털어놓고 이야기해 보면 어떨
　　　　　까 합니다.

박 팀장 : 그래, 송 대리가 워낙 술 한 잔 하며 진솔한 이야기하는
걸 좋아하지. 아무래도 공적인 자리보다는 사적인 분위
기에서 이야기 나누는 것이 훨씬 편안하고 효과적이리
라 생각하는 모양이군. 그렇다면 어떻게 이야기를 풀어
갈 생각인가?

A 과장 : 아까 말씀드린 것처럼 먼저 송 대리의 입장에 서서 그 심
정을 받아 줘야 하겠네요.

박 팀장 : 좀 더 구체적으로 말해 보겠나?

A 과장 : "송 대리, 송 대리 입장에서 보면 그동안 나하고 함께 일
하면서 내가 자네를 믿고 일을 맡기지 않는 것 같고, 또
내가 스케일도 작아 보이고 일일이 체크하는 것 같아서
답답하기도 하고 불만스럽기도 했을 거야. 자네가 워낙
통이 크고 저력이 있어서 꾹 참고 말도 하지 않고 있는
것 같아 내가 이야기를 좀 듣고 싶어서 만나자고 했네."
라고 말하겠습니다.

박 팀장 : 벌써 머릿속에 대화가 구성되어 있구먼. 그렇다면 그 다
음에는?

A 과장 : 그 다음에는 송 대리의 장점부터 칭찬해 주고요. 사실 그
친구 일할 때 보면, 어려운 일도 위험을 감수해 가면
서 항상 낙관적으로 보고, 힘 있게 밀고 나가는 모습이라
든가, 자기가 옳다고 생각하는 것에 대해서는 적극적으
로 의사표시를 하고, 남자답게 박력도 있고, 유머감각도
풍부하잖아요? 솔직히 저한테는 부족한 부분들을 그 친
구가 많이 갖고 있기도 하지요. 그런 다음, 송 대리 입장

에 대해서 제가 먼저 들어 보고 나서 맨 마지막에 제 생
각에 대해서도 차분히 이야기해 보면 어떨까요?

박 팀장 : 야! 자넨 정말 대단해. 그렇게 송 대리와 어려움을 겪으
면서도 상대의 장점을 아주 잘 파악하고 있네. 자네가
방금 내게 말한 그대로 송 대리를 칭찬해 주면 되겠어.
칭찬도 아주 잘하는군.

A 과장 : 아, 그렇습니까? 하하하! 그렇게 말씀해 주시니 저도 막
힘이 나네요. 이번에 정말 잘 이야기해서 더 좋은 관계
로 개선하고, 또 유지해 갈 수 있도록 노력하겠습니다.

박 팀장 : 그래, 그럼 송 대리와 이야기하고 나서 내게도 들려주면
좋겠네.

A 과장 : 예, 그렇게 하겠습니다.

박 팀장 : 내가 더 도와주거나 지원할 만한 사항은 없나?

A 과장 : 예, 없습니다. 오늘 팀장님과 이야기하면서 답답했던 마
음도 편해지고, 문제를 해결할 자신감도 생겼습니다.

박 팀장 : 그래? 그럼 나는 계속 측면 지원할 테니까 언제든 내 도
움이 필요하면 이야기하게.

A 과장 : 예. 감사합니다.

2) B 과장에 대한 '리더십' 코칭 사례

 상 황

B과의 현재 영업 실적은 좋은 편이다. 하지만 최근에 B 과장이
투입한 노력에 비하면 신규고객 발굴 등에 있어서 결과가 별로 신통
치 않았으며, 그로 인하여 B 과장은 과원들에게 불만이 있는 상태이

다. 더군다나 B 과장이 보기에 과원들도 무언가 불만들이 있는 것 같아서 과원들을 붙잡고 물어보면 하나같이 별일 없다며 답변을 회피하는 것 같다. B과의 분위기 또한 전체적으로 침체되어 가는 듯한데, B 과장은 도대체 무엇이 문제인지, 무엇을 어떻게 해야 B과가 좋아질는지 무척 답답해하고 있다.

 **코칭 포커스**

무엇을 도와주고, 가르치고, 어떻게 대해야만 B 과장의 강점은 최대한 살리면서도 누구보다 강하고 용감한 용장/맹장이 되도록 할 수 있을까를 깊이 연구해서 코칭해야 한다. 다음의 사항들을 이해시키고 느낄 수 있도록 도와주어야 한다.

첫째, 부하를 부리는 상사와 부하를 키우는 상사의 차이

둘째, 자신과 부하 직원의 성격 특성 파악 능력

셋째, 동기 부여와 사기 증진 방법

넷째, 단계별 임파워먼트의 필요성/중요성

Check

― B 과장은 CP타입으로서 성격이 매우 활발하고 적극적이며 다혈질적인 면도 갖추고 있다. 평소 타인을 대할 때, 상당히 공격적이며, 늘 자신만만하고 큰소리를 치는 편이다. 항상 자신이 우두머리 역할을 하길 바라고, 과업 및 결과 지향적이며, 책임감이 강하다. 문제 발생 시에는 주변의 환경이나 사람을 탓하는 경향이 있으며, 누군가로부터 비난이나 질타를 받을 경우 강하게 반발하는 편이다. 주위 사람들은 B 과장이 다소 독불장군 같긴 하지만 누구보다 일에 대한 열정이 있

고, 추진력이 강하며, 능력 있는 사람이라고 긍정적으로 평가한다. 전임 팀장과는 성격과 배짱이 잘 맞아 서로 의기투합하여 3년 전에는 팀 내 최고의 성과를 내서 표창을 받기도 했었다. 요즘도 가끔 전임 팀장과 소주 잔을 기울이며 의리를 돈독히 하곤 한다. 현재의 박 팀장과는 전에 같은 지점에서 잠시 함께 근무한 적이 있다. 부하 직원들에게는 상당히 지배적이고 강압적으로 자신의 생각과 방식대로 따르기를 강요하고, 일을 하다 보면 때론 희생양도 필요하다고 주장하는 타입이다. 팀원들은 그에 대해 불만이 상당히 크지만 그와 대립하는 것을 두렵고 부담스러워하므로 B 과장에게 대항하거나 맞서지는 못하고 있다.

B과의 구성원 몇몇 사람을 각각 만나서 들어 본 내용을 정리하면 다음과 같다.

― "무슨 일이든 앞뒤 상황 가리지 않고 무조건 해 오라고만 합니다. 그에 대해 다른 의견을 이야기하면 몹시 불쾌한 표정을 지으며, 목소리 톤까지 팍 올라가면서 짜증을 부리고, '그냥 시키는 대로 하면 되지, 뭘 그리 말이 많은가?' 라면서 밀어붙이기 일쑤지요. 그러면서도 B 과장은 자신이 카리스마로 똘똘 뭉쳐 있다며 자랑을 하고 다닙니다. 그리고 일 빼면 도대체 할 말이 없는지 심지어 회식 자리를 가서도 기분 좋게 마실 만하면 어느새 옆에 와서는, "근데 자네 이번 할당액은 다 채울 수 있는 거지? 내일까지 실적 집계 보고서 작성해 오라고 했는데, 가능하겠지?" 라고 하는 식이니 이건 회식이 아니라 스트레스만 더 쌓이는 업무의 연장이라니까요. 그렇게 결과만 중요시하고, 중

간에 일어나는 힘든 과정은 들어 주지도 않고 말이죠. 일에 대해 생각하는 양의 반의 반만이라도 우리에 대해서 인간적으로 생각해 준다면 정말 좋겠습니다.

또 심심하면 회의를 소집해서는 '이번 주에 이거 다 안 되면 다들 각오하라'는 둥 거의 협박하듯 일을 시키면서 전체 분위기를 싸늘하게 만들고요, 뭐 하나 잘못된 거 있으면 사람을 불러다가 주변에 누가 있건 없건 시간과 장소 가리지 않고 큰 소리로 야단치고, 그럴 땐 또 말도 막 하는 편입니다. '대리나 되어 가지고 아직도 이러면 어떡하냐'는 둥, '한심하다'는 둥 정말 듣고 있으면 완전히 사람 돌게 만든다니까요. 그런데 우리들 대부분이 대체로 내성적이고, 말수도 적고, 힘들어도 참고 넘어가는 스타일들이다 보니 B 과장에게 누구 하나 똑 부러지게 이야기하거나 맞붙는 사람은 없었습니다."

Open

B 과장 : 팀장님, 시간 좀 있으세요?

박 팀장 : 어, B 과장 왔나? 지금 시간 괜찮아. 어서 오게.

B 과장 : 오늘은 팀원들하고 답답한 일이 있어서 상의 좀 드렸으면 해서 찾아뵈었습니다.

박 팀장 : 팀원들이야 자네가 꽉 잡고 있는 사람인데, 팀원들 때문에 답답하다면 자네가 정말 이만저만 답답한 것이 아닌 모양이군.

B 과장 : 예, 요새 경기가 너무 안 좋고요. 고객들은 시간이 흐를수록 점점 요구하는 사항은 많아지고, 해외 업체들도 속속 시장에 진출하다 보니 경쟁은 더욱 치열해져서 몹시

힘든 상황이지 않습니까? 그럴수록 팀원들과 힘을 합쳐서 열심히 뛰어도 겨우 버텨 낼 수 있을까 말까 걱정되는 판국인데…… 휴! 팀원들하고 요새 참 힘드네요.

박 팀장 : 그래도 자네가 워낙 추진력 있고 뚝심 있게 버티고 있으니까 그 어려운 상황 속에서도 그만한 실적들을 올리고 있는 것 아니겠어?

B 과장 : 그렇게 생각해 주시니 감사합니다. 그런데 이 친구들과 일하는 데 있어서 모든 게 제 맘 같지 않으니, 답답해 죽겠습니다.

박 팀장 : 자네야, 워낙 카리스마가 강한 사람인데 그런 사람이 부하들이 마음처럼 따라 주지 않는다고 이야기하는 걸 보면 정말 답답한 모양이구먼.

B 과장 : 예, 저 같으면 누가 뭘 시킬 때 곧바로 결과물 만들어서 제출하곤 했지 않습니까?

박 팀장 : 알지. 자네야 누가 시키기도 전에 미리 알아서 했잖아.

B 과장 : 그런데 이 친구들은 시키지 않은 일을 알아서 하기는커녕, 일을 시켜도 기한 내에 결과가 나오는 법이 없고요. 게다가 일은 제가 거의 다 하는데 무슨 불만들이 그리 많은 건지. 주요 고객 관리 등 힘든 일은 제가 도맡아 하고 있고, 나머지 작은 일들만 애들이 관리하거든요. 도대체 이해가 안 됩니다.

박 팀장 : 자네야 문제가 있으면 늘 앞장서서 해결하고, 자네처럼 적극적이고 긍정적인 사고를 하는 사람도 드문데…… 사원들이 그런 태도를 보인다면 정말 갑갑하겠네.

B 과장 : 예…… 이루 다 말씀드릴 수가 없습니다. 일도 제대로 못하면서 불만은 많고 해서 분위기가 좀 안 좋다 싶으면, 분위기도 바꾸고 사기도 올려 볼 겸 해서 회식 한번 할까 해도 이 친구들이 이리저리 핑계나 대며 빠지려고만 하니 정말 어이가 없습니다.

박 팀장 : 그 어려운 상황 속에서도 자네는 어떻게든 사기 좀 올려서 일해 보려고 단합대회라도 해 보자 그러면 모두 다 빠져 버리고 협조가 안 된다, 이런 소리 아닌가?

B 과장 : 요새는 예전과 다르게 아침에 일어나도 의욕도 없고, 이 친구들과 부딪칠 일을 생각하면 짜증스럽기만 합니다. 그러다 보니까 자꾸 눈에 보이는 것들이 모두 마음에 안 들어서 야단만 치게 되고 그러네요.

박 팀장 : '이대로 계속 가다가는 정말 어려운 상황이 되겠다' 라는 생각까지 들어서 하도 막막하고 답답하니까 나한테 이야기라도 해야겠다 싶어서 찾아온 모양이군.

B 과장 : 예, 맞습니다.

박 팀장 : 그동안 진짜 마음 고생이 많았던 모양이야.

Ask

 **상황 질문**

박 팀장 : 그래, 내가 자네 이야길 들어 보니까 뭔가 도움이 필요할 것 같고, 나도 돕고 싶거든? 그러려면 내가 좀 더 상황 파악을 해야겠고, 몇 가지 좀 물어보고 싶은데, 괜찮겠나?

B 과장 : 예, 괜찮습니다.

박 팀장 : 자네가 보기에 지금 과의 상황이 어떤 것 같나?

B 과장 : 지금 당장은 실적도 괜찮고 한데, 사실 앞으로가 문제인 거죠. 과원들과의 관계나 여러 가지 상황들을 미루어 보았을 때, 앞으로 시간이 갈수록 고전할 수도 있을 것 같아 걱정입니다.

박 팀장 : 지금은 그럭저럭 괜찮지만 이대로 가다간 미래가 걱정이란 말이지? 자네를 보면 참 놀라운 점이 있어, 관리자는 지나간 과거의 누적된 문제를 해결하려는 사람, 현재 발생한 문제를 해결하려는 사람 그리고 미래에 닥쳐올 문제를 미리 예견하고 준비하려는 사람 등 여러 가지 형태가 있잖아. 그중 가장 탁월한 리더란, 미래에 닥쳐올 문제들을 예견하고 대응하려는 문제창조형 관리자라고 생각해 왔었는데, 오늘 이야길 들으면서 역시 자네가 남다르단 생각이 드네.

 **문제 질문**

박 팀장 : 그런데 자네가 앞으로가 어렵겠다고 생각한다면 그렇게 보는 이유가 있을 것 같아. 어떤 문제 때문에 그렇게 어렵다고 예상되나?

B 과장 : 제가 열심히 뛰기만 하면 웬만한 것들은 커버가 될 것 같은데요. 과원들이 자기 몫을 다 안 해 주고 있고, 일단 뭘 시켜도 제 마음이 놓이지 않습니다. 또, 기한 내에 아웃풋이 잘 안 나오니까, 제가 회의를 소집해서 지금 우리가 얼마나 심각한 상황이고 분발해야 하는지 강조해

11 S사 영업 본부의 특판팀 이야기

도 모두들 자기 일이 아니라는 듯 수수 방관하는 태도로
일관하는 것 같습니다. 그리고 새로운 아이디어라든가,
현상을 개선하기 위한 제안 등은 거의 들어 보질 못했습
니다.

박 팀장 : 지금 상황에서는 사원들이 참여 의식도 부족하고, 책임
감도 부족하고, 제일 중요한 게 의욕이 부족하다는 거 아
닌가?

B 과장 : 그렇습니다.

확대 질문

박 팀장 : 그렇다면 자네 생각에는 이런 상태가 계속 지속된다면
어떻게 되겠나?

B 과장 : 불 보듯 뻔한데요. 모두의 사기는 땅에 떨어지고, 시간
이 갈수록 악화될 테고, 그러다 보면 저희 과의 실적도
연말까지 달성은 무리일 것이고, 특판팀 전체에도 영향
을 미치겠죠. 개인적으로도 능력 없는 인간으로 인식될
까 두렵기도 합니다.

박 팀장 : 과 전체의 실적 등에도 굉장히 문제가 되지만, 또 개인적
으로는 정말 탁월한 세일즈 리더로서 자네의 명예에도
상당히 영향을 미쳐 안 좋은 결과가 올 거란 이야기지?

B 과장 : 예, 그렇습니다.

대안 질문

박 팀장 : 이렇게 자네의 과 실적에도 문제고, 개인적으로도 문제

라고 심각하게 생각하고 있는데, 그동안 자네는 문제만
생기면 어떻게든 문제를 해결해 내던 해결사 아닌가? 그
런 자네라면 무언가 대안을 가지고 있을 것 같은데? 자
네 생각엔 어떻게 했으면 좋겠나?

B 과장 : 글쎄요, 제 생각에는 이 친구들이 의욕이 많이 떨어져
있는 상태이고, 자기 일이라는 생각을 안 하고 있는 것
같습니다. 어떻게 해서든지 이 친구들의 의식을 바꾸어
주고, 적극 참여할 수 있도록 동기를 부여해야겠죠. 그
동안 대화도 부족했던 것 같아서 그 부분도 강화해야 할
것 같고, 업무를 나누어 주면 어떨까 하는 생각도 해 보
았습니다.

박 팀장 : 역시 자네가 참 대단하다고 생각하는 건, 문제가 있으면
항상 바람직한 대안들을 가지고 있다는 점이지. 그러면
그런 대안들을 미리 생각하고 있으면서도 실천하지 못
한 이유도 있을 것 같은데……

B 과장 : 고민은 많이 했지만 내심 이 친구들이 먼저 알아서 해
주기를 바랐고, 또 제 생각대로 따르라고 많이 밀어붙이
는 데에만 급급하다 보니 잘 안 되었던 것 같습니다.

박 팀장 : 그런 게 바로 문제의 핵심인 것 같네.

Comment

박 팀장 : 사실은 자네 얘기를 들으면서 내가 몇 가지 이야기해 주
고 싶은 것이 있는데, 들을 여유가 있는지 모르겠네.

B 과장 : 예, 말씀해 주십시오..

박 팀장 : 리더십 이론에서 위임이나 임파워먼트에 대한 이론들을
공부했잖아? 자네가 나보다 더 잘 알고 있을 것 같기도
한데…… '리더십은 쟁취하는 거지, 위임하는 게 아니
다' 라는 이야기들이 있지…… 자네도 상사의 리더십을
쟁취하려 하고, 권한이나 책임 등에 도전해 오지 않았
나? 바로 그런 점이 자네의 특성이란 말이네. 자넨 그런
강한 카리스마를 가지고 있고, 적극적이며 도전적인 성
격 특성을 가지고 있어. 그런데 자네 바로 밑에 있는 두
사람 성격은 어때? 자네와 비슷하나?

B 과장 : 아니요. 정반대인 것 같습니다.

박 팀장 : 다르지? 한 사람은 굉장히 합리적이고, 또 한 사람은 상
당히 인간적인 면을 중시하는 사람이라서 조직의 실적
보다 어떤 때는 화기애애한 분위기에 더 관심이 있는 그
런 성격이잖아. 그러면 그런 사람들이 자네같이 카리스
마를 가진 리더에게 도전해서 리더십을 쟁취해 나갈 수
있을까?

B 과장 : 아닙니다. 그 친구들은 그렇게 도전하는 친구들이 아닙
니다.

박 팀장 : 그럴 때는 자네가 먼저 위임하고, 그들에게 자기들의 권
한을 가져갈 수 있도록 임파워먼트를 시켜 줄 필요성이
있었던 게 아닌가 생각하는데, 그 점에 대해 자넨 어떻
게 생각하나?

B 과장 : 팀장님 말씀을 듣고 보니까 그런 성격적 차이가 분명히
있네요. 제가 그 점을 생각하지 못했던 것 같습니다. 저

는 그냥 '제 방식대로 그 친구들을 분발하게 하고 밀어
붙이면, 알아듣고 제가 원하는 방향으로 일하겠지.' 라고
생각했는데…… 말씀하신 대로 위임이나 임파워먼트는
못한 것 같습니다.

박 팀장 : 자네가 못한 게 아니라, 그 사람들이 해 주길 바랐던 거
잖아. 업무도 지금 혼자 하고 싶어서 하는 게 아니라, 그
친구들이 가져가 주기를 바랐는데……

B 과장 : 그렇죠. 제가 어려운 일들을 혼자서 열심히 하면 그걸
보고 알아서 가져가 주길 바랐지요.

박 팀장 : 그렇지. 그렇게 솔선수범하는 게 또 자네의 장점 아닌
가? 그리고 과의 실적도 거의 대부분 자네 혼자서 다 하
고 있단 말이야. 그렇게 너무 일이 바쁘고 급하다 보니
까 이 친구들을 코칭하고, 역량을 개발하고, 임파워먼트
시키는 이런 일들을 충분히 하지 못했던 게 아닌가 하고
생각하네.

B 과장 : 예, 일이 바쁘기도 했지만, 제가 그 친구들과 이야기할
때 사실 이야기라기보다는 업무를 지시하거나 명령했던
것이지, 팀장님께서 말씀하시는 위임이나 임파워먼트는
아니었던 것 같습니다.

박 팀장 : 그 얘기는 그 친구들에게 일을 시키고 부리기에 바빴지,
사람들을 길러서 자기 역할들을 해낼 수 있도록 키우는
일, 이쪽이 부족했었다는 말이지?

B 과장 : 예, 그렇습니다.

박 팀장 : 사실은 내가 지난번에 코칭 스킬 교육을 받으면서 깊이

생각했던 점이 있거든. 부하를 부리는 상사와 키우는 상
사의 차이가 엄청나게 크더군. 근데 자네는 부하를 열심
히 부리고 독려는 했지만 길러 내질 않으니까, 이 사람들
이 자기의 역할 이상을 하지 않았던 거야. 또 자네가 워
낙 파워풀 하니까 자꾸 의존하고, 그러면서 점점 더 책
임감이 적어져 버리고, 결과적으로 자네의 부담은 더욱 커
지고…… 이런 상황이 자네 과의 문제가 아닌가 싶은데?

B 과장 : 예, 정확하게 말씀하셨습니다. 그런 악순환이 반복되면
서 상황이 자꾸 악화되고 있는 것 같아 걱정스러워서 찾
아왔던 겁니다.

박 팀장 : 나에게 답답해서 찾아온 사람한테, 더구나 칭찬 인정할
게 수없이 많은 사람한테 자꾸 지적만 하는 것 같아서
혹시 자네가 불편하진 않은지 모르겠네.

B 과장 : 아유, 아닙니다.

박 팀장 : 자네가 워낙 스케일이 크고 성격이 좋은 사람이니까 내
가 믿고 하는 소리인데, 자, 그렇게 악순환이 되고 있을
때 그 고리를 누가 끊어야 할까?

B 과장 : 당연히 제가 해야죠.

박 팀장 : 그렇지? 그럼 어떻게 할 수 있을까?

B 과장 : 일단 제 바로 밑에 있는 두 사람을 대하는 방식에 있어
서 권한을 위임하는 임파워먼트 방식으로 바꾸어야 할
것 같습니다.

박 팀장 : 그러니까 리더십 스타일을 지시형에서 설득형이나 참여
형으로 바꾼다는 이야기지?

B 과장 : 예, 그들의 능력을 키워서 스스로 자기 일을 잘해 나갈
수 있도록 만들어 주어야겠습니다.

박 팀장 : 그런데 그 두 사람에게 당장 위임할 수 있을 만큼 그들
의 능력과 사기가 충분한가?

B 과장 : 아, 아닙니다.

박 팀장 : 그렇다면 지시하다가 설득/참여형으로 단계적으로 가야
할 부분들이 있을 것 같아. 여태까지 일일이 지시하다가
지금 바로 위임해 버리면 그 사람들은 '우리를 완전히
포기했구나' 하고 더욱 멀어질 가능성도 있거든. 그래서
하나하나씩 타일러서 가르치고, 참여시키고, 칭찬, 인정
하고, 그런 다음에 위임할 수 있는 단계로 가야 할 것 같
네. 지금부터 몇 개월 뒤에는 위임하겠다는 목표를 가지
고 추진하는 것이 바람직할지도 모르지.

B 과장 : 아…… 예, 한 번에 가기보다는 그런 식으로 순차적으로
단계를 밟아서……

박 팀장 : 자, 그런데 그렇게 해 나가려면 힘들지 않겠나?

B 과장 : 아닙니다. 괜찮습니다.

박 팀장 : 나는 늘 자네가 무엇 하나 시작하면 하도 추진력 있게 해
서 부하 육성도 그렇게 할까 봐 그게 약간 걱정이거든.

B 과장 : 아닌 게 아니라, 저는 그저 일을 뚝 잘라 주면 곧바로
'알아서 잘하겠지, 좋아하겠지' 라고 생각했었는데, 그
사람들 입장에서는 많이 부담스럽고 힘들어할 수도 있
을 것 같네요.

박 팀장 : 먼저 하고자 하는 의욕을 불러일으키고 그 다음에, 할 수

11 S사 영업 본부의 특판팀 이야기

있는 능력을 길러야지. 의욕이 넘치고 능력이 생겼을 때
위임을 해야 할 것 같아.

B 과장 : 네, 잘 알겠습니다.

Help

박 팀장 : 그렇게 하려면 많이 힘들 텐데…… 내가 도와줄 부분들
이 없을까?

B 과장 : 아닙니다. 팀장님께서 말씀해 주신 내용들은 잘 알아들
었습니다. 배운 그대로 제 나름대로 먼저 노력해 보고,
혹시 진행 중에 어려운 사항이 있거나 하면 다시 찾아뵙
도록 하되, 간간이 진행 상황을 보고드리겠습니다.

박 팀장 : 보고라기보다 의논하면 좋겠네. 때때로 필요한 이론적
배경들이 있을 거야. 리더십이나 위임 그리고 코칭 스킬
에 대한 구체적인 내용 등은 자네가 그동안 훈련받을 수
있는 기회가 없었지. 나는 그런 과정들을 하나하나 공부
했으니까 전문적인 지식이나 스킬들이 필요하면 나에게
언제든지 도움을 요청하게. 이론도 설명해 줄 수 있고,
스킬들도 함께 연습할 수 있는 기회들을 만들도록 하세.

B 과장 : 예, 잘 알겠습니다, 그런 공부들을 할 수 있다면 정말 좋
은 기회가 될 것 같습니다.

박 팀장 : 그렇게 해서 자네 부하 직원들을 임파워먼트 시키고 정
말 활력이 넘치는 팀으로 건설해 내면, 역시 자네답다는
소리를 들을 수 있을 거야. 실적만 탁월한 게 아니라 진
짜 훌륭한 코치라는 소리를 들을 수 있지 않겠어?

B 과장 : 예, 그러면 참 좋겠네요.

박 팀장 : 그래, 그럼 내가 항상 지켜보겠네.

B 과장 : 예, 알겠습니다. 감사합니다.

박 팀장 : 그럼 수고하게.

3) C 과장에 대한 '목표관리/업무자세' 코칭 사례

 **상 황**

C과의 영업 실적은 최근 몇 년간 계속 좋은 편이다. C 과장은 자신이 여자이기 때문에 높은 성과를 내고 있음에도 불구하고, 조직으로부터 충분한 인정과 보상을 받지 못한다고 생각하고 있다. 그러다 보니 힘들게 신규 고객을 발굴할 필요도 없고 그저 기존 고객이나 관리하면서 주어진 목표에만 도달하면 그만이라는 생각을 하고 있다. 팀원들도 업무나 상사로부터 받는 스트레스가 거의 없기 때문에 현 상태에 만족하고 있는 편이다. 또한 팀원들은 다른 과의 사람들과는 잘 어울리려 하지 않으며, 다소 그들을 무시하면서도 한편으로는 경쟁 상대로서 경계하기도 한다.

코칭 포커스

C 과장이 장기적 관점에서 미래 지향적인 태도를 갖고 도전적인 목표를 수립하여 관리할 수 있도록 적극 도와주며, 실행 의지를 강화할 수 있도록 코칭해야 한다.

첫째, 급변하는 경영환경과 미래 동향에 대해 객관적 근거를 통하여 분명히 이해시킨다.

둘째, 현 상태가 지속되면 C 과장 자신 및 부하 직원들의 경쟁력이 떨어질 수밖에 없는 현실을 직시하고 위기감을 실감할 수 있도록 한다.

셋째, 미래에 능동적으로 대처하고 준비해야 한다는 새로운 도전 정신과 강한 실천 의지를 확립할 수 있도록 코칭해야 한다.

Check

- C 과장은 NP형으로서 다섯 명의 과장 중 유일한 여자다. 영업에 있어서는 베테랑으로 오랜 경험을 가지고 있어서 단골 고객이 많다. 그러다 보니 실적은 항상 상위권을 유지하고 있으며, 심지어 자신의 고객들을 팀원들에게 나누어 주어 관리하도록 한다. 하지만 자신의 성과에 비해 조직의 대우가 너무 미흡하다고 생각하여 조직에 대해 화도 나고 배신감도 느끼지만 혼자서 참고 인내하고 있는 상태다. 성격은 매우 온순하고 정이 많으며 따뜻하게 남을 배려하는 마음이 크다. C과 내에서는 서로 원만하고 화목한 분위기를 유지하려고 노력하면서 과원들의 이야기를 항상 귀 기울여 들어 주고 문제가 있으면 적극 도와주려고 애쓴다. 그러나 새로운 일을 맡는다거나 위험성이 높고 어려운 업무는 가급적 기피하는 경향이 있으며, 자신의 방식대로 과원들을 안정적으로 보호해야 한다고 믿고 있는 등 부서 우월주의와 이기주의가 팽배해 있다.

Open

박 **팀장** : C 과장, 내가 할 이야기가 좀 있는데 시간이 괜찮은지 모르겠네.

C **과장** : 예, 괜찮습니다.

박 팀장 : C과는 실적도 지속적으로 안정되어 있고, C 과장 자신도 고객 관리를 철저하게 잘 하니까, 지금은 기존 고객 관리만 잘해도 목표 달성에는 별 문제가 없는 것 같고, 또 지금 상태에서는 다른 과들보다도 실적이 탁월하고…… 그래서 굉장히 잘 해나가고 있는데도 회사에서는 충분한 인정을 못 받는 것 같고, 또 특별한 보상도 못 받는 것 같아서 아쉽고 서운한 것도 있을 것 같고, 상사인 나에게도 좀 불만스러운 점이 있는 것이 아닌가 싶어서 C 과장과 이야기를 좀 하고 싶더라고. 그래서 불렀네.

C 과장 : 아, 예. 아닌 게 아니라 팀장님께서 그렇게 말씀해 주시니까 조금 말씀을 드리면, 솔직히 제가 하루 이틀 일한 것도 아니고, 사실 이 영업 일로만 따진다면 다른 과의 어느 누구보다도 제가 제일 오래 되었을 테고…….

박 팀장 : 그렇지, C 과장은 베테랑이지 않은가…….

C 과장 : 예, 그리고 확보하고 있는 고객들도 확실하고요. 작년이나 재작년에도 그랬지만 다른 과와 비교해 보더라도 실적도 제일 나은 수준이었고, 지금도 그렇고요…… 그런데 어떤 사람은 유학도 보내 주고, 누구한테 들어 보니까 지난 연말 성과급도 저보다 더 많이 받은 것 같고…… 지금까지 말씀은 드리지 않았지만, 그런 부분들을 포함해서 불만이 있었던 것은 사실입니다.

박 팀장 : 그렇다면 여자이기 때문에 차별 대우 받는 건 아닌가 하는 생각도 있었을 듯 하군. 왜 나만 이런 대우를 받아야 되나 서운하고, 궁금하기도 하고, 불만도 컸을 텐데

도 워낙 성격이 좋다 보니까 내색도 않고 꾹 참고 지냈
구먼.

C 과장 : 예, 팀장님께 따지고 싶지는 않았지만 내가 왜 이런 대우
를 받으면서도 굳이 열심히 해야만 하는지 회의감이 들
기도 했습니다.

박 팀장 : 그렇다면 정말 서운하고 억울하고 답답했을 것 아닌가?
그래서 오늘은 그 문제에 대해서 이야기 좀 하고, 서로
이해할 수 있는 부분은 이해하고 그랬으면 하는데, 괜찮
겠나?

C 과장 : 예, 그럼요.

Ask

상황 질문

박 팀장 : 그래서 내가 좀 물어보고 싶은데…… C 과장이 볼 때 C과
의 현재 상황이 어떻다고 보나?

C 과장 : 저희들이 볼 때는 크게 문제는 없는 것 같습니다. 지금
까지 실적도 괜찮고, 저희는 고객들이 확실하기 때문에
고객 이탈 등 우려할 만한 변동사항은 없어 보이고, 우리
팀원들도 나름대로 다들 잘하고 있다고 보기 때문에 특
별한 문제는 없다고 생각합니다.

박 팀장 : 아무런 문제가 없다고 보는구먼…….

C 과장 : 예, 그렇습니다.

박 팀장 : 우리가 관리자들을 볼 때, 세 가지 종류의 관리자가 있단
말이지…… 그 첫 번째가 문제회피형 관리자로서 문제

가 있어도 문제를 파악조차 하지 못하거나 회피하는 관리자, 그다음이 문제해결형 관리자로서 발생된 문제를 해결하기에만 급급한 관리자, 마지막으로 문제창조형 관리자인데, 미래를 내다보고 문제를 미리 예측하고 관리해 나가는 관리자가 있어…… 그중에서 미래를 내다보고 적극 대처해서 우리 과에는 무슨 문제가 있을 것인가 하고 문제를 예측하고, 창조하고 도전하는 그런 관리자가 바람직한 관리자라고 나는 생각하네.

C 과장 : 예…….

 **문제 질문**

박 팀장 : 그런데 C 과장 얘기는, C과의 현재 상태에서는 아무런 문제가 없다는 소리 아닌가? 그런데 앞으로 미래를 내다보았을 때에도 문제가 전혀 없는 것처럼 보이는지 모르겠네…….

C 과장 : 물론 앞으로 시간이 지날수록 신규 고객도 더 확보해야 하고 그런 것은 당연한 일이겠지만, 현재 상황으로서는 지금의 고객 관리만 잘해도 무난히 목표 달성은 할 수 있기 때문에요…….

박 팀장 : 그렇지, 지금 목표 달성에는 문제가 없단 소리 아닌가…… 그런데 최근에 신규와 기존 고객의 비율은 어느 정도나 되는 건가?

C 과장 : 사실 신규 고객 확보를 위해서 그렇게 노력한 것은 별로 없습니다.

박 팀장 : 노력한 것도 없고, 그렇다고 저절로 확보되는 건 아니고,
기존 고객만 해도 충분하단 말이지?

C 과장 : 그럼요…… 그래도 우리 먹고 사는 덴 전혀 지장이 없으
니까요…… 우리 과원들도 자신들의 현재 생활에 만족
해하고 있는 것은 분명한 것 같습니다.

박 팀장 : 그래, 내가 볼 때는 현재 상태에 만족하고 안주하고 있는
것 같아.

C 과장 : 예, 현재를 인조이(enjoy) 하고 있는 거죠. 특별히 고생하
고 노력하지 않아도 괜찮거든요…….

박 팀장 : 그런데, 우리가 지금 맡고 있는 팀이 일반적인 대리점인
가, 특판인가?

C 과장 : 특판입니다.

박 팀장 : 그렇다면 특판의 시장 상황은 어떻다고 보나?

C 과장 : 경쟁사들은 자꾸 가격을 치고 들어오고, 아무튼 경쟁이
점점 치열해지는 상황에서 신규 고객 확보는 더욱 어려
워지는 시점이지요.

박 팀장 : 그렇지. 그리고 특판 시장의 가장 큰 특징은 고객의 변
화가 아주 많다는 것이지 않나. 그래도 C 과장이 워낙 고
객관리를 철저하게 잘 해 주었고, 고객들의 비즈니스도
안정되어 있다 보니까 지금까지 C과도 안정된 영업을
할 수 있었지. 그런데 요즘 시장의 변화는 옛날보다 훨
씬 더 심해져 가고, 어쩌면 고객들의 이탈이 심해질지도
모르는데, 지금 상황에서 신규 고객 개척을 하지 않고 안
주하고 있다는 것에 대해서 어떻게 생각하나? 그랬을 때

C 과장이 미래에도 지금같이 유능한 과장이란 소리를
듣고, 가장 상위권의 과를 유지할 수 있을 것 같은지 말
이야…….

C 과장 : 지금 현재의 고객이 천년만년 갈 것은 아니라는 것은 분
명한 사실이고, 저희도 신규 고객 확보를 위해서 전혀 노
력을 않는 것은 아닙니다만, 사전 조사를 해 보니 너무
쉽지 않을 것 같아서 움직이지 않은 것도 있거든요…….
하지만 시간이 지날수록 준비를 해야겠죠.

박 팀장 : 그런 부분도 있을 것이고…… 사원들도 새로운 개척에
대해 도전을 시키지 않고 있다면 정말 위기에 직면했을
때 그들이 개척 판매로 곧바로 전환될 수 있을까?

C 과장 : 음…… 좀 어렵겠죠…….

📋 확대 질문

박 팀장 : 만약에 시장이 어려워지고 신규 개척이 더욱 어려워진
다면, C과에 어떤 영향을 미칠 것 같은가?

C 과장 : 많이 어려워지겠지요. 실적도 금장 눈에 띄게 떨어질 것
이고…….

박 팀장 : 물론 그렇지 않아야 하고, 그래서는 안 되겠지……. 그
렇지만 만약에 그런 상황이 생긴다면, C 과장 개인에게
는 어떤 영향을 미칠 것 같은가?

C 과장 : 당연히 저도 지금까지 즐겨 왔던 좋은 세월은 모두 가버
리고, 새로운 것들에 부딪히며 뚫고 나아가려면 많이
힘들어지겠죠. 우리 과원들도 잃어버릴 것 같고, 저도

이제 곧 승진도 해야 하는데 그런 문제도 상당히 걱정되
겠지요.

박 팀장 : 굉장히 심각한 문제가 될 거다 이렇게 본다는 소리 아닌가?

C 과장 : 예, 그렇습니다…….

대안 질문

박 팀장 : 그렇게 생각한다면 C 과장은 나름대로 대안이 있을 것
같은데…….

C 과장 : 글쎄요, 솔직히 저는 지금 현재 상태에서 쭉 가도 무방하
다고 생각했기 때문에 특별히 거기에 대해서 많은 생각
은 못해 보았습니다.

박 팀장 : 내가 볼 때도 사실 그런 부분들이 염려가 되어서 이야기
를 하고 싶었거든…….

Comment

박 팀장 : 오늘 C 과장 얘기를 들으면서 C 과장처럼 훌륭한 사람이
왜 저런 생각을 하고 있나 싶어 아쉬워서 이야기를 좀 하
고 싶었는데…… 받아들일 여유가 있는지 모르겠네.

C 과장 : 예, 괜찮습니다.

박 팀장 : 조사에 의하면 우리 특판 팀의 고객 이탈 비율이 일 년
에 약 30% 정도 되거든. 그런데 정말 다행스럽게도 C과
는 5%가 채 되지 않더라고. 하지만 문제는 말이지……
신규 고객 개척을 하지 않더라도 지금까지는 잘 유지해
왔었는데, 앞으로는 시장 변화가 점점 더 심해질 테고,

경쟁사에서는 가격 전략으로 쳐들어오고, 이런 상황에서 고객들이 이탈하지 않고 계속 우리에게 있을 거라고 보장하기는 어렵다고 보는 거지.

C 과장 : 예.

박 팀장 : 이런 상황에서도 C 과장은 대책도 세우지 않고 현재에만 안주하고 있는 것처럼 보인단 말이야. 사실은 작년에도 충분한 보상도 하고 인정도 해 주고 싶었지만, 신규 개척 비율이 너무 낮아서 그렇게 할 수가 없었다네. 그래서 윗분들도 그 점에 대해서 염려를 하고 계시고, 그땐 이야기를 해도 지금처럼 심각하게 받아들이는 것 같지가 않더라고. 그런데 지금은 내가 너무 염려가 되어서 하는 소리인데, C 과장은 어떻게 생각해?

C 과장 : 옛날을 돌이켜 보면 초창기에는 정말 열심히 뛰었고 지금의 고객들 발굴한답시고 밤낮을 잊고 열심히 돌아다녔습니다만, 최근엔 그렇게 하지 못한 것 같습니다.

박 팀장 : 그렇지, 바로 그 초심 있잖아. 그때 얼마나 많이 뛰고, 얼마나 많이 일구어 냈는가? 마음이 그때로 돌아가든가, 아니면 지금 사원들이 그때의 C 과장처럼 뛸 수 있게 만들든가, 그래야 나는 C 과장답다 이렇게 생각하거든…….

C 과장 : 예.

박 팀장 : 능력이 없는 사람이라면 이해가 되지만, 능력 있는 사람이 발휘하지 않는 것도 답답하고, 또 하나는 늘 새롭고 약간은 어려워 보이는 목표를 놓고 도전해야 팀이 강화되는데, 도전하지 않다 보니 팀원 전체의 능력과 사기가

11 S사 영업 본부의 특판팀 이야기

떨어지고 있는 것이 아닌가 하는 생각이 드는데, 그 점에
대해선 어떻게 생각하나?

C 과장 : 예, 팀장님 말씀이 맞고요. 인정받고 보상받지 못했다는
부분에 대해선 지금도 섭섭하긴 하지만, 그러다 보니 그
만큼 노력을 하지 않았던 것도 사실입니다. 우리 과원들
에게도 제가 굳이 그렇게 챌린지할 필요도 느끼지 못했
었고요. 그런 측면에서 팀장님 말씀을 이해합니다.

박 팀장 : 현실에 안주한 채 미래와 위기에 대처하지 않고, 부하
직원들을 강하게 단련하지 않고 있는 것이 지금 C 과장
의 현상이 아닌가? 그렇다면 지금 실적이 아무리 좋다
하더라도 새로운 도전을 하지 않는 사람한테 내가 뭔가
보상이나 인정을 하긴 참 어렵단 말이야…….

C 과장 : 예, 알겠습니다.

박 팀장 : 그런 점을 C 과장이 좀 이해해 주었으면 좋겠어…….

C 과장 : 예, 알겠습니다.

Help

박 팀장 : 그럼 앞으로 어떻게 할 건가?

C 과장 : 일단 현재 정해진 목표를 훨씬 상회하는 실적을 낼 수
있도록 노력하겠습니다. 그리고 저부터 그런 노력을 경
주하는 모습을 과원들에게 보여 주고, 또 동기 부여해서
과원들하고 같이 갈 수 있도록 해 보겠습니다.

박 팀장 : 그렇게만 된다면 우리 팀 전체의 모범이 될 수 있을 것
이고, 또 팀을 리드해 나갈 수 있는 그런 역할을 할 수 있

을 것 아닌가?

C 과장 : 예, 그렇습니다.

박 팀장 : 괜히 또 내가 일 잘하고 있는 사람에게 너무 무리한 기
대하고 요구하는 것 아닌가?

C 과장 : 아닙니다. 제가 너무 인정이나 보상을 받지 못하고 있다
는 섭섭한 마음을 갖고 있다 보니까 더 할 수 있는 것도
안하고 그랬던 부분에 대해서 반성도 되고요, 그리고 한
편 우리 과원들에 대해서 미안한 마음도 드네요. 그 친
구들이 더 잘할 수 있고 인정받을 수 있었을 텐데 제가
자꾸 이대로 좋다고만 붙잡은 것이 아닌가 싶어서…….

박 팀장 : 그야 하도 C 과장이 섭섭하고 야속하니까 그랬겠지, 안
그렇다면 그럴 사람이 아니잖아…….

C 과장 : 사실 한 친구가 좋은 신규 고객 발굴 기회가 있는데 어
떻게 했으면 좋겠냐고 묻길래, 제가 나중을 위해서 그냥
묻어두자고 했던 적도 있거든요…… 죄송합니다.

박 팀장 : 아니야…… 앞으로 새롭게 도전하겠다고 하니깐…… 내
가 기대해 보지…….

C 과장 : 예, 그렇게 하겠습니다.

박 팀장 : 내가 C 과장을 믿을게…… 일해 나가는 동안에 많은 어
려움들도 예상되는데, 신규 개척이라는 것이 안 하다가
새로 하려면 많은 지원들이 필요할 거야. 판촉물 지원이
라든가, 시장 정보라든가…… 필요한 부분들이 있으면
그때마다 내게 이야기 하도록 하게.

C 과장 : 예, 알겠습니다.

박 팀장 : 그래서 C 과장이 우리 팀 전체를 이끌어 주었으면 좋겠네.

C 과장 : 예, 옛날 생각하면서 한번 열심히 다시 뛰어 보겠습니다.

박 팀장 : 좋아, 화이팅!

4) D 과장에 대한 '인사고과 불만' 코칭 사례

 상 황

D 과장은 '만년 과장'으로서 2년째 승진 누락에 괴로워하며 조직에 대한 불만이 매우 크다.

자신에 대한 자괴감, 조직에 대한 회의감, 주변인들로부터의 소외감 등으로 인하여 삶의 의욕마저 잃은 듯, 요즘 상당히 위축된 모습이다. 상사들에게서 업무 능력을 인정받지 못하고 있고, 관계도 그리 돈독하지 못한데다가 부하 직원들에게도 존경과 신뢰를 받지 못하고 있다. 하지만 D 과장은 자신의 승진 누락에 대한 이유를 잘 알지 못하는 듯하며, 어떻게 해서든 열심히 노력하여 내년엔 꼭 승진하겠다는 결연한 자세도 찾아보기 어렵다. D과의 영업 실적은 현재 하위권인데, D과의 분위기로 미루어 볼 때 앞으로가 더욱 걱정스러운 상황이다.

코칭 포커스

D 과장이 자신의 부족한 부분들에 대하여 확실히 이해할 수 있도록 지도하고, 자신의 능력 개발을 통하여 바람직한 리더가 되기 위한 변화를 적극 모색할 수 있도록 코칭해야 한다.

첫째, D 과장의 입장에 서서 적극 공감 수용을 해 준다.

둘째, 개선이 필요한 역량들에 대하여 구체적으로 피드백해 준다.

- 업무 능력 : 적극 도전하는 자세

- 리더십 : 솔선수범, 역할 모델, 부하 직원의 능력개발, 팀워크 형성,
대인관계, 변화 적응

셋째, 훌륭한 리더로 거듭날 수 있도록 진정으로 지지하고 격려
한다.

Check

- D 과장은 전형적인 AC타입이다. 심약한 스타일로서 타인의 별것 아닌 말 한마디에도 쉽게 상처받고, 모든 불만을 속으로 곪아 터질 때까지 삭이는 사람이다. 그리고 어려운 일이 있을 때에는 자신이 직접 부딪쳐 보고 해결하려 하기보다 누군가에게 의지하려는 경향이 강하다. 업무에 있어서는 아주 작은 부분들도 놓치지 않는 섬세하고 치밀한 면을 갖고 있으나, 큰 그림을 보지 못하고, 장기적 안목 및 전략적 사고가 부족하며, 부하 직원들을 믿지 못하여 지시한 업무를 일일이 챙기다 보니 부하 직원들이 몹시 힘들어하고 있다.

팀장이 D과의 구성원들로부터 들어 본 내용은 다음과 같다.

- "물론 D 과장의 승진 누락 상황에 대해서는 우리도 인간적으로 안타깝고 그 심정을 이해하지만, 솔직히 상사로부터 여러 가지 배우고 싶고, 그게 조직 생활의 재미이기도 하지 않습니까? 그런데 D 과장으로부터는 별로 배울 게 없는 것 같습니다. 다른 과원들에 비하면 우리는 재수가 없는 경우죠. D 과장 자신은 일을 제대로 하지도 못하면서 우리한테만 매번 완벽하게 일 처리를 하라고 강요하니, 정말이지 짜증

나서 못 살겠습니다."

Open

박 팀장 : D 과장, 내가 이야기 좀 듣고 싶어서 불렀는데, 시간 좀
있나?

D 과장 : 아, 예. 괜찮습니다.

박 팀장 : 요즘 자네를 보면, 드는 생각이 있네. 자네 동료들은 모
두 승진을 했는데 자네만 아직 승진을 못했으니 조직에
대해 굉장히 서운하고, 스스로 많이 위축되고, 후배들 보
기엔 창피스럽기도 할 거야. 집안에서도 할 말이 없고.
또 그런 상황에서 지금 함께 일하는 과원들을 보면 업무
에 빈틈이 너무 많아 일일이 챙겨 주어도 잘 안 되고, 실
적은 실적대로 잘 안 오르고, 그러면서도 불만들은 가득
한 것 같더군. 그래서 '조직을 위해서나 자신을 위해서
나 내가 이 조직에 계속 있어야 하나, 말아야 하나?' 이
런 생각까지도 할 것 같아서 내가 그 이야기를 좀 듣고
싶었거든.

D 과장 : 아니, 어떻게 그리 잘 아십니까?

박 팀장 : 글쎄…… 굉장히 힘들 것 같아. 내가 옆에서 보아도 그
러한데, 몸소 겪는 사람이야 오죽하겠나, 안 그래?

D 과장 : 팀장님께서 그리 말씀하시니 말씀드리겠습니다만, 다른
과의 과장들하고 비교해도 제가 한참 선배지 않습니까?

박 팀장 : 그렇지, 자네가 고참이지.

D 과장 : 저는 벌써 재작년 승진 케이스인데도 지금까지 승진하

지 못하고 있으니…… 아까 말씀하셨듯이 집에 가도 창
피해 죽겠고, 회사에 나와 앉아 있으면 후배들 보기도 민
망하고, 과원들은 일을 시켜도 마음에 하나도 안 들고,
그래서 가만히 생각해 보면 나를 무시하나 싶기도 하고
요. 요즘엔 정말 내가 조직에서 사라지는 게 조직을 위
하는 길이 아닌가 하는 생각도 듭니다.

박 팀장 : 그래, 얼마나 부담스럽고 힘들었으면 그런 소리까지 하
겠어? 사실 겪어 보지 않으면 그 심정은 정말 모를 일이
거든.

D 과장 : 정말 요새는 진짜…… 어휴! 참, 할 말이 없습니다.

박 팀장 : 정말 죽을 맛이다, 이 소리 아닌가.

D 과장 : 예, 그렇죠.

박 팀장 : 그런데 그런 절박한 심정이면서도 자네가 워낙 성실하
니까 일은 그렇게 빈틈없이 챙기려고 애쓰고 있는 거 아
니겠나?

Ask & Comment

 상황 질문

박 팀장 : 그래, 지금 자네가 볼 때, D과 전체의 상황이 어떤 것 같나?

D 과장 : 별로 좋지 않습니다. 지난 분기에도 저희 과가 제일 꼴
찌였고, 저희 과원들도 능력이 없는 건지, 뭘 해도 꼼꼼
하지 못하고 덤벙덤벙하는 것 같고, 그러면서도 큰소리
만 치고 앉아 있으니까요. 그래서 제가 지적하고 챙기고
하면 말이 잘 안 먹히는 것 같기도 하고…… 여러 가지로

많이 답답합니다.

박 팀장 : 그렇다면 그런 사람들하고 일하는 것이 이만저만 힘들
지 않았겠네.

D 과장 : 예, 도대체 어떻게 해야 할지 잘 모르겠습니다.

박 팀장 : 그럴 때는 정말 답답할 거야.

D 과장 : 예, 정말 죽겠습니다.

문제 질문

박 팀장 : 그런데 그렇게 답답하다면 자네 생각엔 무엇이 문제인
것 같은가?

D 과장 : 여러 가지가 문제겠지만, 과원들이 따라 주지 않는 것도
있고, 위에서 저를 인정해 주지 않는 것도 있겠죠. 그러
다 보니 저도 사기가 안 오르고, 많이 위축되어 있는 것
같습니다.

박 팀장 : 그럴 때 과원들에겐 서운하고, 상사들한텐 야속하고, 속으
로는 갑갑하고, 정말 힘들어도 이만저만 힘들지 않겠군.

D 과장 : 예, 사면초가라는 말이 딱 제격인 것 같습니다.

박 팀장 : 그렇지? 그런데 승진을 못하게 된 이유는 뭐라고 생각하나?

D 과장 : 글쎄요, 지금까지 성과가 별로 좋지 않았기 때문이기도
하겠지만, 솔직히 잘 모르겠습니다. 저는 이미 호봉이
꽉 찬 지도 오래되었는데, 글쎄요…… 도대체 무엇 때문
에 제가 누락되어야만 했는지 누가 시원하게 이야기도
잘 해 주지 않고요.

박 팀장 : 음…… 그럼 자네가 왜 승진을 못했는지 그 이유부터 이

야기를 좀 할까? 받아들일 여유가 있는지 모르겠군.

D 과장 : 예, 말씀해 주시면 감사하겠습니다. 지금까지 제가 누구에게 묻지도 않았고, 어느 누구 하나 왜 그런지 이야기해 준 사람도 없었습니다.

박 팀장 : 내가 생각하기엔 D 과장이 이야기한 바로 그 점이 승진을 못한 제일 큰 이유라고 생각하네. 우선, 관리자로서 승진하기 위해서는 승진에 필요한 기본적 요건이 무엇인지 분명하게 파악하고 있어야 하지. 자신의 어떤 역량이 개발되어 있고, 어떤 역량이 부족하기 때문에 승진을 못하는 건지에 대해 상사에게 충분히 물어야 되고, 부족한 역량을 다시 개발할 수 있는 자세가 있어야 하지. 이렇게 적극적인 사람이 승진할 가능성이 높을까, 아니면 자기가 승진을 못해 놓고 불만만 가득 가지고 있으면서 그 이유도 모른 채, 자기가 어떤 역량을 개발해야 승진할 수 있을 건지에 대해 대책도 세우지 않는 사람이 승진할 가능성이 높을까?

D 과장 : 당연히 앞에 말씀하신 경우가 가능성이 높겠지요.

박 팀장 : 그렇지? 자네가 승진한다면 차장이 될 텐데, 차장에게 필요한 역량은 무엇이라고 생각하나?

D 과장 : 글쎄요, 일단 자기 스스로 맡은 바 책임을 다할 수 있어야 하겠고, 추진력도 있어야 할 것 같고, 과원들 관리도 잘할 수 있어야 하겠죠. 그러려면 리더십이 있어야 될 테고, 그런 리더십을 발휘하기 위해서는 커뮤니케이션 능력도 있어야 할 것 같습니다.

박 팀장 : 그렇지. 크게 나누면, 하나는 업무 역량이고, 또 하나는 리더십 역량이지? 그런데 내가 볼 때, 자네는 업무 능력에서의 성실한 태도가 높이 평가되고, 하나씩 꼼꼼히 챙기는 역량, 그러니까 완전히 성실 근면형이란 말이야. 그것은 사원들한테 굉장히 필요한 역량이지. 물론 그런 부분도 필요하겠지만, 차장쯤 되면 더욱 필요한 것이 적극적인 도전형 사고방식을 갖는 걸세. 이 점에 대해 자네는 어떻게 생각하나?

D 과장 : 저는 그런 스타일은 아닌 것 같습니다.

박 팀장 : 또 하나는 리더십이야. 지금 함께 일하는 사원들 중에 정말 자네를 믿고 따르며 "우리 과장님 끝내 줍니다"라고 할 사람이 몇 명이나 있나?

D 과장 : 잘 모르겠습니다.

박 팀장 : 자네 부하 직원들 중에 정말로 뛰어난 역량을 발휘하며, 자기 역량 이상으로 일하고 있는 사람이 몇이나 있나?

D 과장 : 그저 그만큼씩만 하고 있는 것 같습니다.

박 팀장 : 그만큼씩도 모자라잖아. 사실 일일이 체크해 보면 빈틈 많고, 자발성도 없고, 태도도 좋지 않고…… 그러니까 자네가 부하 직원들을 임파워먼트 시켜서 자기들이 보유하고 있는 역량 이상을 발휘하도록 지원하지 못하고 있는 거 아닌가?

D 과장 : 예……

박 팀장 : D과의 팀워크는 어떻게 생각하지?

D 과장 : 그저 개별적으로 자기 맡은 일만 합니다.

박 팀장 : 그렇다면 개별적으로 일하고 있을 뿐, 강한 팀워크는 형성하지 못하고 있다는 말이지? 그러면 D 과장은 다른 과장들과의 인간 관계가 어떤가?

D 과장 : 그 친구들이 저보다 모두 후배뻘이기 때문에 그렇게 어울리진 않습니다.

박 팀장 : 그렇지? 그럴 이유야 충분하겠지만, 같은 과장으로서 똘똘 뭉쳐 협력하려는 태도가 없어. 본인도 사원급의 사고방식을 가지고 있고, 리더십에서는 철저한 관리 감독형이어서 임파워먼트형 리더십을 사용하고 있지 못하고, 동료들과의 관계에 있어서도 원만치 못하고…… 그렇다면 보자…… 내가 어떻게 이런 사람이 승진했을 때 정말 바람직한 관리자가 될 수 있다고 보겠나?

D 과장 : 휴…… (할 말 없이 침묵하고 있음)

박 팀장 : 더구나 내가 볼 때, D 과장에게 정말 이건 문제다 생각하는 걸 하나 더 이야기해도 괜찮겠나?

D 과장 : 예……

박 팀장 : D 과장은 '내가 고참이기 때문에 먼저 승진해야 한다'는 식의 연공서열형 인사제도에 대한 신념을 갖고 있는 것 같아. 그런데 이런 인사제도는 구시대의 제도이지. 지금은 오래 근무한 사람일수록 봉급을 적게 주어야 한다는 식으로 능력을 감가상각해야 하지 않느냐는 이야기도 나오는 시대가 되었네. 자넨 시대와 너무 거리가 먼 사고방식을 가지고 있는 것 같단 말이야. 이 점에 대해 어떻게 생각하나?

D 과장 : 저도 이젠 성과급이다, 연봉제이다 하는 것을 잘 알고 있
고, 삼팔선, 사오정, 오륙도 등에 대한 말들도 알고 있지
만, 그게 마음에 안 듭니다. 옛날처럼 열심히 일한 경험
을 높이 사 주어야지, 그때그때 성과 좀 냈다고 그게 다
가 아니지 않습니까?

박 팀장 : 지금과 같이 경영환경이 급속히 변해 가고, 제품 수명도
짧아지면서 하루가 다르게 계속 신제품을 내야 하는 시
대에는, 경험도 물론 중요하지만 창조성이 그 어느 때보
다 중요한 역량으로 떠오르고 있네. 그래서 이런 변화의
흐름에 적응하지 못하면 살아남기 어려운 시대로 바뀌
어 버렸지 않은가?

D 과장 : 예……

박 팀장 : 그래서 '어떤 면에서는 옛날부터 가지고 있던 자기 사고
방식을 그대로 고집할 것이냐? 아니면 변화하는 시대에
적응할 것이냐?' 에 대한 선택이 필요하기도 하거든. 삼
성그룹에는 '변신 못하면 병신 된다' 는 구호도 있잖아.
그것이 지금 우리가 생각해야 할 시대적인 부름이란 말
일세.

D 과장 : 예, 무슨 말씀이신지 알겠습니다. 제가 그동안 받아들이
지 못했던 것 같습니다.

박 팀장 : 그래서 점점 더 어려워지고 답답해지지 않았나? 그리고
부하들에게도 관리 감독형 리더십만 사용하고 있으니,
내가 볼 때 D 과장은 관리자이지 리더는 아니야. 지금까
지 이야기한 부분들을 다시 한 번 생각해 보고, 전체적으

로 종합해서 현재 자기의 위치 등을 다시 정리해야 할
때가 된 것 같네. 이런 점은 어떻게 생각하나?

D 과장 : 상황이나 환경이나 추세가 그렇게 바뀌고 있고, 이미 저
희들도 연봉제를 도입하여 성과에 따라 포상한다는 건
알고 있었지만, 그런 변화에 몸을 맡겨 저도 그렇게 변화
하는 것에 대해 두려워했던 것 같습니다. 한편으로 말씀
을 들으면서 생각해 보니, 자신이 없었던 건 아닌가 하는
생각도 들고요.

확대 질문

박 팀장 : 그럼 그런 태도를 앞으로 계속 고수하면 어떻게 될까?

D 과장 : 당연히 도태되고 사라지겠지요.

대안 질문

박 팀장 : 상당히 위기감까지 느끼는 것 같은데…… 그렇다면 어
떻게 해야 될 것 같나?

D 과장 : 많이 어렵겠지만 지적해 주신 대로 현실을 직시하고, 제
자신도 바꾸어서 도전할 건 도전하고, 과감히 요구할 건
요구하고, 또 과원들도 스스로 소신껏 일할 수 있도록 도
와줄 필요가 있겠습니다.

Help

박 팀장 : 대단한 변신이 필요할 거야. 그렇게 해 나가려면 어려움
은 없겠나?

D 과장 : 그런 어려움 때문에 지금까지 못해 왔던 것 같습니다. 하지만 그것 때문에 두려워서 미루고 있다가는 정말 더 이상의 조직 생활이 어려워질 것 같습니다. 앞으로도 우리 조직에 충성을 다하고 더 열심히 일하기 위해 제가 바뀌어야 할 것 같습니다.

박 팀장 : 자넨 워낙 성실하고 인내심이 있어서 한 번 하겠다 마음만 먹으면 꾸준히 해내는 사람이잖아. 그렇게 해 나가는 동안에 어려움이 있으면 그때마다 상의하고, 의논하자고…… 나도 자네를 위해서 지원할 것이 있으면 최대한 지원할 테니까.

D 과장 : 예, 잘 알겠습니다. 그럼 더 노력하겠습니다. 오늘 좋은 말씀해 주셔서 잘 들었습니다. 고맙습니다.

박 팀장 : 오늘 너무 부담스러운 이야기를 많이 한 거 아닌가?

D 과장 : 솔직히 앞으로 제가 바뀌어야 한다고 생각하니까 부담이 되는 건 사실이지만, 그렇게 하겠다고 분명히 마음을 먹었습니다. 그래서 좋은 시간이었다고 생각합니다.

박 팀장 : 자네가 그렇게 해내야 다른 친구들보다 승진이 늦어서 소외당하는 어려움에서 벗어날 수 있을 테니까. 그렇지 않겠나?

D 과장 : 예, 그렇습니다. 어렵겠지만 한번 열심히 해 보겠습니다.

박 팀장 : 그래, 내가 쭉 지켜보겠네.

5) E 과장에 대한 '전배 요청' 코칭 사례

상 황

E 과장은 현재의 특판 영업보다 홍보 쪽이 자신의 적성에 더 맞는 일이라고 생각하여 이미 홍보팀의 상황도 알아보고 그쪽 사람들과 접촉도 있었던 듯하다. 그러다 보니 현재의 업무에 대한 애정은 식어 가고, 몰입을 하지 않다 보니 실적도 안 좋은 상태이다. 공공연히 홍보팀으로 보내 달라고 요청하고 있으며, E과의 구성원들은 아직 E 과장의 이러한 생각과 움직임은 구체적으로 모르고 있는 상태이지만, 만약 알게 될 경우 E과 전체에 많은 부정적 영향을 미치게 될 것이므로 심히 우려되는 상황이다. 팀장은 E 과장이 자신의 능력과 가능성을 십분 발휘하지 못하고 있다는 생각을 가지고 있다.

코칭 포커스

E 과장 자신이 진정 원하는 것은 무엇이고, 현재 자신의 역할과 책임에 대하여 최선을 다하고 있는지 신중하게 재고하도록 도와주며, 미래를 위하여 오늘에 충실하는 것이 무엇보다 중요함을 이해하고 행동으로 옮길 수 있도록 코칭해야 한다.

첫째, 다른 팀으로 가고 싶어 하는 근본적인 이유를 파악한다.

둘째, 진심 어린 피드백과 함께 칭찬을 통하여 그의 인정 욕구를 충족시켜 주면서, 현재 맡은 바 업무를 더욱 잘할 수 있도록 의욕과 사기를 불러 일으킨다.

셋째, 자신의 커리어를 잘 관리해 나갈 수 있도록 지원한다.

- E 과장은 FC타입으로서 사고가 자유롭고 유연하며, 상상력이 풍부하고, 창조성이 뛰어난 장점을 갖고 있다. 그는 삼대독자로 어릴 때부터 부유한 집안에서 아쉬운 것 하나 없이 성장했다고 하며, 소위 8학군 고등학교 출신으로 명문대를 졸업하였다.

자신의 의견은 분명히 밝히는 편인데, 자기의 입장에서만 주장하는 일이 자주 있다 보니 상사들로부터 다소 건방져 보인다는 평을 듣기도 한다. 또한, 좋아하고 싫어하는 것이 너무나 분명하여 자신이 일단 마음을 주는 사람이 있다면 그에게 한없이 잘해 주고 충성하면서 그의 말이라면 거역하지 않고 잘 따른다. 그러나 그런 사람들은 조직 전체에 한두 명에 불과하고, 그 외의 사람들에 대해서는 무시하는 경향이 있기 때문에 조직 내 인간관계가 그리 폭넓고 좋은 편은 아니다. 하지만 현재의 박 팀장에게는 좋은 감정을 가지고 있는 것 같다.

업무에 있어서는 자기가 하고 싶어 한 일이라면 빈틈없이 잘 처리하지만, 자신이 내키지 않는 일이라면 사장의 지시라도 움직이지 않는다. 인내심, 끈기, 근성이 부족하며, 단조롭고 반복적이며 정적인 일들은 견디기 힘들어한다.

팀장은 E과의 선임 대리로부터 며칠 전 다음과 같은 이야기를 들었다.

- "E 과장님은 유머도 풍부하고 권위의식을 갖고 있지 않기 때문에 상사지만 마치 선배나 친구처럼 함께 즐기기에 부담 없고 재미있어서 좋습니다. 특히, 회식 자리 같은 경우에는 누구보다 잘 놀고 분위기를

이끌어 주시니까 모두 다같이 스트레스도 풀면서 어울리기에 정말 최고죠. 그런데 사무실에만 오면 다른 사람들의 의견은 듣는 둥 마는 둥 하면서 독단적인 결정을 내리고 우리에게 그저 따라오기만을 강요하는 경우가 많아서 힘든 부분이 있습니다.

하지만 간혹 회의할 때 보면, 기발한 아이디어도 많이 내시고, 비즈니스를 보는 눈이 샤프하기도 하고, 한번 마음먹으면 빈틈없이 일 처리를 잘하십니다. 다만, 문제는 종종 아이디어로만 그치고 실천이 뒤따르지 않는다는 점과 모든 일에 있어서 신중하지 못하고 너무 가볍고 쉽게 생각하는 경향이 있다는 점입니다. 특히 요즘엔 어딘가에 정신이 좀 팔려 있는 것 같기도 하고요."

Open

E 과장 : 팀장님, 잠시 시간 괜찮으십니까?

박 팀장 : 어, E 과장. 어서 오게.

E 과장 : 저 일전에도 잠깐 말씀드린 바가 있습니다만, 다름이 아니라 지금 하고 있는 일이 도저히 적성에 안 맞는 것 같아서 홍보팀으로 보내 주셨으면 하는 말씀을 드리려고 찾아뵈었습니다.

박 팀장 : 그럼 그동안 일하면서 불만도 그득하고 많이 힘들었겠네.

E 과장 : 예, 일이 저하고는 잘 맞지 않는 거 같습니다.

박 팀장 : 사람이 일하면서 적성에 맞아야 하는데 말이야. 자네야 일을 한번 하겠다는 마음만 내키면 열심히 하지만, 내키지 않는 경우엔 많이 힘들어하는 친구잖아?

E 과장 : 예, 그래서 지금까지 많이 참았고요. 솔직히 말씀드리자

면 홍보팀에다 제가 관심이 있다고 이야기도 했고, 그쪽
돌아가는 상황에 대해서도 물어보고 그랬습니다.

박 팀장 : 오! 이미 알아봤군.

E 과장 : 예, 그랬습니다.

박 팀장 : 음…… 그렇군.

Ask

상황 질문

박 팀장 : 근데 자네가 보기엔 자네 과 상황이 지금 어떤 것 같은가?

E 과장 : 솔직히 썩 좋다고 볼 수가 없습니다.

문제 질문

박 팀장 : 자네 과의 상황이 썩 좋지 않다고 생각한다면……
음…… 그럼 자네 보기엔 뭐가 문제인 것 같나?

E 과장 : 일단 개인적으로 제가 당장 업무에 대해 애정이 없기 때
문에 일을 좀 소홀하게 하고 있는 것도 있고, 나름대로
티를 안 내려고 하지만 저희 과원들이 그런 것을 아는
것 같기도 합니다. 그래서 지금 서로 간에 공조해서 뭔
가 일을 풀어 나가고 열심히 뛰는 데 있어서는 …… 제
대로 하지 못하고 있는 것 같습니다.

박 팀장 : 그러니까 지금 자네가 의욕이 없기 때문에 실적이 잘 오
르지 않고, 결과적으로 성과도 잘 나지 않는다는 소리 아
닌가?

E 과장 : 예, 그렇습니다.

박 팀장 : 지금과 같은 문제가 계속 지속된다면 앞으로 어떻게 될 것 같은가?

E 과장 : 저희 과의 실적은 당연히 더욱 안 좋아질 것이고, 다른 과에 비해 만년 하위의 과가 될 것 같습니다. 그러면 저나 과원들은 모두 능력 없는 사람들로 낙인찍히게 되지 않을까 우려됩니다.

박 팀장 : 그렇지? 그래서 그 대안으로 '나는 적성에 안 맞으니까 적성에 맞는 곳으로 옮기겠다'는 그런 이야기인가?

E 과장 : 예, 그렇죠.

Comment

박 팀장 : 자네 이야기를 들으니 내가 좀 염려스럽고, 자네 같은 사람이 왜 그런 생각밖에 하지 못했을까 하는 아쉬움이 있어서 이야기를 좀 하고 싶은데, 어떤가? 이야기를 받아들일 여유가 있을까?

E 과장 : 예, 괜찮습니다.

박 팀장 : 자네가 홍보팀에 이미 알아보았다고 했는데…… 어떻게 생각하나? 자네가 지금 옮기면 우리 과에서는 정말 유능했던 과장 한 사람이 홍보과로 가는 건가? 아니면 제일 별 볼 일 없이 비실비실하는 사람이 옮기는 건가?

E 과장 : 최소한 앞에 말씀하신 상황은 아니라고 생각할 것 같

습니다.

박 팀장 : 그럼, 다른 과에서 만약 우리 과에 사람이 하나 온다고 가정해 보세. 그 과에서 정말 유능했던 사람을 우리가 스카우트해 올 경우와, 그 과에서 제일 비실비실하고 갈 데 없어서 적성에 안 맞는다며 오는 사람을 받았을 경우, 그 사람이 일할 수 있는 여건은 어느 쪽이 좋겠나?

E 과장 : 물론 잘하는 친구를 데려오는 쪽이 좋겠죠.

박 팀장 : 내가 볼 때 자네가 그리 옮긴다는 것은 우리 팀 중 문제 있는 과에서, 문제 있는 과장 하나가 다른 데로 도망가는 형태밖에는 못 되네. 거기다가 홍보팀에서 자네가 정말 탐나서 스카우트해 가는 것도 아니고, 이 사람이 올 데 갈 데가 없어서 어쩔 수 없이 오니까 마지못해 받아 주는 그런 형식이 되지 않겠나? 나는 나하고 함께 일했던 사람이 그런 식으로 다른 과에 가는 건 아주 싫거든. 정말 자네가 홍보팀으로 가고 싶다면, 그쪽에서 먼저 탐이 나서 달라고 부탁하는 그런 사람이 되었으면 좋겠어.

E 과장 : 예……

박 팀장 : 그렇지 않으면 자네만 바보가 되는 게 아니고, 나도 부하를 바보로 만들어서 다른 팀에 보내는 바보스런 팀장이 될 거야. 이 점에 대해선 어떻게 생각하나?

E 과장 : 당연히 저도 그런 취급받기는 원하지 않습니다. 저 때문에 팀장님께 그런 누를 끼쳐 드리고 싶진 않습니다.

박 팀장 : 지금은 단지 적성에 안 맞는다고 해서 떠나겠다는 생각만 했겠지만, 전체 조직구조 속에서 보면, 자네가 그런

생각을 하는 게 굉장히 많이 답답하네.

E 과장 : 적성에 맞지 않는 일을 하다 보니까 제 능력을 충분히 보여 주지 못하고, 또 그러다 보니까 인정을 못 받고 있다고 생각하는 부분이 굉장히 크거든요.

박 팀장 : 그런데 내가 봤을 때 자네는 굉장히 창조적인 머리를 갖고 있을 뿐 아니라, 뭔가 하겠다고 의욕만 불러일으키면 거의 마니아가 될 정도의 집념을 가지고 있어. 그리고 자넨 순발력이 뛰어나고, 활동력도 상당히 강하잖아. 이런 장점들도 많이 있지만, 자네의 가장 큰 강점은 항상 명랑하고, 어려움이 있어도 거기서 새로운 기회를 찾아내는 점이잖아. 그런 강점들만 발휘해 낸다면, 지금 자네가 적성에 맞지 않는다고 생각하는 것 때문에 조직을 떠나는 일은 없을 거라고 생각하네.

E 과장 : 예.

박 팀장 : 사실 지금 적성에 맞고 안 맞고가 문제가 아니라, 자네가 정말 이 일을 해야 되겠다는 생각이 없어서, 즉 자네 마음이 떠나 있어서 그런 것 아닌가? 나는 그렇게 보거든. 자네처럼 탁월한 면을 많이 갖춘 사람이 하겠다는 의욕만 불러일으킨다면 영업처럼 도전할 만한 가능성이 높은 업종이 어디 있나? 더구나 우린 대리점 영업이나 가게를 열어 놓고 오는 손님을 맞이하는 영업이 아니라, 정말 창조적인 활동을 많이 해야 되잖아. 그래서 자네에게 가장 잘 맞는 업종이 바로 영업이라고 생각하네. 물론 홍보도 자네에겐 좋은 업종이 될 수 있겠지만……

E 과장 : 사실 지금 하고 있는 일이 저랑은 너무 맞지 않다든지
한 건 아니고, 활동적으로 많이 뛰어다니면서 사람들을
만나니까 재미도 있고 한데요……

박 팀장 : 그런데 실적이 오르지 않다 보니 자꾸 흔들리는 거 아닌가?

E 과장 : 예. 신규 고객들도 많이 찾아다니고, 새로운 일들도 많
이 생각해 내서 시도해 보기도 했는데 잘 안 되기도 하
고…… 그래서요.

박 팀장 : 그런 점들이 자네를 답답하게 만들고 의욕을 잃어버리
게 만들었구먼. 그런데 말이야 '관리자로서 정말 별 볼
일 없는 과에서 혁신을 이뤄 내 탁월한 실적을 올린 과
장이다' 라는 소리를 들을 것인지, 아니면 '별 볼 일 없는
과에서 정말 형편없는 과장으로 낙인찍혀서 다른 곳으
로 떠나갔다' 라는 소리를 들을 것인지, 둘 중 하나를 선
택해야 할 것 같은데…… 어느 것이 자네 커리어를 관리
하기 위해 바람직할 것 같은가?

E 과장 : 당연히 제가 일을 제대로 해서 인정받고, 그러고 나서
갈 곳을 찾아가야 떳떳하지 않겠습니까?

박 팀장 : 그렇겠지. 아무리 어렵고 힘들 때에도 용기를 잃지 않고
도전해 보겠다는 각오, 이런 게 바로 자네다운 태도 아니
겠어?

E 과장 : 예. 고맙습니다.

박 팀장 : 또 자넨 한번 한다면 하는 사람이니까.

Help

박 **팀장** : 자, 그럼 앞으로 어려움이 닥칠 때마다 오늘처럼 나와 의
논해 가면서 문제를 풀어 가자고…… 나도 자네 과의 일
을 우리 팀 전체의 일이라 생각하고 최선을 다해 밀어줄
테니까.

E **과장** : 예, 감사합니다. 팀장님께서 그렇게 생각해 주시고, 앞
으로도 지원을 아끼지 않으실 거라고 말씀해 주시니까
힘도 나고요, 하여튼 힘껏 한번 도전해 보겠습니다.

박 **팀장** : 그래, 자넨 힘만 내면 무슨 일이든 할 수 있는 사람이잖아.

E **과장** : 예.

박 **팀장** : 말만 들어도 든든하네. 하하!

김경섭 역(2005). 비즈니스를 성공으로 이끄는 코칭대화기술. 서울 : 김영사.

김명렬 역(2003). 코칭경영의 도. 푸른솔.

김영순 역(2007). 성과 향상을 위한 코칭 리더십. 서울 : 김영사.

김영환 · 임승옥 · 김주희 역(2005). 현명한 코칭이 인재를 만든다. 중앙경제평론사.

김창범 · 선종욱(2006). 코칭의 힘. 서울 : 글로리아.

김현성 역(2004). 관계의 연금술. 북하우스.

김현수(1991). 직무만족과 작업오류행동에 미치는 스트레스 효과에 대한 집단성 지각과 내외통제성향의 중재. 중앙대학교 대학원 심리학과 박사논문.

김현수(1994). 불안전행동에 미치는 직무 스트레스의 영향에 대한 "우리성"의 완충효과. 한국심리학회지 : 산업 및 조직, 제5권 제1호, 13-33.

김현수(1999). 직무만족에 미치는 직무 스트레스의 영향에 대한 "우리성"의 중재효과. 한국기술교육대학교 논문집, 제6권 제1호, 293-313.

김현수(2005). 우리의 심리학적 의미. 중국 연변사회교육연구원 창립 10주년 기념 심포지움 자료집.

김현수(2007). 한국형 리더십코칭의 스킬. 한국 산업 및 조직심회 추계학술 대
　　　회 및 심포지엄 발표자료.

노혜숙 역(2002). 질문의 7가지 힘. 서울 : 더난출판.

박광엽 역(2002). 리더를 위한 코칭 스킬. HR PARTNER컨설팅.

배정숙 역(2003). 3분 코칭. 서울 : 베텔스만 코리아.

서천석 역(2003). 코칭의 기술. 서울 : 지식공작소.

송원재 역(2003). 알기 쉬운 비즈니스 코칭. 서울 : 새로운사람들.

스티븐 스토웰 · 최치영 · 매트 스타르세비치(2002). 윈윈 파트너십. 21세기
　　　북스.

심교준 역(2003). 팀 심리코칭. 서울 : 한언.

유동수 (2008). 감수성 훈련 : 진정한 나를 찾아서(3판). 서울 : 학지사.

유동수 · 송종건 · 김영순 · 김현수 외(2004). 감수성훈련의 실제. 서울 : 한알
　　　출판사.

유동수(2000). 한마음에 관하여. 한마음집단상담학회 강의록 중.

유동수(2002). 홍익인간과 인성교육. 한국인성개발 연구원.

이동희 역(2007). 상사의 한마디 코칭. 서울 : 전나무숲.

이상욱 외 역(1997). 성공 커뮤니케이션과 동기부여. 서울 : 21세기북스 새날.

이석재 · 정재창 · 이재영(2004). 프로 팀장이 알아야 할 인사평가와 코칭 기술.
　　　김앤김북스.

이영희 역(2002). 코칭 리더십. 서울 : 국일증권경제연구소.

이희경(2005). 코칭 입문. 서울 : 교보문고.

정진우(2004). 21세기 리더십은 코칭이다. 서울 : 엔시디.

정진우(2005). 코칭 리더십. 서울 : 아시아 코치센터.

정진우(2005). 프로 라이프 코치. 아시아 코칭센터.

조신영 · 박현찬(2007). 경청 : 마음을 얻는 지혜. 위즈덤 하우스.

최선임 역(2007). 꿈꾸는 자의 100가지 성공 코칭. 지식여행.

최효진(2006). 다이나믹 코칭 리더십. 서울 : 새로운사람들.

홍의숙 · 이희경 역(2006). 리더십 코칭 50. 서울 : 거름.

황소연 역(2004). 마법의 코칭. 서울 : 새로운 제안.

황소연 역(2003). 코칭의 기술. 서울 : 새로운 제안.

황의만(2005). 사람의 마음을 움직이는 기술 유머코칭이 답이다. 서울 : 보성출판
사.

최동환(2000). 天符經. 지혜의 나무.

최민자(2006). 參佺戒經. 모시는 사람들.

최상진 · 김기범(1999). 한국인의 심정심리 : 심정의 성격, 발생과정, 교류양
식 및 형태. 한국심리학회 : 일반. Vol. 18, No.1, 1-16.

Biswas-Diener (2007). *Positive Psychology Coaching : Putting the Science of Happiness to Work for Your Clients.* Wiley.

Bluckert, P. (2007). *Psychological Dimensions of Executive Coaching.* McGraw-Hill.

Crane, T. G., & Patrick, L. N. (2007). *The Heart of Coaching : Using Transformational Coaching to Create a High-performance Coaching Culture.* F T A Pr.

Dorothy L. (2000). *The 7 Powers of Questions.* N.Y. : The Berklev Publishing Group.

Fairley, S. G., & Stout, C. E. (2003). *Getting Started in Personal and Executive Coaching : How to Create a Thriving Coaching Practice.* John Wiley & Sons Inc.

Goldsmith, M., & Lyons, L. S. (2005). *Coaching for Leadership : The Practice of Leadership Coaching from the World's Greatest Coaches.* John Wiley & Sons Inc.

Hughes, M., Patterson, L. B., & Terrell, J. (2005). *Emotional Intelligence in Action : Training And Coaching Activities For Leaders And*

Managers. Wiley.

Hughes, M., Patterson, L. B., & Terrell, J. (2005). *Emotional Intelligence in Action : Training And Coaching Activities For Leaders And Managers.* Wiley.

Leimon, A., Moscovici, F., & McMahon, G. (2006). *Essential Business Coaching.* Routledge.

Luciani, J. J. (2006). *Self-Coaching.* Wiley.

Nelson, J. R. (2006). *Life Coaching Skills : How to Develop Skilled Clients.* Sage.

Rogers, J. (2004). *Coaching Skills.* McGraw-Hill.

Rogers, J. (2006). *Developing a Coaching Business.* Open.

Sheppard, B., Canning, M., & Mellon, L. (2006). *Coaching And Feedback for Performance.* Kaplan.

Valerio, A. M., & Lee, R. J. (2004). *Executive Coaching.* Wiley.

Wall, B. (2006). *Coaching for Emotional Intelligence : The Secret to Developing the Star Potential of Your Employees.* Amacom.

Whitmore, J. (2002). *Coaching for Performance : Growing People, Performance and Purpose.* Natl Book Network.

Wilson, C. (2007). *Best Practice in Performance Coaching : A Handbook for Leaders, Coaches, HR Professionals and Organizations.* Kogan Page Ltd.

[저자소개]

유 동 수

한국기업컨설팅 대표
한상담학회 명예회장
한국집단상담학회 이사
한국상담학회 수련감독 전문상담가
중국연변대학교 객좌교수

〈학력〉
고려대학교 교육대학원 상담심리학과 졸업(석사)
UCLA에서 조직개발, Leadership 과정 수료
UC Sandiego Encounter Group Facilitator 과정 수료

〈경력〉
심층심리연구소장
한국생산성본부 수석 전문위원
KOA Consulting Group Consultant
한남화학 고문

〈저서〉
직장인의 정신건강(1974, 동남문화사)
인간관계 개선훈련(1976, 청년문화)
엔카운터그룹(2002)
감수성 훈련의 실제(2004, 한알출판사)
감수성 훈련(3판, 2008, 학지사)
한상담(2011, 학지사)

〈과정개발 프로그램〉
1982년 MIP(Management Innovation Program)
1984년 LIP(Leadership Innovation Program)
        Communication
        H.R(Human Relationship)
        Counselling
        Coaching
        Negotiation Skill

김 현 수

한국기술교육대학교 교수

〈학력〉
중앙대학교 대학원 심리학과 박사

〈경력〉
한국산업 및 조직심리학회 이사
한국직업교육학회 편집위원
독일 Bilefeld 대학교 연구교수
E-Learning 프로그램 평가위원(노동부)

〈저서〉
산업 및 조직심리학(1986, 학문사)
사회 · 행동과학 연구방법의 기초(1988, 성원사)
산업 및 조직심리학(1994, 학문사)
행동연구의 기초(1998, 학문사)
인사심리학(1999, 학지사) 외 다수

한 상 진

LG 인화원 국제화교육그룹 그룹장/부장
LG 인화원 코칭, 커뮤니케이션, 협상, 리더십 분야 전문 강사
LG 인화원 사이버 과정 '직장 선후배 간의 효과적인 대화기법' 'Win-Win 비
    즈니스 협상' 등 3개 과정 전문 튜터/평가자
LG 인화원 내/외에서 직장인들을 대상으로 비즈니스, 커리어, 리더십 분야 코
    칭 활동 중

〈학력〉
한국외국어대학 영어과 졸업
미국 캘리포니아 롱비치 주립대학교 HRM 전공(석사)

〈자격〉
한국코치협회 인증 전문코치(KPC : Korea Professional Coach), 정회원

혼상담 시리즈 ②

혼 코칭

2008년 9월 10일 1판 1쇄 발행
2019년 4월 20일 1판 6쇄 발행

지은이 • 유동수 · 김현수 · 한상진
펴낸이 • 김 진 환
펴낸곳 • (주) 학지사
　　　　04031 서울특별시 마포구 양화로 15길 20 마인드월드빌딩 5층
대표전화 • 02) 330-5114　　　팩스 • 02) 324-2345
등록번호 • 제313-2006-000265호
홈페이지 • http://www.hakjisa.co.kr
페이스북 • https://www.facebook.com/hakjisabook

ISBN 978-89-5891-652-9 03320

정가 13,000원

저자와의 협약으로 인지는 생략합니다.
파본은 구입처에서 교환하여 드립니다.

이 책을 무단으로 전재하거나 복제할 경우 저작권법에 따라 처벌을 받게 됩니다.

교육문화출판미디어그룹 **학지사**
학술논문서비스 **뉴논문** www.newnonmun.com
심리검사연구소 **인싸이트** www.inpsyt.co.kr
원격교육연수원 **카운피아** www.counpia.com
간호보건의학출판 **학지사메디컬** www.hakjisamd.co.kr